ひと目でわかる Project 2016

大石 守 | 著

日経BP社

Project 2016 の画面構成

Project のウィンドウは、次の構成になっています。

クイックアクセスツールバー
頻繁に使う機能がボタンで配置されている。ボタンは自由に追加できる

タブ
リボンを切り替える

リボン
目的別に分類されたボタンが配置されている。関連する機能はタブでグループ化されている

ガントチャート
プロジェクトのスケジュールをビジュアルで表示する

タイムスケール
ガントチャートの上部にあり、時間の単位や日付形式などを指定できる

マイルストーン
プロジェクト内の重要なできごとに付ける目印

ガントバー
[ガントチャート] ビューでタスクの期間を表す線

ビュー
ガントチャート、リソースシート、タスク配分状況などを表示する

セル
テーブルのマス目

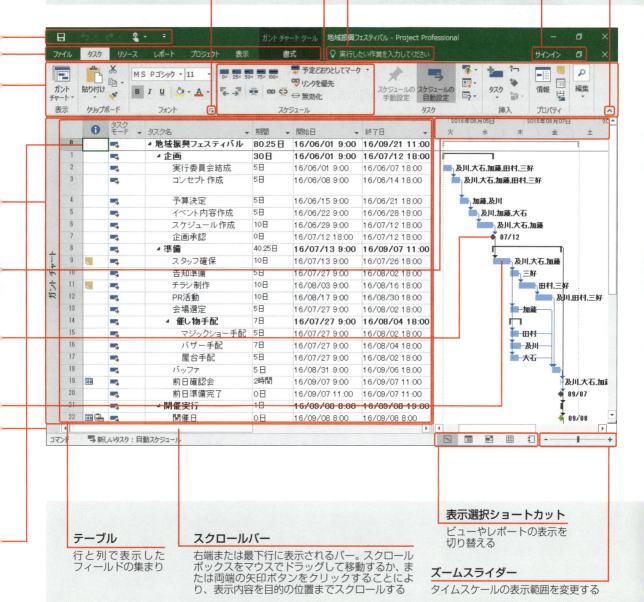

はじめに

「ひと目でわかるシリーズ」は、"知りたい機能がすばやく探せるビジュアルリファレンス"というコンセプトのもとに、Microsoft Officeアプリケーションの優れた機能を体系的にまとめあげ、操作方法をわかりやすく解説しました。

本書の表記

本書では、次のように表記しています。

- ■リボン、ウィンドウ、アイコン、コマンド、ダイアログボックスの名称やボタン上の表示、各種ボックス内の選択項目の表示を、原則として［　］で囲んで表記しています。
- ■画面上の のボタンは、すべて▲、▼と表記しています。
- ■本書でのボタン名の表記は、画面上にボタン名が表示される場合はそのボタン名を、表示されない場合はポップヒントに表示される名前を使用しています。
- ■手順説明の中で、「［○○］タブの［△△］の［××］をクリックする」とある場合は、［○○］をクリックしてタブを表示し、［△△］グループの［××］をクリックしてコマンドを実行します。

トピック内の要素とその内容については、次の表を参照してください。

要素	内容
ヒント	他の操作方法や知っておくと便利な情報など、さらに使いこなすための関連情報を紹介します。
用　語	初出の用語や専門用語をわかりやすく説明します。
注　意	操作上の注意点を説明します。
以前のOfficeからの変更点	Office 2013/2010/2007などの以前のOfficeとの間で、大きな変更が加えられている機能や操作について説明します。
参　照	関連する機能や情報の参照先を示します。 ※その他、特定の手順に関連し、ヒントの参照を促す「ヒント参照」、参照先を示す「手順内参照」もあります。

はじめに (5)

本書編集時の環境

使用したソフトウェアと表記

　本書の編集にあたり、次のソフトウェアを使用しました。なお、Office Professional Plus 2016は完全インストールした状態です。

Windows 10 Pro	**Windows 10、Windows**
Microsoft Office Professional Plus 2016	**Office 2016、Office**
Microsoft Project Professional 2016	**Project 2016、Project**
Microsoft Project Pro for Office 365	**Project 2016、Project**
Microsoft Project Online	**Project Online**
Microsoft Visio Professional 2016	**Visio 2016、Visio**

　本書に掲載した画面は、デスクトップ領域を1024×768ピクセルに設定しています。ご使用のコンピューターやソフトウェアのパッケージの種類、セットアップの方法、ディスプレイの解像度などの状態によっては、画面の表示が本書と異なる場合があります。また、Officeのリボンのボタンは、ディスプレイの解像度やウィンドウのサイズなどによっては、形状が本書と異なる場合があります。あらかじめご了承ください。

ご注意

本書の内容について

　本書の内容は執筆時点の情報に基づいています。本書の発行後にOfficeのアップデートやWebサイトの変更が行われることにより、提供される機能や、操作手順および画面が、本書と異なる場合があります。あらかじめご了承ください。

訂正情報の掲載について

　本書の内容については細心の注意を払っておりますが、発行後に判明した訂正情報については日経BP社のWebサイトに掲載いたします。URLについては、本書巻末の奥付をご覧ください。

本書のサンプルファイルについて

　本書で使用しているサンプルファイルを、日経BP社のWebサイトからダウンロードすることができます。本書巻末の奥付に記載したURLにアクセスし、本書の紹介ページに移動してください。［関連リンク］の［サンプルファイルのダウンロード］をクリックすると、ダウンロードページに移行します。ダウンロード方法の詳細や、サンプルファイルを使用する際の注意事項を確認したうえでご利用ください。

目次

Project 2016の画面構成　(2)

はじめに　(4)

第1章　Projectの役割と初期設定　1

1 本書のゴール　2

2 Projectの基本機能　5

3 Projectを使うメリット　8

4 Projectを活用するための7つのステップ　11

5 エディションによる機能の違い　12

6 Projectを起動するには　13

7 プロジェクトを新規作成するには　14

8 既存のProjectファイルを開くには　16

9 起動時に適用するビューを設定するには　18

10 既定のタスクの種類を設定するには　19

　コラム　タスクの種類　21

11 プロジェクトで使用するカレンダーを設定するには　24

12 カレンダーオプションを設定するには　27

13 既定の計算モードを変更するには　28

14 プロジェクト情報を設定するには　30

15 Projectファイルを保存するには　32

16 Projectを終了するには　34

　コラム　Projectを活用するための7つのステップ（解説）　35

　コラム　初めて使用する際に必ず設定すべき3つのオプション　40

目次　(7)

第2章　プロジェクト計画のリソースの設定　41

1 リソースを作成するには　42

2 登録したリソースを削除するには　43

3 リソースの種類を設定するには　44

　　Cコラム [時間単価型] リソースと [数量単価型] リソースと [コスト型] リソース　45

4 リソースの利用可能期間と単位を設定するには　47

　　Cコラム リソースの利用可能期間と割り当て余力　48

5 リソースにグループ名を設定するには　49

6 リソースカレンダーを設定するには　51

7 リソースにコストを設定するには　53

8 リソースに複数のコストを設定するには　56

　　Cコラム タスクとリソースのコスト単価表について　57

第3章　プロジェクト計画のタスクの設定　59

1 プロジェクトのサマリータスクを表示するには　60

2 プロジェクトの主要なタスクを入力するには　62

3 タスクを作成するには　63

4 マイルストーンを設定するには　66

5 アウトラインを設定するには　68

6 タスクの期間を設定するには　71

7 タスクにコストを設定するには　73

　　Cコラム 固定コストの計上の時期　74

8 タスクの依存関係を設定するには　75

9	タスクの依存関係を変更するには	77
10	タスクの制約タイプを変更するには	78
11	タスクに期限を設定するには	80
12	タスクにメモや資料を添付するには	81
ⓒ コラム	**WBS作成の手順と注意点**	84

第4章 タスクへのリソースの割り当て　　85

1	タスクにリソースを割り当てるには	86
2	リソースの割り当て時にリソースをフィルターするには	87
3	リソースの割り当てを解除するには	89
4	割り当てたリソースを置き換えるには	90
5	リソースのタスクへの割り当て状況を確認するには	92
6	各リソースのタスクの作業時間を確認するには	94
ⓒ コラム	リソースグラフの形状と目盛	96
7	予算コストを使用するには	97
8	プロジェクト全体のコストを確認するには	101
ⓒ コラム	リソースの単位数と最大単位数と最大使用数	103
ⓒ コラム	リソース割り当てのさまざまな方法	104

第5章 プロジェクト計画の調整　　105

1	クリティカルパスを確認するには	106
2	タスクの検査を行うには	108
3	タスクの依存関係を調整するには（1）	109

4 タスクの依存関係を調整するには（2） **111**

5 タスクの依存関係を強調表示するには **113**

6 タスクを分割するには **115**

7 リソースを平準化するには **119**

8 リソースを追加するには **121**

9 タスクの計算モードを変更するには **123**

10 タイムラインにプロジェクト計画の概要を表示するには **124**

11 タイムラインに複数のタイムラインバーを表示するには **126**

Ｃコラム プロジェクトスケジュール短縮のコツ **128**

12 基準計画を保存するには **130**

13 中間計画を保存するには **133**

Ｃコラム 現在計画と基準計画 - Project 2016 における計画の意味 **135**

第6章 プロジェクトの進捗管理 **137**

1 現在の日付線をガントチャートに表示するには **138**

2 状況報告日を設定しガントチャートに表示するには **139**

3 達成率をプロジェクト計画に入力するには **141**

Ｃコラム 達成率と実績作業時間を別々に管理するには **143**

4 実績作業時間をプロジェクト計画に入力するには（1） **144**

5 実績作業時間をプロジェクト計画に入力するには（2） **147**

6 作業実績を自動で入力するには **149**

7 プロジェクトの進捗状況をイナズマ線で表示するには **151**

8 プロジェクトの変更箇所を表示するには **154**

9 タスクをハイライト表示するには **157**

第7章 プロジェクトの修正と再計画 159

1 遅れているタスクを確認するには 160

2 タスクの依存関係を再設定するには 163

3 リソースの割り当て超過を解消するには 166

4 タスクにリソースを追加するには 169

5 タスクを無効にするには 171

6 再計画後に基準計画を保存するには 173

7 基準計画と現行計画のタスクのスケジュールを比較するには 175

8 プロジェクトのバージョンを比較するには 177

コラム Project 2016 での進捗管理のツボ 179

第8章 レポートの作成とプロジェクト情報の共有 183

1 基準コストと実績コストの比較レポートを作成するには 184

2 タスクの進捗状況のレポートをVisioで作成するには 189

3 プロジェクトの概要のレポートを作成するには 192

4 リソースの概要のレポートを作成するには 193

5 アーンドバリュー値でプロジェクトの分析レポートを作成するには 197

6 プロジェクト計画を印刷するには 202

7 プロジェクト計画のメモを印刷するには 204

8 プロジェクト計画をテンプレートとして保存するには 206

コラム テンプレート作成のコツ 207

9 テンプレートを基に新しいプロジェクト計画を作成するには 208

コラム 再利用のための実績データ蓄積の重要性 210

目次 (11)

第9章 プロジェクト計画を使いやすくする機能 211

1 テーブルに列を追加するには 212

2 定期タスクを入力するには 213

3 ユーザー設定フィールドに計算式を設定しマークを表示するには 214

4 ユーザー設定フィールドをテーブルに追加するには 218

5 グループ化してタスクを見やすくするには 220

6 条件を設定してグループ化するには 221

7 フィルターを使用してタスクを見やすくするには 224

8 依存関係を設定していないタスクを見つけるには 226

9 リソースが割り当てられていないタスクを見つけるには 228

10 アウトライン番号を表示するには 230

11 WBS番号を設定するには 232

12 ガントバーのスタイルを変更するには 234

    C ｺﾗﾑ バーのスタイルの応用設定 237

13 ガントバーにコメントを挿入するには 238

14 サマリータスクにガントバーを重ね合わせて表示するには 240

15 タスクにカレンダーを割り当てるには 243

16 タイムスケールに会計年度を表示するには 244

17 タイムスケールのカレンダーを設定するには 246

18 プロジェクト開始日を変更してプロジェクト全体を移動するには 248

19 リボンをカスタマイズするには 250

20 独自のビューを作成してリボンのメニューに登録するには 252

21 ビューを分割するには 256

    C ｺﾗﾑ ビューの使い方 259

22 カレンダーやビューを他のプロジェクトでも使用するには　260

コラム **Global.MPT**から削除してしまったビューを復元する方法　264

23 期間や日付フィールドに文字列を入力するには　265

24 操作アシストを使用するには　266

第10章　他のアプリケーションとの連携　267

1 Projectで作成したプロジェクト計画をExcelにエクスポートするには　268

2 Projectのデータをコピーし他のアプリケーションに貼り付けるには　271

3 Outlookのタスクリストからタスクを追加するには　274

4 ProjectファイルをPDFファイル形式に変換するには　275

5 Visioでガントチャートを表示するには　277

第11章　複数プロジェクトの統合とリソースの共有　281

1 マスタープロジェクトにサブプロジェクトを挿入するには　282

2 サブプロジェクトに依存関係を設定するには　284

コラム 簡単に統合プロジェクトを作成する方法　286

3 マスタープロジェクトで作業実績を入力するには　287

4 複数のプロジェクトでリソースを共有するには　288

5 共有リソースの負荷状況を確認するには　290

コラム プロジェクトを統合的にマネジメントするツールとしてのProject 2016　292

第12章

Project Onlineを使用する 293

1 Project Onlineに接続するには 294

2 Project Onlineにリソースを登録するには 298

3 Project Onlineでプロジェクトを新規作成するには 302

4 Project Onlineにプロジェクトを発行するには 309

5 Project Onlineで実績を入力するには 313

6 Project Onlineで実績報告を承認するには 318

7 Project Onlineでリソース契約を使用するには 322

C コラム **Project Online**への保存と発行の違いとチェックインとチェックアウトについて 329

索引 330

Projectの役割と初期設定

第 **1** 章

1	本書のゴール
2	Projectの基本機能
3	Projectを使うメリット
4	Projectを活用するための7つのステップ
5	エディションによる機能の違い
6	Projectを起動するには
7	プロジェクトを新規作成するには
8	既存のProjectファイルを開くには
9	起動時に適用するビューを設定するには
10	既定のタスクの種類を設定するには
11	プロジェクトで使用するカレンダーを設定するには
12	カレンダーオプションを設定するには
13	既定の計算モードを変更するには
14	プロジェクト情報を設定するには
15	Projectファイルを保存するには
16	Projectを終了するには

プロジェクトマネージャーにとって、プロジェクトマネジメントツールは必須です。この章では、Project 2016がプロジェクトマネジメントにどのように役立つのかを理解するために、Project 2016を使うメリットを含めて、本書のゴールについて紹介します。また、Project 2016を使用する上で必要な画面の用語、起動や終了の手順、プロジェクトを作成する前に必要な初期設定の方法についても説明します。

1 本書のゴール

1. プロジェクトマネジメントにおけるProjectの役割が理解できる

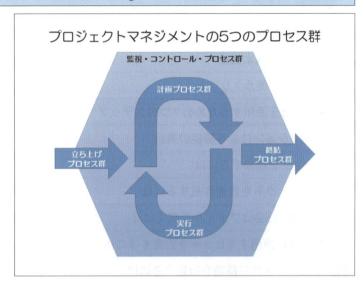

参照

Projectの役割と初期設定

第1章

2. Projectの仕組みを理解できる

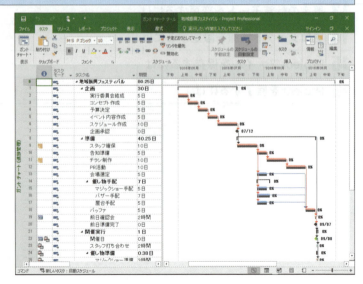

参照

プロジェクト計画のリソースの設定

第2章

プロジェクト計画のタスクの設定

第3章

タスクへのリソースの割り当て

第4章

プロジェクト計画の調整

第5章

プロジェクトの進捗管理

第6章

3. プロジェクト計画をゼロから作成できる

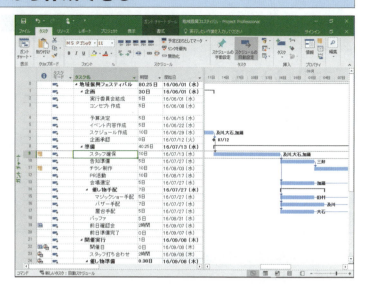

参照
プロジェクト計画のタスクの設定
第3章

4. プロジェクトの実績を入力して進捗管理ができる

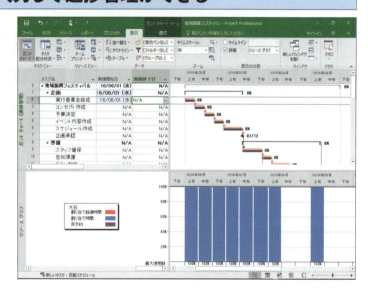

参照
プロジェクトの進捗管理
第6章

5. プロジェクトの分析ができる

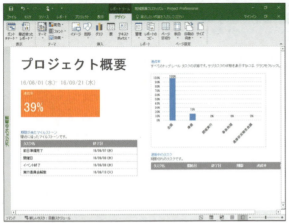
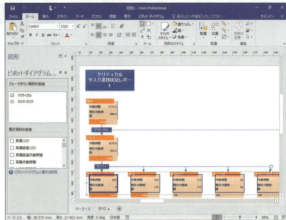

> **参照**
> レポートの作成と
> プロジェクト情報の共有
> 　　　　　　　　第8章

6. Projectのさまざまな機能を把握できる

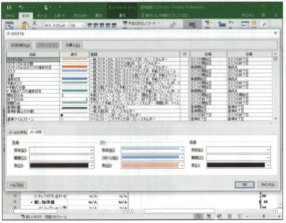

> **参照**
> プロジェクト計画を
> 使いやすくする機能
> 　　　　　　　　第9章

2 Projectの基本機能

　Project 2016は、プロジェクトマネジメントを行う上で役に立つさまざまな基本機能を備えています。まずは、Project 2016を使ってどのようなことができるのか確認しましょう。

プロジェクトのスケジュール作成

プロジェクトのWBS (Work Breakdown Structure) を定義し、タスクの期間や作業時間を見積もり、さらにタスク同士の依存関係を設定することにより、ダイナミックなスケジュール計算を行うことができます。テーブルではあらかじめ用意された表示項目のほかに、ユーザー独自の項目を作成したり、信号機マークでタスクの状態を視覚的に表示したりすることができます。ガントチャートはスケジュールをバーで視覚的に表示するだけではなく、タスクの重要度やクリティカルパスに該当するバーの色を変更することができます。また基準計画を保存することで、当初のスケジュールと進行中のスケジュールを比較することもできます。

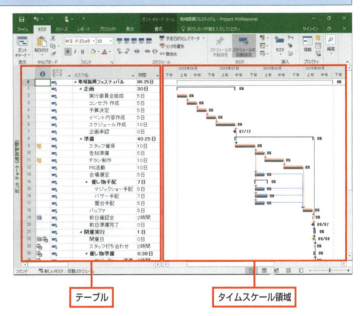

プロジェクトのリソース管理

プロジェクトに必要なリソース（人、材料、コストなど）の情報を登録することができます。タスクにリソースを割り当てることで、リソースの負荷状況を把握できるようになります。またリソースはプロジェクトのコストとも密接に関係しています。これらをきちんと設定することで、実際にプロジェクトがスケジュールの範囲内に完了できるのか、また予算内に収まるのか、といった妥当性を検証することができます。

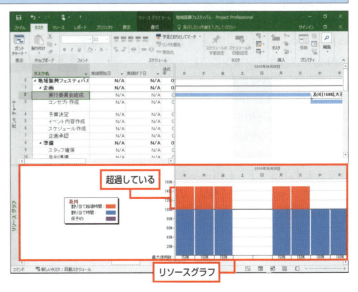

プロジェクトの進捗管理

タスクの実績情報を入力することで進捗を管理できます。Projectでは基準計画と実績を比較することで、プロジェクトに発生した差異を簡単に把握することができます。実績情報は、主に期間もしくは作業時間を入力する方法があります。

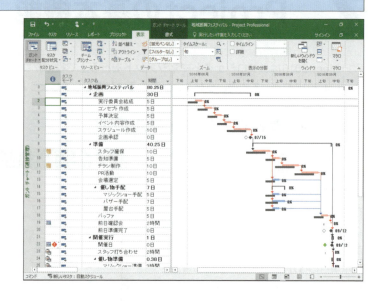

プロジェクトのレポート

Project 2016には、大きく分けて2つの種類のレポート機能があります。1つはProjectにビルトインされたレポート機能で、もう1つはExcelとVisioへデータをエクスポートするビジュアルレポートです。Project 2013以降では、特にビルトインのレポート機能が大幅に進化し、視覚的で動的なレポートを作成できるようになりました。作成したレポートはWordやPowerPoint、Excelのような他のOfficeアプリケーションにコピー/貼り付けを使用して共有することができます。また「ビジュアルレポート」機能を利用することで、ProjectのデータをExcelのピボットテーブルやVisioの図形データにエクスポートし、さまざまに加工することができます。ビジュアルレポートのテンプレートは、Excel用が10種類、Visio用が6種類用意されています。

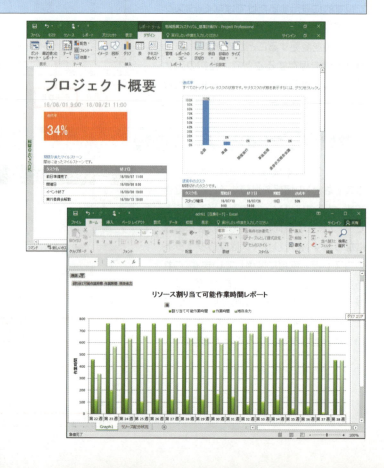

使いやすいスケジュール機能

Project 2016のスケジュール作成にはさまざまな方法があります。手動スケジュール機能を使うことによって、トップダウンで大枠のタスクを定義し、段階的に詳細化してスケジュールを作成することもできます。

また［チームプランナー］ビューでは、リソースごとにタスク割り当てをバーチャートで表示したり、リソースにまだ割り当てられていないタスクを発見して割り当てることもできます。

スケジュールの概要だけを把握したい場合は、［タイムライン］ビューで簡単にプロジェクト全体のスケジュールを見ることができます。

さらにProject 2016から、タイムラインに複数のタイムラインバーを追加できるようになりました。スケジュールの概要を表すタスクやマイルストーンをより見やすく配置することで、プロジェクト全体を把握しやすくなっています。

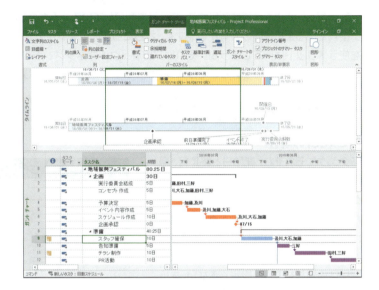

クラウド型サービスOffice 365と統合されたProject Online

クラウド型サービスであるOffce 365と統合されたProjet OnlineとProject Pro for Office 365（Project Professionalのクラウド用ライセンス）を利用することで、本格的なプロジェクトマネジメントのツールとして活用できます。Webブラウザー上でさまざまなプロジェクトの情報を共有することができ、Project Professionalを持っていないチームメンバーなどのユーザーでも、Project Online上でプロジェクトの情報や自分に割り当てられたタスクの情報を閲覧し、実績を入力することもできます。

また、プライベートクラウドやオンプレミスで利用する場合は、Project Server 2016を利用することができます。

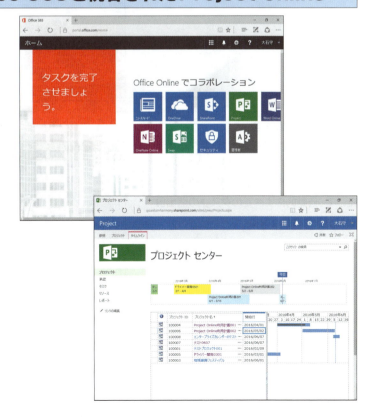

3 Projectを使うメリット

　スケジュール表を作成する目的で、Excelを利用している場合も多いようです。Excelはユーザー数が多いため、使い慣れている上に情報の共有がしやすく、さらに追加のコストが必要ないというメリットがあります。では、Projectを使うメリットは何でしょうか。それはプロジェクトマネジメントのために用意されたツールと技法に基づいた機能が充実していることです。ここでは4つのポイントで相違点を紹介します。

1. プロジェクト計画作成時

■Excelの場合

各タスクにそれぞれ、開始日と終了日、期間を入力する。それに合わせてタイムスケールの表示を作成し、さらにタスクのバーを作成する手間が発生する。タスク同士の依存関係性も表現しづらい。マクロを組んで自動化するとしても、タスクの依存関係は単純なものしか設定できない。さらに作成とメンテナンスの手間が発生する。

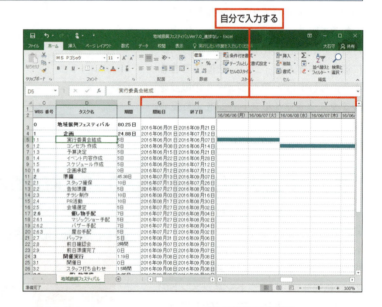

■Projectの場合

プロジェクトの開始日とカレンダーを決め、タスクの見積もり（期間や作業時間）を行い、タスク同士の依存関係を設定するだけで、自動的にすべてのタスクの開始日と終了日が計算される。

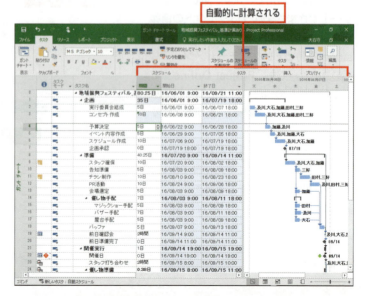

2. プロジェクト進行中

■Excelの場合

実績（進捗）やタスクの達成率をパーセントで入力したり、実際の開始日と終了日を入力する。その結果、それ以降のタスクのスケジュールが影響を受けるとしても何も変更されず、プロジェクト全体に対する影響はわからない。そのため実際のプロジェクトの状況が把握しづらく、後で挽回すればいいと考えがちになる。

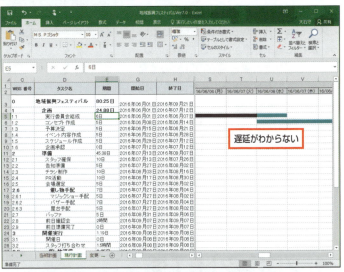

■Projectの場合

実績（進捗）として期間や作業時間を入力すると、スケジュールの再計算が行われ、個別のタスクのスケジュールやプロジェクト全体への影響を即座に把握することができる。

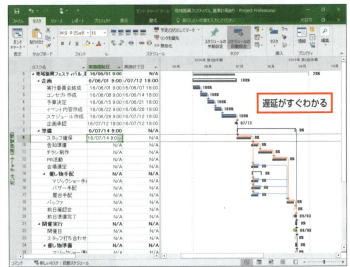

3. プロジェクト計画変更時

■Excelの場合

プロジェクト計画を変更する場合、当初の計画を別のシートやファイルとして保存する必要があるため、変更前と変更後の比較がしづらい。また、影響のあるタスクのスケジュールをすべて手作業で変更する必要がある。

続⇨

■Projectの場合

実績をきちんと入力することで、自動的にスケジュールが再計算されているため、常にスケジュールが現在の状況を表している。最初に基準計画が保存してあるため、いつでも当初の計画と現在の計画の差異を比較することができる。また、現在の状況では納期（予定の終了日）に間に合わない場合、警告が表示されるため、常に早い段階で対策を行うことができる。

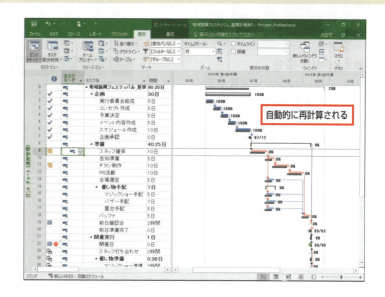

4. プロジェクト終了後

■Excelの場合

当初の計画情報、変更後の計画情報がファイルとして分散しがちになる。また、実績の累積的な詳細データがあるわけではなく、後に状況を分析することができないため、教訓としての利用価値が低い。

■Projectの場合

基準計画の情報、実績としての計画情報が同じファイル内に累積的な詳細データとして残っているため、標準機能であるビジュアルレポートなどを使用して分析を行うこともできる。それらの教訓を活かして、次の同種のプロジェクトのテンプレートとして利用することができる。

4 Projectを活用するための7つのステップ

　Project 2016を役立てるには、その前提としてプロジェクトマネジメントに関する理解が必要です。Project 2016は、米国プロジェクトマネジメント協会（PMI）が発行するプロジェクトマネジメント知識体系（PMBOK：Project Management Body of Knowledge）に基づいて開発されています。PMBOKで解説されているプロジェクトマネジメントの考え方、ツールと技法が盛り込まれているのです。

PMBOKとProject 2016

PMBOKでは、右の図に示されるプロジェクトマネジメントの5つのプロセス群というものが定義されています。Project 2016は、この5つのプロセス群のうち、「計画プロセス群」「監視・コントロール・プロセス群」「実行プロセス群」で主に使用されます。つまり、プロジェクトマネジメントを部分的にサポートするツールなのです。Project 2016は、確かにプロジェクトマネジメントの助けになってくれるツールではありますが、ツールがプロジェクトマネジメントをしてくれるわけではありません。あくまでもプロジェクトマネジメントへの深い理解が先にあり、その上でProject 2016を使いこなすことで、大いに役立つツールとなるでしょう。

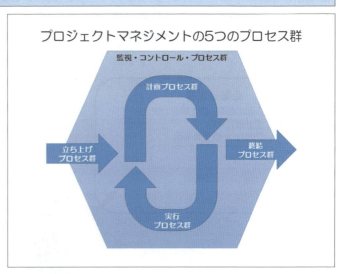

Project活用の7つのステップ

Project 2016は、プロジェクトマネジメントに関してある程度の理解があった上で利用すると、より有効に活用することができます。一方でProject 2016というツール自体の作法も存在します。初めて使用する場合は、右の図に示すステップを参考にしてProject 2016を活用してください。

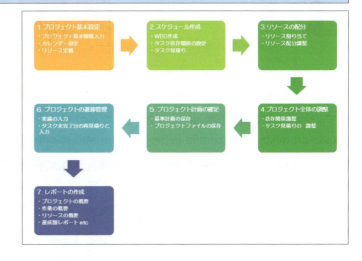

> **参照**
> Projectの活用について詳しくは
> 　　　この章の16のコラム

5 エディションによる機能の違い

Projectのエディション

Projectには、さまざまなエディションが存在します。機能面の分類ではデスクトップクライアントとサーバー、利用形態の分類ではライセンス購入と月額制のクラウドサービスがあります。デスクトップクライアントは、WordやExcelといったOfficeアプリケーションと同じ形態のものです。Project Pro for Office 365、Project ProfessionalおよびStandardが、これに当たります。Project Serverは文字通りサーバー製品で、SharePointプラットフォーム上で動作します。Project Onlineは、Project Serverの機能がクラウドサービスとして提供されるものと考えればよいでしょう。Project Liteは、Project Onlineの機能を必要最小限に制限する代わりに安価な費用で利用できるようにしたものです。

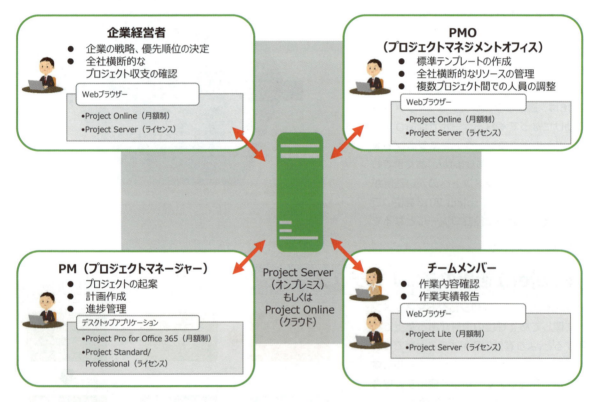

エディションによる機能の違いについては、日本マイクロソフト株式会社のProject製品情報ページもご覧ください。
https://products.office.com/ja-jp/project/compare-microsoft-project-management-software

ヒント

StandardとProfessionalの違い

StandardとProfessionalの機能面での大きな違いは、サーバーへの接続が可能かどうかという点です。Standardでは、サーバー製品が必要となる機能は使用できません。それ以外にも、[チームプランナー] ビュー、タスクの無効化の機能は、Professionalでのみ使用できます。

第1章　Projectの役割と初期設定

6 Projectを起動するには

Projectを起動する

❶ [スタート] ボタンをクリックする
➡ [スタート] メニューが表示される。

❷ [すべてのアプリ] をクリックする。
➡ メニューの表示が切り替わる。

❸ [Project 2016] をクリックする。
➡ Projectが起動し、アプリケーションウィンドウが表示される。

ヒント

旧バージョンのProjectのグローバル設定を引き継ぐ

旧バージョンのProjectをインストールしたことがあるコンピューターにProject 2016をインストールすると、初回の起動時に、以前のグローバル設定をProject 2016にコピーするかどうかを尋ねるダイアログが表示されます。設定を引き継ぐ場合は、次の選択肢の中から [自動的にアップグレードする] を選択します。

- 自動的にアップグレードする。ユーザーによる設定項目はMicrosoft Projectに自動的にコピーされる。
- 手動でアップグレードする。Microsoft Projectにコピーする項目を選択できるようにする。
- キャンセル。今回は更新しない。

7 プロジェクトを新規作成するには

新規にProjectファイルを作成する場合、この章の9～14で説明する初期設定を必ず先に行います。

Projectの起動時に新規作成する

❶ Project 2016を起動する。

❷ 起動して最初に表示される画面で、[お勧めのテンプレート]を選択し、[空のプロジェクト]をクリックする。

→ 空のプロジェクトが作成され、[タイムライン付きガントチャート]が表示される。

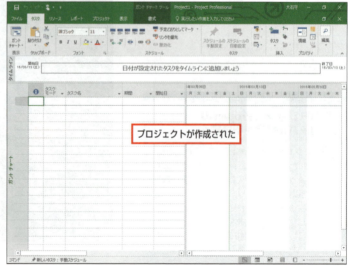

ヒント

プロジェクト計画の作成に時間をかける

綿密なプロジェクト計画を作成する手間を惜しみ、大枠の計画だけを立て、とにかく着手することを優先するということが、現実の世の中ではよく行われています。しかし、詳細なプロジェクト計画がなければ、そもそもどれだけの作業をいつまでにする必要があるのか、さらにその進捗を把握することも、プロジェクトの異常を察知していち早くリカバリーのための対処をすることも困難です。プロジェクトマネジメントという観点では、プロジェクト計画の作成段階に十分に注力することをお勧めします。

［ファイル］タブから新規作成する

❶ ［ファイル］タブをクリックし、［新規］をクリックする。

❷ ［お勧めのテンプレート］を選択し、［空のプロジェクト］をクリックする。
　➡ 空のプロジェクトが作成され、［タイムライン付きガントチャート］が表示される。

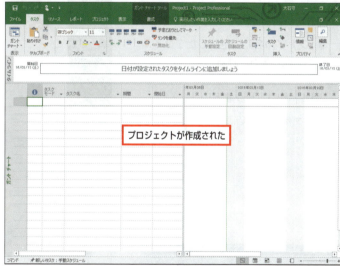

ヒント

［お勧めのテンプレート］からプロジェクトを新規作成する

マイクロソフトから提供されるさまざまなジャンルのテンプレートからプロジェクトを新規作成することができます。

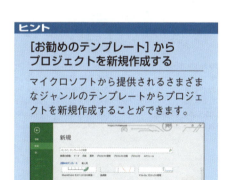

参照

テンプレートを基に新しいプロジェクト計画を作成するには
　　　　　　　　　第8章の9

既存のProjectファイルを開くには

既に作成されているProjectファイルを開く手順を確認しましょう。

保存されているProjectファイルを開く

❶ [ファイル] タブの [開く] をクリックする。

❷ 保存先のストレージ（例:[このPC]）を選択し、[参照] をクリックする。
- [ファイルを開く] ダイアログが表示される。

❸ 開きたいProjectファイルを選択する。
- [ファイル名] に選択したファイルの名前が入力される。

❹ [開く] をクリックする。
- ファイルが開く。

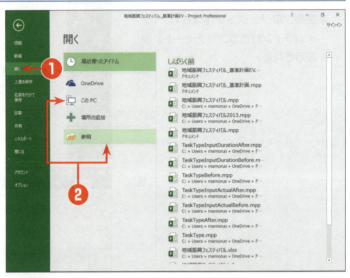

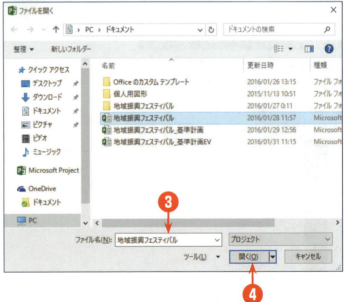

ヒント

他の方法でファイルを開くには①

● Windowsのエクスプローラーから開く
エクスプローラーでProjectファイルの保存先フォルダーを開き、目的のファイルをダブルクリックします。

第1章　Projectの役割と初期設定

ヒント

他の方法でファイルを開くには②

● [最近使ったアイテム] の一覧から開く

[ファイル] タブの [開く] をクリックすると、[最近使ったアイテム] の一覧に最近使ったProjectファイルが表示されます。このファイル名をクリックして開くことができます。

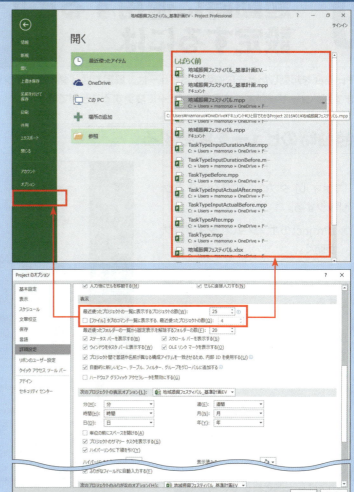

[最近使ったアイテム] に表示するプロジェクトの数は、[Projectのオプション] ダイアログの [詳細設定] の [表示] にある [最近使ったプロジェクトの一覧に表示するプロジェクトの数] で指定できます。
また [[ファイル] タブのコマンド一覧に表示する、最近使ったプロジェクトの数] にチェックを入れると（既定ではオフ）、最近使ったProjectファイルを [ファイル] タブのコマンド一覧にも表示することができます。

● 起動して最初に表示される画面から開く

Projectを起動し、最初に表示される画面の [最近使ったファイル] の一覧からファイルをクリックして開くこともできます。または、[他のプロジェクトを開く] をクリックして [ファイル] タブの [開く] 画面を表示し、[最近使ったアイテム] の一覧からファイルをクリックします。[開く] 画面で [このPC] － [参照] をクリックして [ファイルを開く] ダイアログでProjectファイルを選択して [開く] をクリックする方法もあります。

9 起動時に適用するビューを設定するには

Projectを起動したときに適用するビューは、既定では［タイムライン付きガントチャート］ビューが設定されていますが、ユーザーがよく使用するビューに変更することができます。

起動時のビューを変更する

❶
［ファイル］タブの［オプション］をクリックする。
▶［Projectのオプション］ダイアログが開く。

❷
［基本設定］が選択されていることを確認する。

❸
［Projectビュー］の［既定のビュー］の▼をクリックして適用するビューを選択する。

❹
［OK］をクリックする。
▶［Projectのオプション］ダイアログが閉じる。

❺
Projectを一度終了し、再度起動すると設定が反映される。

用語
ビュー
Projectでは、［ガントチャート］や［リソースグラフ］などの表示画面のことを「ビュー」と呼びます。ビューには、大きく分けて［タスク］ビューと［リソース］ビューの2種類があります。また、タイムスケールを含むものと含まないものがあります。

ヒント
既存のファイルのビュー
［既定のビュー］で設定したビューは、Projectを起動し、新規にProjectファイルを作成する場合に適用されます。既に保存されているProjectファイルは、最後に保存したときのビューの状態で開きます。

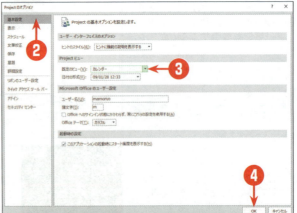

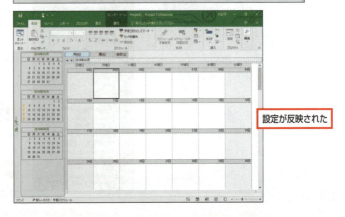

設定が反映された

10 既定のタスクの種類を設定するには

Projectにタスクを追加すると、タスクの種類が自動的に設定されます。Projectで使用するタスクの種類には3種類あり、それぞれ、タスクに複数のリソースを割り当てたときやタスクの実績を入力したときに、タスクの期間や時間をどのように再計算させるのかを決めています。プロジェクト計画を作成する前に、既定のタスクの種類を設定しましょう。

既定のタスクの種類を設定する

❶ [ファイル] タブの [オプション] をクリックする。
▶ [Projectのオプション] ダイアログが開く。

❷ [スケジュール] をクリックする。

❸ [次のプロジェクトのスケジュールオプション] の [既定のタスクの種類] の▼をクリックして、適用するタスクの種類を選択する。

❹ [OK] をクリックする。
▶ [Projectのオプション] ダイアログが閉じる。

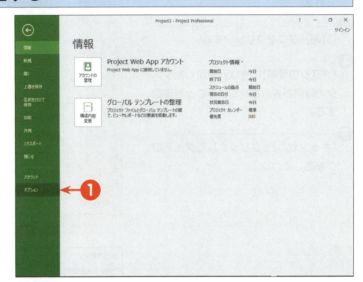

参照
タスクの種類について詳しくは　　　　　　　　　　　この節のコラム

設定内容を確認する

❶ テーブルの［タスク名］列のセルをクリックし、タスク名を入力する。

❷ 入力したタスク名をダブルクリックする。
　▶［タスク情報］ダイアログが表示される。

❸ ［詳細］タブをクリックする。

❹ ［タスクの種類］に先ほど設定したタスクの種類が表示されていることを確認する。

❺ ［キャンセル］をクリックしてダイアログを閉じる。

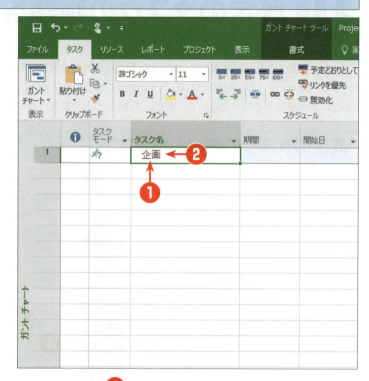

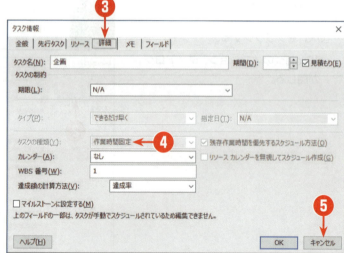

参照
追加したタスクを削除するには
　　　　　　　　　　第3章の3

コラム タスクの種類

Projectで設定できるタスクの種類には［単位数固定］［期間固定］［作業時間固定］の3種類があります。このタスクの種類による違いの前に、タスクの計算について理解しておく必要があります。［単位数］［期間］［作業時間］は、タスクの計算を行うための3要素です。タスクの計算を式で表すと次のようになります。

タスクの計算式
「期間＝作業時間÷単位数」
「作業時間＝期間×単位数」
「単位数＝作業時間÷期間」

＊単位数＝リソースのマンパワー
（％もしくは小数で表される割合。実質的には1日の稼働時間）

つまり、タスクの種類とは、これらの3要素のうちどれを固定して計算を行うかを決定するためのものです。

単位数固定
単位数とは、タスクに割り当てられた担当者が、そのタスクに対して割くマンパワーのことです。リソースの負荷を一定に保ちたいタスクに使用します。［単位数固定］の場合は、期間を変更すると作業時間が再計算され、作業時間を変更すると期間が再計算されます。既定では［単位数固定］が設定されています。

期間固定
主に決められた期間が必要になるタスクに使用します。たとえば「コンクリートを打った後、乾燥させるまで一定の期間が必要」といったタスクに使用するとよいでしょう。［期間固定］の場合は、単位数を変更すると作業時間が再計算され、作業時間を変更すると単位数が再計算されます。

作業時間固定
主に作業の工数を見積もることができるタスクに使用します。たとえば、ソフトウェア開発で、ある機能のコーディングに40時間が必要、といったタスクに使用するとよいでしょう。［作業時間固定］の場合は、単位数を変更すると期間が再計算され、期間を変更すると単位数が再計算されます。

［残存作業時間を優先するスケジュール方法］とは

［残存作業時間を優先するスケジュール方法］というオプションは、「タスクの種類の設定に加えて、作業時間も固定する」という機能です。具体的にはリソースを追加割り当てすると、作業時間を固定して計算します。したがって、このオプションは、［作業時間固定］の場合には必ず有効になります。［期間固定］で有効の場合、期間と作業時間の両方が固定されます。［単位数固定］で有効の場合、単位数と作業時間の両方が固定されます。

そのため、［期間固定］と［単位数固定］のタスクでは、プロジェクト計画作成時は［残存作業時間を優先するスケジュール方法］を無効にしておくことをお勧めします。プロジェクト開始後、進捗管理を行う際に必要に応じて、このオプションを有効にするほうがよいでしょう。

具体的に再計算の例で確認しましょう。

①リソースを追加して再計算する場合

［単位数固定］および［期間固定］に設定したタスクに、リソース「Aさん」を割り当てます。「1日8時間×5日＝40時間」のタスクです。同じ設定のタスクに、リソース「Bさん」を追加します。

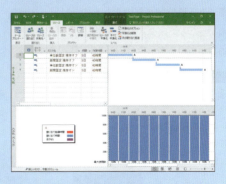

再計算の結果は次のとおりです。

[残存作業時間を優先するスケジュール方法]が無効の場合

- [単位数固定]では、Aさんの作業は1日の単位数が8時間に固定されています。Bさんが追加で割り当てられたため、その分の作業時間40時間が上積みされ、倍の80時間に増加します。
- [期間固定]では、必ず5日の期間で行います。[単位数固定]の場合と同様に、Bさんが追加で割り当てされた分の作業時間40時間が上積みされ、倍の80時間に増加します。

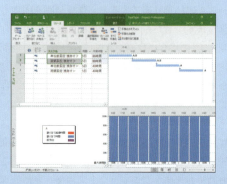

[残存作業時間を優先するスケジュール方法]が有効の場合

- [単位数固定]では、Aさんの作業は1日の単位数が8時間に固定されます。加えて、作業時間も固定されるため、残りの要素である期間が変更されます。Bさんと2人で作業を分け合う形になるので、期間が5日から半分の2.5日に短縮されます。
- [期間固定]では、必ず5日の期間をかけて行います。加えて、作業時間も固定されるため、残りの要素である単位数が変更されます。リソースが2倍になったので、タスク期間中のリソースの最大使用数が100%から半分の50%に軽減されます。

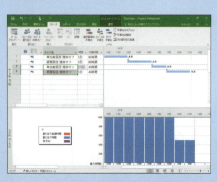

> **注意**
>
> **単位数の動作が異なる**
>
> [期間固定]で[残存作業時間を優先するスケジュール方法]が有効なときの単位数の動作が、Project 2010以降では変更されています。従来は、割り当て単位数そのものが「100%→50%」という動作でしたが、Project 2010以降では単位数は100%のまま変更されません。割り当ての割合自体は変更されていますので、リソースグラフなどの最大使用数で確認することができます。

②実績作業時間を入力して再計算する場合

実績作業時間を入力した際の動作も確認しましょう。[単位数固定]および[期間固定]に設定した2つのタスクに、リソース「Aさん」を割り当てます。「1日8時間×3日＝24時間」のタスクです。[タスク配分状況]ビューで、タスクの実績作業時間を1日目と2日目にそれぞれ「4時間」と入力します。

再計算の結果は次のとおりです（[残存作業時間を優先するスケジュール方法]が有効/無効のどちらでも同じ動作になります）。

- [単位数固定]では、1日の単位数が8時間に固定されていますので、1日目と2日目に不足した作業時間の合計8時間は4日目にスケジューリングされ、期間が3日から4日に変更されます。

●［作業時間固定］では、タスクの作業時間が24時間に固定されていますので、1日目と2日目に不足した作業時間の合計8時間は4日目にスケジューリングされ、期間が3日から4日に変更されます。

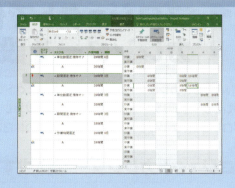

③期間を延長して再計算する場合

［単位数固定］［期間固定］［作業時間固定］に設定した3つのタスクに、リソース「Aさん」を割り当てます。「1日8時間×3日＝24時間」のタスクです。それぞれのタスクの期間を3日から5日に変更します。

再計算の結果は次のとおりです。

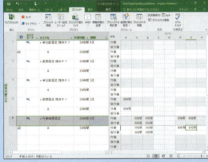

●［期間固定］では、必ず3日間で行わなければならないため、1日目と2日目に不足した作業時間の合計8時間は、3日目にスケジューリングされ、3日目の作業時間は16時間に変更されます。

●［単位数固定］では、作業時間が40時間に延長されます。
●［期間固定］では、作業時間が40時間に延長されます。
●［作業時間固定］では、タスクの作業時間が24時間に固定されていますので、リソースAさんの単位数が100％から60％に変更されます。

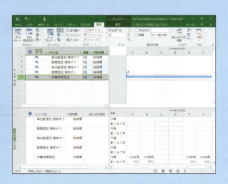

11 プロジェクトで使用するカレンダーを設定するには

Projectでは、カレンダーを使用してプロジェクトの稼働時間を簡単に設定できます。カレンダーには「プロジェクトカレンダー」「リソースカレンダー」「タスクカレンダー」の3種類があります。初めにプロジェクトの基本となる「プロジェクトカレンダー」に、組織に固有の休日と稼働時間を設定しましょう。

プロジェクトカレンダーを作成する

❶ [プロジェクト] タブの [プロパティ] の [稼働時間の変更] をクリックする。
　▶ [稼働時間の変更] ダイアログが開く。

❷ [新しいカレンダーの作成]をクリックする。
　▶ [新しい基本カレンダーの作成] ダイアログが開く。

❸ [指定するカレンダーを基に作成する] を選択し、[カレンダー] の▼をクリックして [標準] を選択する。

❹ [カレンダー名]に作成するカレンダーの名前を入力し、[OK] をクリックする。
　▶ [稼働時間の変更] ダイアログに戻る。

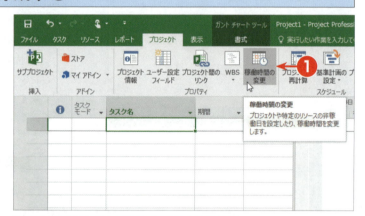

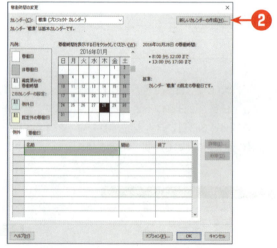

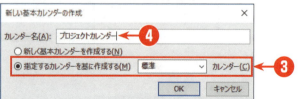

第1章　Projectの役割と初期設定

❺ カレンダーで組織固有の休日を設定する日をクリックする。

❻ [名前]に休日名を入力する。

❼ [詳細]をクリックする。
　▶['＜休日名＞'の詳細]ダイアログが開く。

❽ [例外に対して稼働時間を設定]で[非稼働日]が選択されていることを確認する。

❾ 連続した休日を設定する場合は、[期間]の[終了日]をクリックし、休日の終了日を入力する。

❿ [OK]をクリックする。
　▶プロジェクトカレンダーが設定される。

⓫ [OK]をクリックして[稼働時間の変更]ダイアログを閉じる。

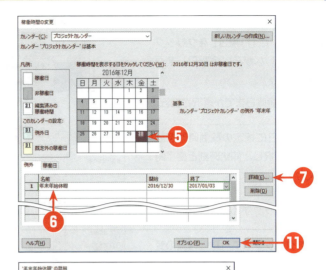
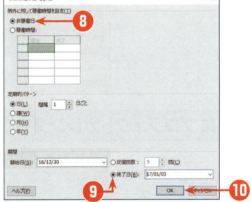

稼働時間を設定する

❶ [プロジェクト]タブの[プロパティ]の[稼働時間の変更]をクリックする。
　▶[稼働時間の変更]ダイアログが開く。

❷ [稼働日]タブをクリックする。

❸ [名前]の[既定]をクリックして選択し、[詳細]をクリックする。
　▶['[既定]'の詳細]ダイアログが開く。

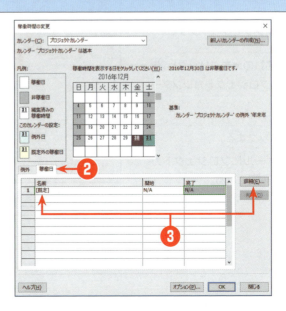

続く

❹
[曜日の選択] で [月曜日] をクリックし、Shift を押しながら [金曜日] をクリックする。
▶月曜日から金曜日までが選択される。

❺
[選択した曜日に指定の稼働時間を設定する] を選択し、開始時刻と終了時刻を入力する。

❻
[OK] をクリックする。

❼
[OK] をクリックして [稼働時間の変更] ダイアログを閉じる。

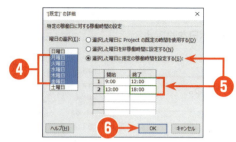
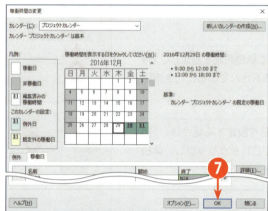

ガントチャートにプロジェクトカレンダーを適用する

❶
タイムスケールをマウスで右クリックして、[タイムスケール] をクリックする。
▶[タイムスケール] ダイアログが開く。

❷
[非稼働時間] タブをクリックする。

❸
[カレンダー名] の▼をクリックし、先ほど作成したプロジェクトカレンダーを選択する。

❹
[OK] をクリックする。
▶タイムスケールにプロジェクトカレンダーが適用される。

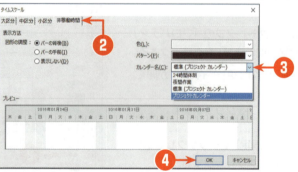
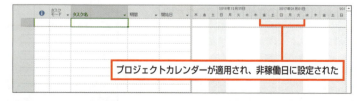

プロジェクトカレンダーが適用され、非稼働日に設定された

第1章　Projectの役割と初期設定

12 カレンダーオプションを設定するには

　Projectで使用される時間の単位には、週、日、時間などがありますが、計算は時間に換算して行われます。そのため、1週間を何時間、1日を何時間と解釈するのか、あらかじめ定義する必要があります。合わせて1日の「開始時刻の既定値」と「終了時刻の既定値」も設定します。

カレンダーオプションを設定する

❶ [ファイル] タブの [オプション] をクリックする。
　▶[Projectのオプション] ダイアログが開く。

❷ [スケジュール] をクリックする。

❸ [次のプロジェクトのカレンダーオプション] の [既定の開始時刻]、[既定の終了時刻]、[1日の稼働時間] に、プロジェクトカレンダーの開始時刻、終了時刻、1日の稼働時間と一致する値を入力する。

❹ [1週間の稼働時間]、[1か月の稼働時間] の数値を確認し、適切な値を入力する。

❺ [OK] をクリックする。

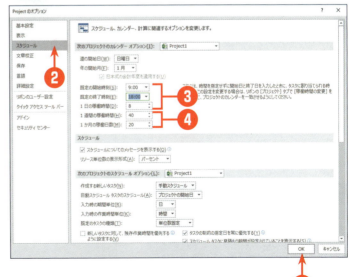

ヒント

カレンダーオプションの入力

企業によっては、稼働時間が「8：45〜17：45」の場合や、1日の稼働時間が7時間45分の場合もあります。ただし、実際の稼働時間のとおりに入力してしまうと、計算の結果が小数になるため、管理が難しくなるおそれがあります。厳密な作業時間を管理する必要がなければ、整数の時間を設定しておくことをお勧めします。

13 既定の計算モードを変更するには

　Projectのタスクのスケジュール計算には、「自動スケジュール」と「手動スケジュール」の2種類があり、既定では手動スケジュールに設定されています。しかし、クリティカルパスを計算するためには、自動スケジュールにする必要があります。ここでは、既定の計算モードを変更する方法を説明します。

既定の計算モードを設定する

❶
［ファイル］タブの［オプション］をクリックする。
▶［Projectのオプション］ダイアログが開く。

❷
［スケジュール］をクリックする。

❸
［次のプロジェクトのスケジュールオプション］の▼をクリックし、［すべての新規プロジェクト］を選択する。

❹
［作成する新しいタスク］の▼をクリックし、［自動スケジュール］を選択する。

❺
［OK］をクリックする。

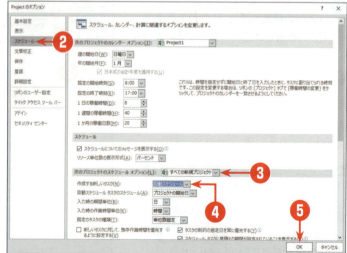

ヒント

［次のプロジェクトのスケジュールオプション］について

［次のプロジェクトのスケジュールオプション］の一覧には、［すべての新規プロジェクト］のほかに、現在開いているプロジェクトファイルが表示されます。プロジェクトファイルを選択すると、そのプロジェクトに対してのみ設定が適用されます。

第1章　Projectの役割と初期設定

新しいタスクの計算モードを変更する

❶ ステータスバーの［新しいタスク］の右側の［手動スケジュール］をクリックする。
　▶［新しいタスク］の一覧が表示される。

❷ ［自動スケジュール］をクリックする。
　▶［自動スケジュール］が選択される。

❸ ［タスク名］列にタスク名を入力する。
　▶［タスクモード］列に自動スケジュールのアイコンが表示され、［タスク］タブの［タスク］グループの［スケジュールの自動設定］が選択状態になる。

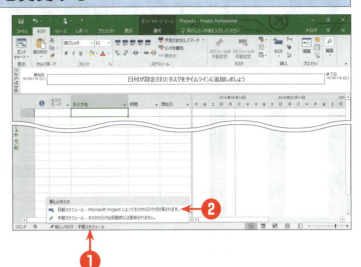

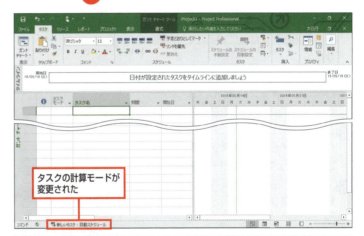

タスクの計算モードが変更された

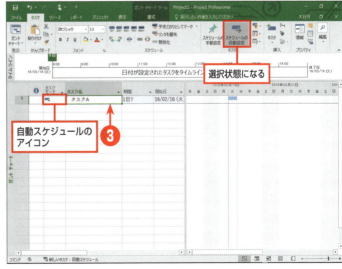

選択状態になる

自動スケジュールのアイコン

ヒント

タスクモードのアイコン

テーブルの［タスクモード］列のアイコンは、［タスク］タブの［タスク］グループの［スケジュールの手動設定］および［スケジュールの自動設定］と同じです。どちらかを変更すると連動します。

既定の計算モードとタスクの計算モードの違い

既定の計算モードは、これから作成するタスクに対して適用されます。タスクの計算モードは、個別のタスクに対してのみ適用されます。

14 プロジェクト情報を設定するには

　Projectでは、プロジェクト計画を作成する際に、［開始日］を基点にして［終了日］を計算するか、［終了日］を基点にして［開始日］を計算するかを選択することができます。多くの場合、［開始日］を基点にしてプロジェクト計画を作成します。

プロジェクト情報を設定する

❶ ［プロジェクト］タブの［プロパティ］の［プロジェクト情報］をクリックする。
　▶［'＜プロジェクト名＞' のプロジェクト情報］ダイアログが開く。

❷ ［スケジュールの基点］が［プロジェクトの開始日］になっていることを確認する。

❸ ［開始日］の▼をクリックし、カレンダーからプロジェクトの開始日を選択する。

❹ ［カレンダー］の▼をクリックし、作成したプロジェクトカレンダーを選択する。

❺ ［OK］をクリックする。

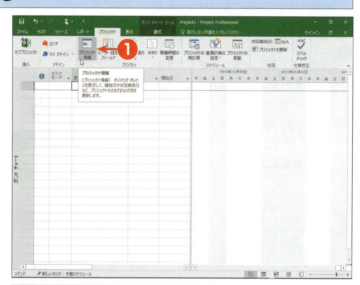

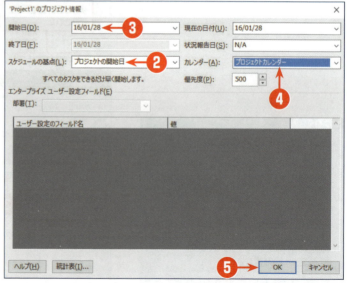

第1章　**Project**の役割と初期設定

ヒント

実際にプロジェクトがスタートする日を設定する

スケジュールの基点を［プロジェクトの開始日］に設定すると、[開始日] ドロップダウンリストが有効になります。一方、[プロジェクトの終了日]に設定すると、[開始日] は淡色表示され、[終了日] ドロップダウンリストが有効になります。既定では、プロジェクトの開始日を基点にプロジェクト計画を作成するように設定されており、[開始日] に現在の日付が指定されています。通常、プロジェクト計画を作成する場合、今日から開始するプロジェクトの計画を今日から作成することはありません。実際にプロジェクトが開始する日を [開始日] に設定します。

スケジュールの基点について

スケジュールの基点を［プロジェクトの開始日］に設定した場合、すべてのタスクはできるだけ早く開始するようにスケジュールされます。スケジュールの基点を［プロジェクトの終了日］に設定した場合には、すべてのタスクはできるだけ遅く開始するようにスケジュールされます。

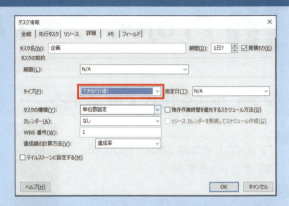

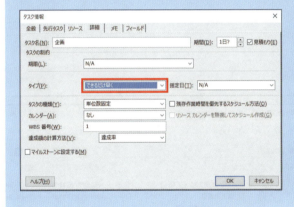

一般に、プロジェクトでは、開始日を基点にしてスケジュールを作成することをお勧めします。終了日を基点にして計算されたプロジェクト開始日は、あくまでもプロジェクトが最短で完了する場合を示しているにすぎません。実際にそのスケジュールでプロジェクトを開始すると、遅延が発生した場合の対処方法はかなり限定的になります。プロジェクト開始日を基点にすることで、スケジュールが変更された場合をあらかじめ考慮に入れたプロジェクト計画を作成することができます。

遅らせたくない納期を表示させるには

納期の期日を管理するには、マイルストーンに［期限］を設定します。[期限] の設定方法の詳細は第3章の11を参照してください。

15 Projectファイルを保存するには

ファイル名を付けて終了する

❶ [ファイル]タブの[名前を付けて保存]をクリックする。

❷ 保存先のストレージ(例:[このPC])を選択し、[参照]をクリックする。
   ▶[ファイル名を付けて保存]ダイアログが開く。

❸ [ファイル名]にProjectファイルの名前を入力する。

❹ [保存]をクリックする。
   ▶ファイルが保存される。

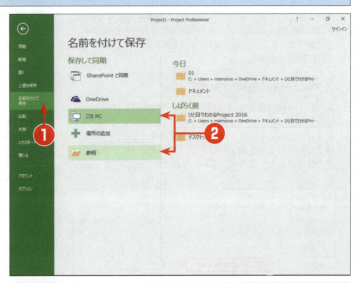

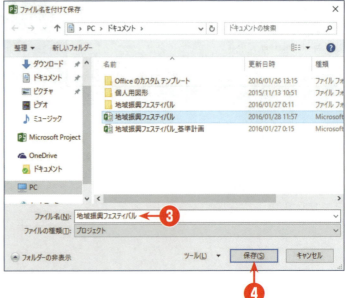

ヒント

作業中のProjectファイルを保存するには

[ファイル]タブの[上書き保存]、またはクイックアクセスツールバーの[上書き保存]をクリックします。

作業中のProjectファイルに別の名前を付けて保存するには

[ファイル]タブの[名前を付けて保存]をクリックし、保存先のストレージを選択して[参照]をクリックし、[ファイル名を付けて保存]ダイアログで別の名前を入力して[保存]をクリックします。

ファイルの保存先を指定するには

ファイルの既定の保存先は[ドキュメント]フォルダーです。[ファイル名を付けて保存]ダイアログの左側のフォルダー一覧で、保存先のフォルダーを変更することができます。

[保存オプション] を設定する

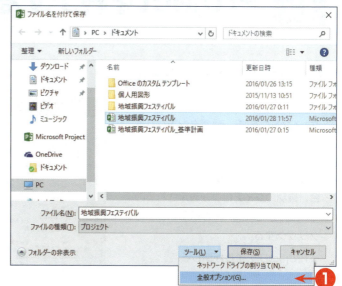

❶ [ファイル名を付けて保存] ダイアログの [ツール] の▼をクリックし、[全般オプション] をクリックする。
  ▶ [保存オプション] ダイアログが開く。

❷ [バックアップファイルを作成する]にチェックを入れる。
  ● これにより、Projectファイルを保存すると＜ファイル名＞.bakファイルがProjectファイルと同じフォルダーに作成されるようになる。

❸ [ファイルの共有] の [読み取りパスワード] にパスワードを入力する。
  ● これにより、Projectファイルを保存してファイルを閉じた後、次にProjectファイルを開くときに [パスワード] ダイアログが表示され、[読み取りパスワード] を入力した後にProjectファイルが開くようになる。

❹ [ファイルの共有] の [書き込みパスワード] にパスワードを入力する。
  ● これにより、Projectファイルを保存してファイルを閉じた後、次にProjectファイルを開くときに [書き込みパスワード] ダイアログが表示されるようになる。[書き込みパスワード] を入力してProjectファイルを開くと編集可能となる。[読み取り専用] をクリックすると、Projectファイルは読み取り専用で開く。

❺ [読み取り専用を推奨する] にチェックを入れる。
  ▶ これにより、Projectファイルを保存してファイルを閉じた後、次にProjectファイルを開くときに確認メッセージが表示されるようになる。[はい] をクリックすると、Projectファイルは読み取り専用で開く。

❻ 設定が終わったら [OK] をクリックする。
  ▶ [パスワードの確認] ダイアログが表示される。

❼ パスワードを入力して [OK] をクリックする。
  ● [読み取りパスワード] と [書き込みパスワード] の両方を設定した場合は、[パスワードの確認] ダイアログが2回表示される。

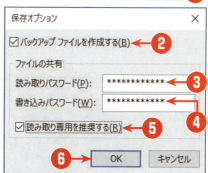

用語

読み取りパスワード
ファイルの閲覧を制限したい場合に使用します。読み取りパスワードを設定したファイルは、開く際にパスワードを入力した場合のみ開くことができます。

書き込みパスワード
ファイルの編集を制限したい場合に使用します。書き込みパスワードを設定したファイルは、開く際にパスワードを入力した場合のみ編集可能となります。

16 Projectを終了するには

Projectファイルを閉じる

❶ [ウィンドウを閉じる]ボタンをクリックする。

❷ Projectファイルを保存していない場合、確認のダイアログが表示されるので、[はい]または[いいえ]ボタンをクリックする。

▶ Projectファイルが閉じる。

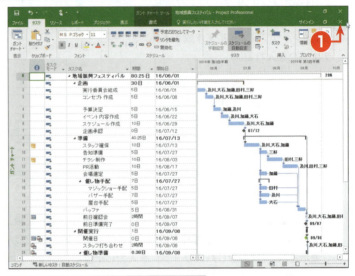

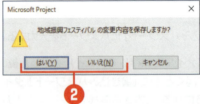

Projectを終了する

❶ [閉じる]ボタンをクリックする。

▶ Projectが終了する。

第1章 Projectの役割と初期設定

Projectを活用するための7つのステップ（解説）

この章の4の「Projectを活用するための7つのステップ」で簡単に触れたように、Projectは、プロジェクトマネジメントに関して理解があった上で利用すると、より有効に活用することができます。その一方で、Projectならではのクセがあることも事実です。初めてProjectを使う場合、まず何から始めたらよいのか戸惑うかもしれません。そこで、Projectを活用するにあたって、まずプロジェクト計画の作成、進捗管理、レポート作成ステップ全体を俯瞰しておくと理解の助けになります。ここでは、Projectを活用するための7つのステップについて解説します。

1. プロジェクト基本設定

プロジェクト基本情報入力

プロジェクトを新規に作成したら、最初にプロジェクトの基本情報として、次の3つを指定します。

- スケジュールの基点
- プロジェクトの開始日/終了日
- カレンダー

最初にスケジュール計算の基点となるプロジェクト開始日を入力します。Project 2016では、スケジュール計算の基点はプロジェクト開始日とプロジェクト終了日の2つから選択できますが、通常はプロジェクト開始日を使用します。さらに、プロジェクトの稼働時間や休日を定義するカレンダーを指定します。これらは、[プロジェクト情報]ダイアログで指定します。[プロジェクト情報]ダイアログは、[プロジェクト]タブの[プロパティ]の[プロジェクト情報]で表示します。

参照

プロジェクト情報を設定するには　　　　この章の14

リソース定義

プロジェクトを実行するには、リソースと呼ばれる、人、資材、コストが必要です。これらのリソースをあらかじめリソースシートで定義します。

参照

リソースを作成するには　　　　第2章の1

リソースの種類を設定するには　　　　第2章の3

カレンダー設定

［プロジェクト情報］ダイアログで指定するプロジェクトカレンダーの稼働時間および休日を設定します。Project 2016は、ここで指定するプロジェクトカレンダーの設定に基づいてスケジュール計算を行います。そのため、カレンダーの設定は正確に行う必要があります。カレンダーは、［稼働時間の変更］ダイアログで指定します。［稼働時間の変更］ダイアログは、［プロジェクト］タブの［プロパティ］の［稼働時間の変更］で表示します。

> **参照**
> プロジェクトで使用するカレンダーを
> 設定するには
> この章の11

2. スケジュール作成

WBS作成

プロジェクト計画を作成するには、WBS（Work Breakdown Structure）と呼ばれる、プロジェクトの完成に必要なタスクを抜けや重複なく網羅した階層リストを定義します。一般的には3階層から5階層ぐらいの管理しやすいレベルで定義します。

> **参照**
> タスクを作成するには
> 第3章の3
> マイルストーンを設定するには
> 第3章の4
> アウトラインを設定するには
> 第3章の5

タスクの依存関係の設定

Project 2016の特長として、ダイナミックなスケジュール計算が挙げられます。このダイナミックなスケジュール計算の基になるものが、「タスクの依存関係」と呼ばれるものです。これはタスクの実行順序のようなタスク同士のお互いの関係を表します。原則として、すべてのタスクに対して依存関係を設定することで、タスクの変更に伴うスケジュールの再計算を自動化することができます。

> **参照**
> タスクの依存関係を設定するには
> 第3章の8
> タスクの依存関係を変更するには
> 第3章の9

タスクの見積もり

スケジュール計算の重要な要素として、タスク自体の見積もりが挙げられます。タスクの見積もりには大きく分けて、「期間」と「作業時間」という2種類の方法があります。またどちらの方法で見積もりを行うかによって、「タスクの種類」の設定も行います。

> **参照**
> タスクの期間を設定するには
> 第3章の6
> 既定のタスクの種類を設定するには
> この章の10
> タスクの種類について詳しくは
> この章の10のコラム

3. リソースの配分

リソースの配分

　タスクを実行するのに必要なリソースを、定義されているリソースの中から指定します。これを「リソースの配分」と呼びます。リソースの配分を行うことで、タスクの計算が行われます。タスクは常に、以下の計算式に基づいてスケジュールの計算が行われます。リソースの配分を行うことで、プロジェクトにおけるリソースの負荷状況を確認できます。リソースの配分は、[リソースの割り当て] ダイアログで行います。[リソースの割り当て] ダイアログは、[リソース] タブの [割り当て] の [リソースの割り当て] で表示します。

$$\frac{作業}{時間}＝期間×単位数（リソースの稼働時間／日）$$

参照

タスクにリソースを割り当てるには

第4章の1

リソースのタスクへの割り当て状況を
確認するには

第4章の5

各リソースのタスクの作業時間を
確認するには

第4章の6

リソース配分調整

　リソースの配分を行った結果、リソースの負荷が特定の時期に集中することがあります。これらの負荷の集中しているリソースの配分を調整し、プロジェクト計画を現実に実行可能な状態にします。

参照

リソースを平準化するには

第5章の7

リソースを追加するには

第5章の8

4. プロジェクト全体の調整

依存関係の調整

　リソース負荷状況を調整した結果、プロジェクトの終了日が目標とする期限に間に合わない場合があります。このような場合には、タスクの依存関係の調整を行います。

参照

クリティカルパスを確認するには

第5章の1

タスクの依存関係を調整するには

第5章の3と4

タスクの見積もりの調整

　依存関係の調整に加えて、タスク自体の見積もりを再度見直し、スケジュールの短縮ができるかどうか検討します。

参照

スケジュールの短縮について詳しくは

第5章の11のコラム

5. プロジェクト計画の確定

基準計画の保存

　ここまでの作業で妥当なプロジェクト計画が完成

続➡

し、ステークホルダー（利害関係者）の承認が得られた時点で、基準計画として保存します。承認済みのプロジェクト計画を基準計画として保存しておくことで、実際にプロジェクトが進行して差異が発生した際に両者を比較し現状を把握することができます。基準計画の保存は、[基準計画の設定] ダイアログで行います。[基準計画の設定] ダイアログは、[プロジェクト] タブの [スケジュール] の [基準計画の設定] で表示します。

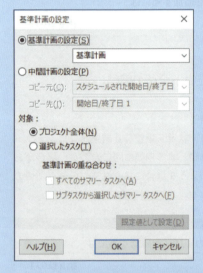

> **参照**
> 基準計画を保存するには
> 　　　　　　　　　第5章の12
>
> 基準計画について詳しくは
> 　　　　　　　　　第5章の13のコラム

プロジェクトファイルの保存

基準計画の保存が完了したら、プロジェクト計画のファイルを保存します。

> **参照**
> Projectファイルを保存するには
> 　　　　　　　　　この章の15

6. プロジェクトの進捗管理

実績の入力

実際にプロジェクトが開始されたら、一定の間隔で実績を入力します。一般的に週単位での進捗報告がよく行われています。この進捗報告のタイミングに合わせて、タスクに実績値を入力します。実績の入力は、大きく分けて「期間」もしくは「作業時間」で行います。実績を入力するときは、どの時点における進捗なのかを明確にするために、必ず先に状況報告日を設定します。

> **参照**
> 状況報告日をガントチャートに表示するには
> 　　　　　　　　　第6章の2
>
> 実績作業時間をプロジェクト計画に
> 入力するには
> 　　　　　　　　　第6章の4と5
>
> 作業実績を自動で入力するには
> 　　　　　　　　　第6章の6

タスク未完了分の再見積もりと入力

実際に経過した「期間」もしくは使用した「作業時間」を入力したら、その時点で予想される残りの期間もしくは作業時間も合わせて入力します。これを行うことで、現時点でのプロジェクトの現実の姿が明らかになり、状況に応じた対策を早めに打つことができます。

> **参照**
> Projectを使った進捗管理について詳しくは
> 　　　　　　　　　第7章の8のコラム

7. レポートの作成

　進捗状況を把握するためには、レポートを作成します。定期的に実績を入力することで、その時点での進捗状況が明らかになります。Project 2016には、データをExcelやVisioにエクスポートするビジュアルレポートと、Projectだけで作成できるクライアントレポートの2種類のレポート機能があり、さまざまな角度からプロジェクトの状況を分析することができます。

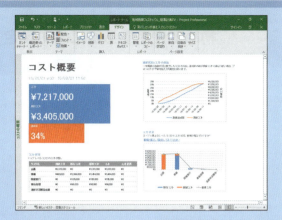

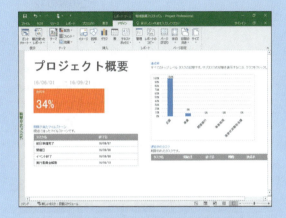

これらのレポート以外にも、ガントチャートなどのProject 2016のビューをそのままレポートとして利用することもできます。

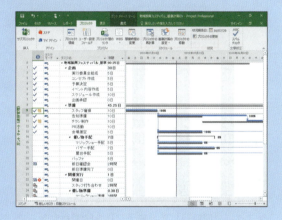

参照

ビジュアルレポートによるレポートの作成について詳しくは

　　　　　　　　　　　　　第8章の1と2と5

クライアントレポートによるレポートの作成について詳しくは

　　　　　　　　　　　　　第8章の3と4

初めて使用する際に必ず設定すべき3つのオプション

　Project 2016を初めて使用する際に必ず設定すべき3つのオプションについて解説します。これらのオプションは、[Projectのオプション]ダイアログの[スケジュール]タブで設定します。

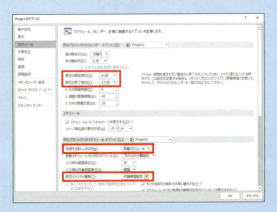

カレンダーオプションの[既定の開始時刻]と[既定の終了時刻]

　[既定の開始時刻]および[既定の終了時刻]を、[稼働時間の変更]ダイアログでプロジェクトカレンダーに設定した開始時刻と終了時刻に合わせます。タスクに[開始日]と[終了日]を時間指定なしで入力した際、これらの時刻が自動的に付加されます。Projectが開始日/終了日を計算する場合は、プロジェクトカレンダーで指定した稼働時間に従います。そのため、ユーザーが開始日/終了日を指定したタスクと、Projectによって開始日/終了日が計算されたタスクで、開始時刻および終了時刻が異なるという状況が発生することがあります。多くの場合、意図せずにこの状況が発生するため、カレンダーオプションの[既定の開始時刻]および[既定の終了時刻]と、プロジェクトカレンダーの開始時刻および終了時刻は、同じ時間に合わせておく必要があります。

> **参照**
> プロジェクトで使用するカレンダーを設定するには
> 　　　　　　　　　　この章の11
>
> カレンダーオプションを設定するには
> 　　　　　　　　　　この章の12

タスクの計算モード

　Projectのタスクのスケジュール計算のモードは、既定では手動スケジュールに設定されています。手動スケジュールのタスクは、ユーザーが指定した開始日/終了日がそのまま使用されます。Projectのスケジュール計算を有効に活用するためには、必ず自動スケジュールに変更しましょう。

> **参照**
> 既定の計算モードを変更するには
> 　　　　　　　　　　この章の13

タスクの種類

　既定ではタスクの種類は「単位数固定」に設定されています。プロジェクトの性質に合わせて、「期間固定」もしくは「作業時間固定」に変更しましょう。タスクの見積りを作業時間（工数）で行うことが多い場合は「作業時間固定」、期間で行うことが多い場合は「期間固定」に設定します。

> **参照**
> タスクの種類
> 　　　　　　　　　　この章の10のコラム

プロジェクト計画の リソースの設定

第 **2** 章

1 リソースを作成するには

2 登録したリソースを削除するには

3 リソースの種類を設定するには

4 リソースの利用可能期間と単位を設定するには

5 リソースにグループ名を設定するには

6 リソースカレンダーを設定するには

7 リソースにコストを設定するには

8 リソースに複数のコストを設定するには

プロジェクトを作成する前の初期設定をすべて行ったら、プロジェクトで使用するリソースの定義を行います。リソースの情報は、プロジェクト全体のスケジュールやコストを計算する上で、大変重要なものです。ここでは、Project 2016で扱うことができるリソースの種類とその概念について、さらにリソースの稼働状況を決めるカレンダー設定方法やリソースのコストの設定方法について説明します。

1 リソースを作成するには

プロジェクト計画を実行するには、リソースと呼ばれる、人、資材、お金といった資源が必要になります。Projectでは、[リソースシート] ビューを使用して、これらのリソースの登録を行います。

リソースを作成する

❶ [タスク] タブの [表示] の [ガントチャート] の▼をクリックし、[リソースシート] をクリックする。

▶ [リソースシート] ビューが表示される。

❷ [リソース名] フィールドをクリックし、登録するリソース名を入力して Enter を押す。

▶ [ふりがな] や [種類] [頭文字] フィールドが自動的に入力される。

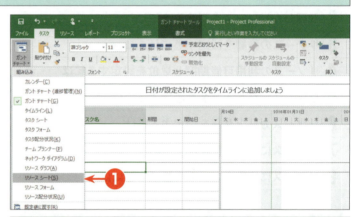

自動入力された

ヒント

[頭文字] フィールド

既定では、[頭文字] フィールドにはリソース名の最初の文字が表示されます。

ヒント

[ふりがな] フィールドについて

[ふりがな] フィールドの自動入力は、次の操作で既定の設定を変更できます。

❶ [ファイル] タブの [オプション] をクリックする。
❷ [Projectのオプション] ダイアログで [詳細設定] をクリックする。
❸ [次のプロジェクトのふりがなのオプション] の [ふりがなの種類] の▼をクリックし [半角カタカナ] [全角カタカナ] [全角ひらがな] のいずれかを選択する。
❹ [ふりがなフィールド] の [ふりがなフィールドに自動入力する] にチェックを入れる。

2 登録したリソースを削除するには

　誤って登録したリソースを編集するには、そのフィールドを選択して F2 を押します。ただし、この方法で［リソース名］のみ削除しても、そのリソースにかかわる他の情報は残ってしまいます。リソースを削除するには、次の2つのいずれかの方法で行います。

スマートタグを使って削除する

❶ ［リソースシート］ビューで、削除するセルを選択して Delete を押す。
　▶スマートタグが表示される。

❷ スマートタグをクリックし、［リソースを削除する。］をクリックする。
　▶リソースが削除される。

行全体を選択して削除する

❶ ［リソースシート］ビューで、削除するリソースの行番号をクリックする。
　▶行全体が選択される。

❷ 選択した行を右クリックし、［リソースの削除］をクリックする。
　▶リソースが削除される。

3 リソースの種類を設定するには

Projectのリソースの種類には、[時間単価型][数量単価型][コスト型]の3つがあります。[時間単価型]は人や設備のように使用した時間に対してコストが発生するリソースです。[数量単価型]は、材料のように使用した量に対してコストが発生するリソースです。[コスト型]は作業時間に依存しないコスト自体を表すリソースです。[コスト型]リソースの使用方法は、次ページのコラムで詳しく解説します。

リソースの種類を設定する

❶ [タスク]タブの[表示]の[ガントチャート]の▼をクリックし、[リソースシート]をクリックする。

▶ [リソースシート]ビューが表示される。

❷ [リソース名]フィールドをダブルクリックする。

▶ [リソース情報]ダイアログが開く。

❸ [全般]タブで[種類]の▼をクリックし、リソースの種類を選択する。

❹ [OK]をクリックする。

ヒント

リソースを登録するさまざまな方法

リソースを作成するには、一から手入力する以外に、既に組織内で使われているディレクトリ情報を流用することも可能です。[リソース]タブの[挿入]の[リソースの追加]をクリックし、次の3つから選択可能です。
- エンタープライズからチームを作成（Project Server使用時のみ）
- Active Directory
- アドレス帳

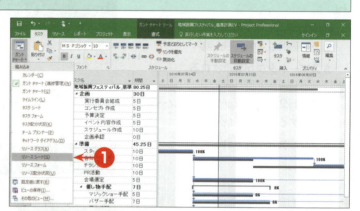

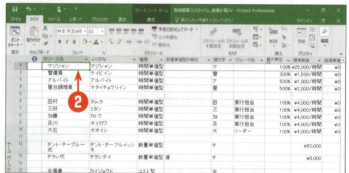

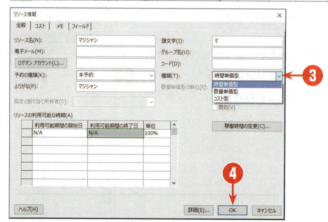

第2章　プロジェクト計画のリソースの設定

コラム

［時間単価型］リソースと［数量単価型］リソースと ［コスト型］リソース

　［時間単価型］［数量単価型］［コスト型］、それぞれのリソースの詳しい使い方を見ていきましょう。例として、「コンクリート基礎を作る」という5日間のタスクを加藤さんに割り当てる場合のコストの算出方法を考えます。

　加藤さんは、時間当たりの単価に基づきコストが算出される時間単価型リソースです。

❶加藤さんに、［標準単価］を¥40,000/日と設定する。［標準単価］フィールドの既定の単位は時間なので、「40000/日」と入力する。

　続いて、コンクリートは、リソースの単価に基づいてコストが算出される数量単価型リソースとします。

❸リソース「コンクリート」に、［数量単価型の単位］を「m³」、［標準単価］を「¥2,500」と設定する。

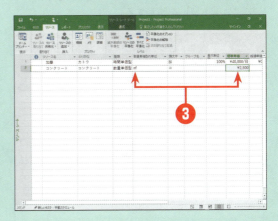

❹「コンクリート基礎を作る」というタスクに対して、リソース「コンクリート」の必要数「20m³」を割り当てる。［リソースの割り当て］ダイアログで［単位数］に「20」と入力すると自動的に単位が付き、コストが「¥50,000」と計算される。

❷加藤さんに、「コンクリート基礎を作る」という1日間のタスクを単位数100%で割り当てる。
　「コンクリート基礎を作る」タスクのコストは「¥40,000×5日間＝¥200,000」と計算される。

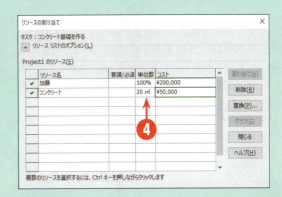

さらに、コンクリートを運ぶミキサー車は、一度の依頼ごとにコストが発生するコスト型リソースとします。

❺ リソース「ミキサー車」に、リソースの種類として［コスト型］を設定する。

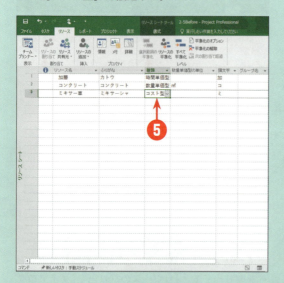

❻「コンクリート基礎を作る」というタスクに対して、リソース「ミキサー車」を割り当てる。［リソースの割り当て］ダイアログで［コスト］に「50000」と入力すると自動的に単位が付き、コストが「¥50,000」と表示される。

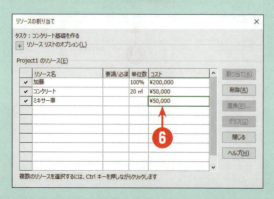

以上より、「コンクリート基礎を作る」タスクのコストは、「加藤さんの200,000円＋コンクリートの50,000円＋ミキサー車の50,000円」＝300,000円」と算出されました。

参照

リソースの割り当て

第4章の1

第2章　プロジェクト計画のリソースの設定　47

4 リソースの利用可能期間と単位を設定するには

[時間単価型] リソースに詳細情報を設定しましょう。ここでは、リソースを利用することができる期間と割り当ての単位を設定します。割り当ての単位とは、リソースの1日当たりの標準稼働時間のうち、割り当てられたタスクの作業に携わる割合をパーセントで表したものです。単位を50%とした場合、リソースがその期間にタスクに費やせる稼働時間の割合（単位数）は最大で50%となります。

リソースの利用可能期間と単位を設定する

❶ [リソース]タブの[チームプランナー]の▼をクリックして[リソースシート]をクリックする。
▶ [リソースシート] ビューが表示される。

❷ [リソース名] フィールドをダブルクリックする。
▶ [リソース情報] ダイアログが開く。

❸ [全般] タブで [リソースの利用可能な時期] の [利用可能期間の開始日] と [利用可能期間の終了日]に日付を入力し、[単位] に数値を入力する。

❹ [OK] をクリックする。

注意
リソースの割り当て可能単位数
リソースの割り当て可能単位数とは、あくまでも目安であり、タスクの割り当てを制約するものではないことに注意してください。たとえば、50%の単位数のリソースに対して、100%のタスクを割り当てることができます。プロジェクトマネージャーは、リソースグラフを見て、本来の割り当て可能単位数を超えていないかどうかをチェックし、超える場合は別のリソースを追加する、またはタスクの期間を延長する等の調整を行ってください。

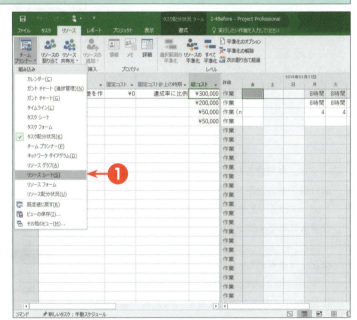

リソースの利用可能期間と割り当て余力

リソースの利用可能期間は、複数設定できます。たとえば、及川さんが3月最終週は研修のため1週間プロジェクトの業務ができない場合、その間の単位数を0%に設定し、4月以降は100%にするといった設定が可能です。

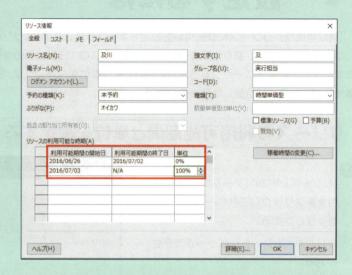

では、単位数を0%に設定した期間の及川さんの割り当て余力（割り当て可能な単位数）を見てみましょう。ビューを分割する詳しい手順は第9章の21を参考にしてください。

❶ ビューを分割し、上に［リソースシート］ビュー、下に［リソースグラフ］ビューを表示する。
❷ ［リソースシート］ビューで及川さんを選択する。
❸ ［リソースグラフ］のグラフ部分を右クリックし、［割り当て可能単位数］をクリックする。
　▶ 割り当て可能単位数の表示に切り替わる。

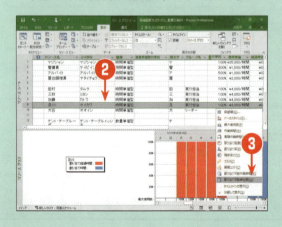

❹ ズームスライダーの［-］または［+］ボタンを使用して、3月から4月が表示されるように調整する。
　▶ 及川さんの［割り当て余力］が3月の最終週は0%、4月以降は100%と確認できる。

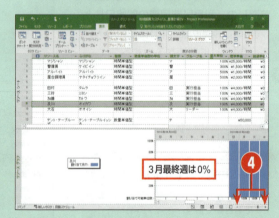

第1章の10のコラム「タスクの種類」で、「単位数とは、タスクに割り当てられた担当者が、そのタスクに対して割くマンパワーのこと」と説明しました。上記の手順でリソースに対して設定した単位数が、タスクに割くことができる最大のマンパワー（割り当て可能単位数の最大値）になります。

第2章　プロジェクト計画のリソースの設定　49

リソースにグループ名を設定するには

リソースには、グループ名を設定することができます。設定したグループ名を使うと、リソースのグループ化や、並び順の変更をすることができます。

グループ名を設定する

❶ [タスク] タブの [表示] の [ガントチャート] ボタンの▼をクリックし、[リソースシート] をクリックする。
→ [リソースシート] ビューが表示される。

❷ [グループ名] フィールドをクリックし、グループ名を入力する。

❸ 入力したグループ名を複数のリソースにコピーする場合は、グループ名を選択し、セルの右下にマウスポインターを合わせ、下にドラッグする。

❹ [表示] タブの [データ] の [グループ化] の▼をクリックし、[リソースグループ] をクリックする。

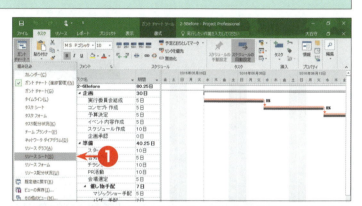

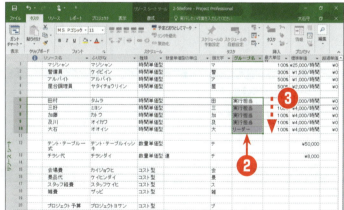

▶グループ名でリソースがグループ化される。

❺ グループ化を解除するには、[グループ化]の▼をクリックし、[グループなし]を選択する。

▶グループ化が解除される。

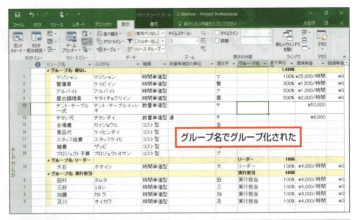

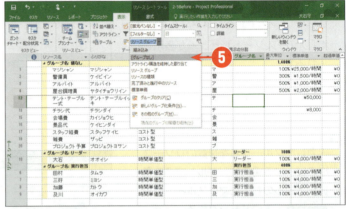

ヒント

リソースの並べ替え

リソースシートに登録するリソース数が増えた場合、指定したフィールドで並べ替えると、目的のリソースを探しやすくなり便利です。ここでは、[グループ名]フィールドでリソースを並べ替える方法を紹介します。

❶ [グループ名]列を選択する。
❷ [表示]タブの[データ]の[並べ替え]をクリックし、[その他の並べ替え]をクリックする。
❸ [並べ替え]ダイアログで、[最優先されるキー]の▼をクリックし[グループ名]を選択して[並べ替え]をクリックする。
▶リソースが[グループ名]で並べ替えられる。
❹ 並べ替えを元に戻すには、[並べ替え]ダイアログで[リセット]ボタンをクリックし、[並べ替え]をクリックする。

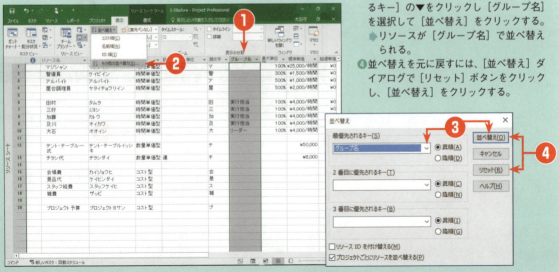

6 リソースカレンダーを設定するには

通常はリソースによって稼働時間がそれぞれ異なります。雇用形態によって勤務時間が異なる場合や、あるリソースが休暇を取る場合などです。このような場合、リソースカレンダーを使用して、個別に稼働時間を設定する必要があります。ここでは第1章で設定した組織独自のカレンダーをリソースの基本カレンダーに設定し、さらにリソースごとにカレンダーを変更する手順を確認します。

リソースの休暇を設定する

① [タスク] タブの [表示] の [ガントチャート] の▼をクリックし、[リソースシート] をクリックする。

▶ [リソースシート] ビューが表示される。

② 画面を右にスクロールし [基本カレンダー] フィールドを表示する。

③ [基本カレンダー]フィールドの▼をクリックし、一覧からカレンダーを選択する。

④ カレンダーを設定するリソースを選択し、[プロジェクト] タブの [プロパティ] の [稼働時間の変更] をクリックする。

▶ [稼働時間の変更] ダイアログが表示される。

❺ カレンダーをスクロールし、休暇を設定する月のカレンダーを表示する。

❻ 休暇の最初の日をクリックし、Shiftを押しながら休暇の最後の日をクリックする。

▶休暇の期間に相当する日が選択される。

❼ [例外] タブの [名前] 列に休暇名を入力して Enter を押す。

▶選択した日が [開始] 列と [終了] 列に例外日として表示される。

● 休暇名をダブルクリックして ['＜休暇名＞' の詳細] ダイアログを表示すると、選択した期間が [非稼働日] に設定されている。

❽ [OK] をクリックする。

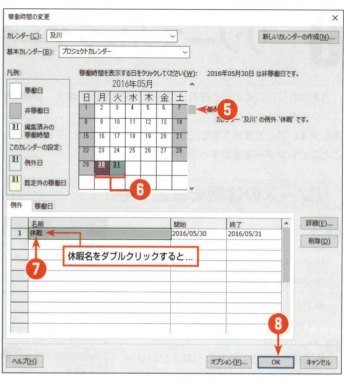

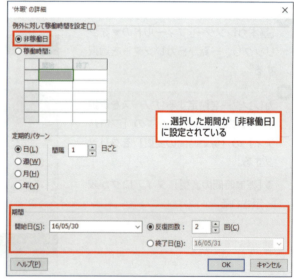

ヒント

他の方法で [稼働時間の変更] ダイアログを表示するには

❶ [リソースシート] ビューの [リソース名] フィールドをダブルクリックし、[リソース情報] ダイアログを表示する。

❷ [全般] タブ内の [稼働時間の変更] をクリックする。

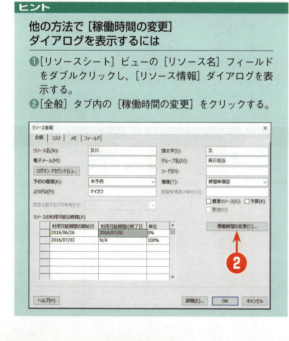

第2章　プロジェクト計画のリソースの設定

7 リソースにコストを設定するには

プロジェクトのコストの種類には、リソースのコスト、タスクのコスト、プロジェクト全体に対してかかるコストがあります。リソースに対して設定できるコストは［標準単価］［超過単価］［導入コスト］の3種類です。［標準単価］および［超過単価］は、新規にリソースを追加した際に自動的に設定される既定値を決めておくことができます。

リソースにコストを設定する

❶
［タスク］タブの［表示］の［ガントチャート］の▼をクリックし、［リソースシート］をクリックする。

➡［リソースシート］ビューが表示される。

❷
コストを設定するリソース名をダブルクリックする。

➡［リソース情報］ダイアログが開く。

ヒント

**リソースに設定可能な
コストの種類**

● 標準単価：リソースに対して設定する基準単価
● 超過単価：超過作業時間に適用される単価
● 導入コスト：リソースの使用ごとに一度だけ発生するコスト

コスト計上の時期

リソースのコストを計上する時期は、次の3種類から選択します。

● ［開始日］：タスクの開始時
● ［終了日］：タスクの終了時
● ［達成率に比例］：達成率に比例させる。たとえば標準単価が¥1,000/時間のリソースを40時間のタスクに割り当てた場合、達成率が50%になると、実績コストは20,000円が計上される。

ヒント

**［標準単価］と［超過単価］の
単位**

［標準単価］と［超過単価］に数値を入力すると、単位は「/時間」と設定されます。単位は時間以外にも、分（/m）、日（/d）、週（/w）、月（/mo）、年（/y）が使用できます。たとえば「300,000/mo」と入力すると「¥300,000/月」と設定されます。

❸ [コスト] タブをクリックする。

❹ [標準単価] [超過単価] [導入コスト] をそれぞれ入力する。また、[コスト計上の時期] を設定する。
前ページのヒント参照

❺ [OK] をクリックする。
➡ [標準単価] [超過単価] [導入コスト] が設定される。

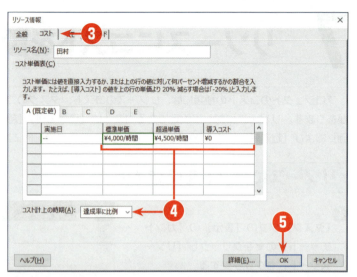

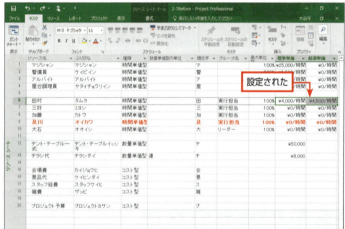

注意
超過単価は超過作業時間に対して適用される

Projectでは、[超過作業時間] を明示的に指定する必要があります。たとえば、あるリソースに40時間の作業時間が割り当てられているとします。このうち8時間が超過作業時間となる場合、[超過作業時間] に「8時間」と入力します。Projectはこの8時間に対して [超過単価] を適用します。

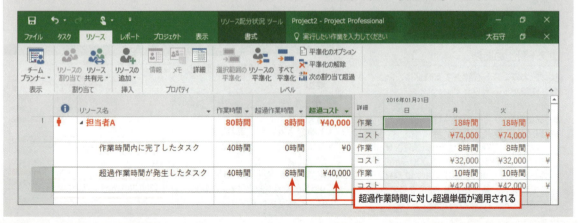

コストの既定値を設定する

❶
[ファイル] タブの [オプション] をクリックする。
➡ [Projectのオプション] ダイアログが開く。

❷
[詳細設定] をクリックする。

❸
[次のプロジェクトの全般オプション] で、[自動的に新しいリソースおよびタスクを追加する]にチェックを入れる。

❹
[既定の標準単価] と [既定の超過単価] を入力する。

❺
[OK] をクリックする。

8 リソースに複数のコストを設定するには

　[コスト単価表]を使用して1つのリソースに複数のコストを設定し、日付や割り当てるタスクによって使い分けることが可能です。単価を有効にする日付を設定するには、[実施日]を使用します。割り当てるタスクによってコストを変えるには、複数のコスト単価表を作成します。それぞれの設定方法を見ていきましょう。

リソースにコスト単価表を設定する

❶
[表示]タブの[リソースビュー]の[リソースシート]の▼をクリックして[リソースシート]をクリックする。
▶ [リソースシート]ビューが表示される。

❷
コストを設定するリソース名をダブルクリックする。
▶ [リソース情報]ダイアログが開く。

❸
[コスト]タブをクリックする。

❹
[A (既定値)]タブで、単価を有効にする日付を[実施日]に入力し、[標準単価][超過単価][導入コスト]を入力する。

❺
割り当てるタスクによって複数のコスト単価表を設定する場合は、[B]〜[E]のタブに同様に入力する

❻
[OK]をクリックする。

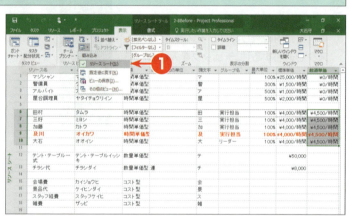

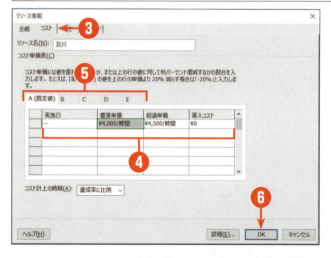

第2章　プロジェクト計画のリソースの設定　57

コラム　タスクとリソースのコスト単価表について

タスクごとにコスト単価表を設定するには

タスクごとにリソースのどのコスト単価表を使用するのかを設定する方法は次のとおりです。

❶ [表示] タブの [タスクビュー] の [タスク配分状況] の▼をクリックして [タスク配分状況] をクリックする。

❷ コスト単価表を挿入する列の列名を右クリックして [列の挿入] をクリックする。

❸ [列名の入力] に「コスト単価表」と入力し、Enter を押す。
　▶ [コスト単価表] 列が挿入される。

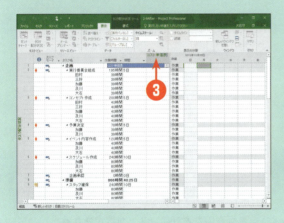

❹ [コスト単価表] 列のフィールドでタスクに割り当てられたリソースの単価表を選択する。

リソースの
コスト単価表の適用を確認するには

Aさんに時期によって3種類の標準単価を設定し、タスクに割り当てて結果を確認します。

❶ Aさんのコスト単価表を次のように設定する。

実施日	標準単価	超過単価	導入コスト
--	¥1,000/時間	¥0/時間	¥0
16/04/04（月）	¥2,000/時間	¥0/時間	¥0
16/04/11（月）	¥3,000/時間	¥0/時間	¥0

❷ [ガントチャート] ビューに切り替え、次のタスクを作成する。

　タスク名：タスク1
　期間：3週間（「3w」と入力する）
　開始日：16/03/28
　リソース：「A」を割り当てる

❸ [タスク] タブの [ガントチャート] をクリックして [タスク配分状況] をクリックする。

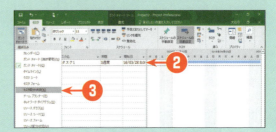

❹[タスク配分状況] ビューの右側のチャート部分を右クリックし、[コスト] をクリックする。
▶コストが表示される。

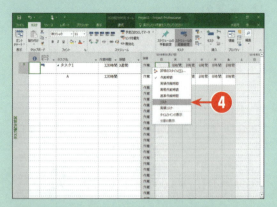

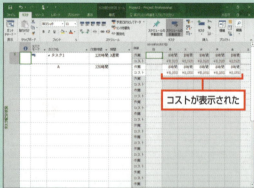
コストが表示された

❺タイムスケールを右クリックし、[タイムスケール] をクリックする。
▶[タイムスケール] ダイアログが表示される。

❻[中区分] タブをクリックし、[単位] の▼をクリックして [月] を選択する。

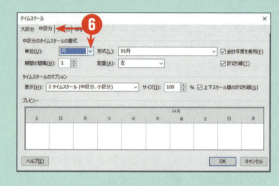

❼[小区分] タブをクリックし、[単位] の▼をクリックして [週] を選択し、[期間の間隔] に「1」と入力する。

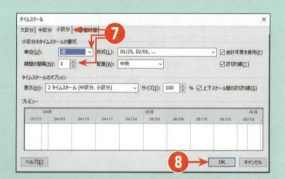

❽[OK] をクリックする。
▶単価表のとおりにコストが設定される。

週	作業時間	コスト	(参考) 標準単価
3/27～	40時間	¥40,000	¥1,000/時間
4/3～	40時間	¥80,000	¥2,000/時間
4/10～	40時間	¥120,000	¥3,000/時間

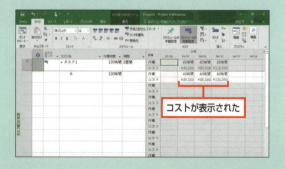
コストが表示された

プロジェクト計画のタスクの設定

第 3 章

1 プロジェクトのサマリータスクを表示するには
2 プロジェクトの主要なタスクを入力するには
3 タスクを作成するには
4 マイルストーンを設定するには
5 アウトラインを設定するには
6 タスクの期間を設定するには
7 タスクにコストを設定するには
8 タスクの依存関係を設定するには
9 タスクの依存関係を変更するには
10 タスクの制約タイプを変更するには
11 タスクに期限を設定するには
12 タスクにメモや資料を添付するには

初期設定とリソースの設定をすべて行ったら、いよいよ実際にタスクを入力して、プロジェクト計画を作成していきます。Project 2016には、タスクやマイルストーンを含むWBSを定義する機能に加えて、クリティカルパスメソッド（CPM）といったプロジェクトマネジメント特有の手法を使ってプロジェクトのスケジュールを自動計算するための、タスク間の依存関係、時間差、制約タイプ、期限などの機能が用意されています。さらに、タスクのスケジュールを手動で決めることができる機能も用意されています。

1 プロジェクトのサマリータスクを表示するには

プロジェクトのサマリー情報をプロジェクト計画に表示するには、[プロジェクトのサマリータスク]を使用します。[プロジェクトのサマリータスク]はタスクビューの1行目にIDが0のタスクとして表示され、プロジェクト全体の期間やコストなどの情報をひと目で把握できます。

プロジェクトのサマリータスクを表示する

❶ [タスク]タブの[表示]の[ガントチャート]の▼をクリックし、[ガントチャート]をクリックする。
　▶ [ガントチャートツール]が表示される。

❷ [書式]タブの[表示/非表示]の[プロジェクトのサマリータスク]にチェックを入れる。
　▶ サマリータスクとしてプロジェクト名が表示される。

注意
初期設定ではオフになっているので注意する

[プロジェクトのサマリータスク]は既定ではオフになっています。上記の方法で、[プロジェクトのサマリータスク]の表示を行うと、現在のプロジェクトファイル(.mpp)のみに有効な設定になります。すべての新規プロジェクトファイルに設定するには、[Projectのオプション]の[詳細設定]の[次のプロジェクトの表示オプション]で[すべての新規プロジェクト]を選択して[プロジェクトのサマリータスクを表示する]にチェックを入れる必要があります。

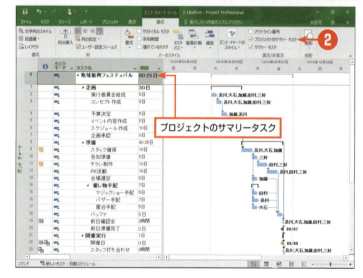

第3章　プロジェクト計画のタスクの設定

プロジェクトのサマリータスク名を変更する

❶ プロジェクトのサマリータスクの行をクリックする。

❷ [タスク] タブの [プロパティ] の [情報] をクリックする。

　▶ [サマリータスク情報] ダイアログが表示される。

❸ [全般] タブをクリックする。

❹ [タスク名] に新しいプロジェクトのサマリータスク名を入力する。

❺ [OK] をクリックする。

　▶ サマリータスク名が変更される。

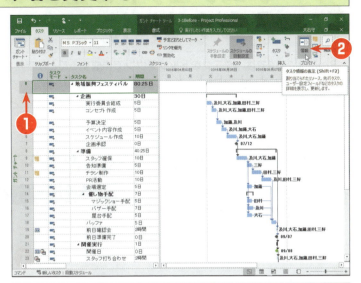

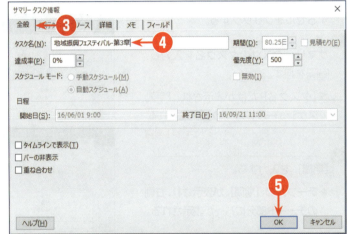

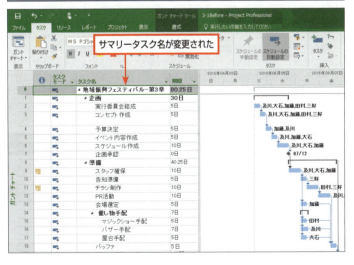

ヒント
サマリータスク名について

プロジェクトのサマリータスク名は、最初にファイルを保存したときのファイル名が使用されます。一度プロジェクトのサマリータスク名が設定されると、ファイル名を変更しても反映されません。サマリータスク名を直接変更してください。

2 プロジェクトの主要なタスクを入力するには

Project 2016では、タスクをトップダウンで作成することができます。「手動スケジュール」という計算方法のタスクを使用することで、サマリータスクにあらかじめ期間を指定して作成することができます。これは、プランニングの段階において、まずは大枠のフェーズなどを決めておきたい、といった用途に非常に便利です。ここでは、大枠のサマリータスクを「手動スケジュール」で作成しましょう。

プロジェクトの主要なタスクを入力する

❶ [タスク] タブの [表示] の [ガントチャート] ボタンの▼をクリックし、[ガントチャート] をクリックする。

❷ [タスク名]フィールドのタスクを入力するセルをクリックする。

❸ サマリータスクのタスク名を入力し、Enter を押す。

➡ [タスク名] だけが表示され、「手動スケジュール」のタスクが作成される。

ヒント参照

❹ [期間] を入力する。

➡ テーブルの [期間] が表示され、右側のチャート部分にバーが表示される。

バーが表示された

ヒント

手動スケジュール

既定では、タスクの計算方法は手動スケジュールに設定されています。手動スケジュールのタスクの場合、タスク名を入力した段階では、[期間] [開始日] [終了日] といった、タスクの計算に関係するフィールドは表示されません。また [期間] のみを入力しても、日程が確定していないため、ガントチャートのバーは仮の状態で表示されます。ユーザーが [開始日] もしくは [終了日] を入力する必要があります。さらに、下の階層にサブタスクを作成しても、一度入力したサマリータスクの [期間] はそのまま保持されます。ここが自動スケジュールとの決定的な違いです。当初設定したサマリータスクの期間内に、サブタスクのスケジュールを収めるといった現実的なスケジュール作成にも対応できます。

手動スケジュールを示すアイコン

仮の状態

第3章 プロジェクト計画のタスクの設定　63

タスクを作成するには

　Projectにおけるタスクとは、開始と終了のある1つの作業のことです。タスク名を入力した後に、アウトラインの設定、順番の並べ替えや不要なタスクの削除などを簡単に行うことができます。WBS（Work Breakdown Structure）を作成することを念頭に上位階層のタスクを入力した後、それらを細分化したタスクを入力しアウトラインを設定することができます。その際、抜けや重複がないように注意します。

タスクを挿入する

❶ ［タスク］タブの［表示］の［ガントチャート］ボタンの▼をクリックし、［ガントチャート］をクリックする。

❷ ［タスク名］フィールドのタスクを挿入する位置にあるセルをクリックする。

❸ ［タスク］タブの［挿入］の［タスク］ボタンの▼をクリックし、［タスク］をクリックする。

→ タスクが挿入され、［<新しいタスク>］と表示される。

ヒント

タスクの開始日

手動スケジュールタスクの場合、タスク名を入力した段階では、［期間］［開始日］［終了日］は設定されません。自動スケジュールタスクの場合、［期間］は「1日?」と表示され、［開始日］にはプロジェクトの開始日が設定されます。［期間］の見積もりについてはこの章の6で解説します。［開始日］は、基本的には入力する必要はありません。タスクの期間と依存関係を指定すると、Projectが自動的にタスクの［開始日］と［終了日］を計算します。
なお、［制約タイプ］を使ってタスクの［開始日］［終了日］を明示的に指定する方法もあります。手順については、この章の10を参照してください。

続→

❹
[<新しいタスク>]にタスク名を入力し、Enterを押す。
▶[タスク名]が設定される。

❺
[期間]を入力する。
▶[期間]が設定され、仮のバーが表示される。

❻
[タスク]タブの[タスク]の[スケジュールの自動設定]をクリックする。
▶タスクが自動スケジュールに設定され、[開始日]と[終了日]が表示される。

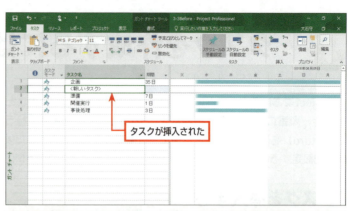

タスクが挿入された

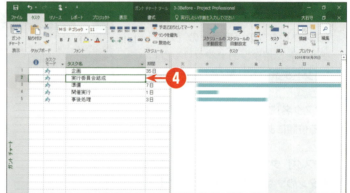

ヒント

タスクを定義する方法

タスクを定義する方法は、大きく分けて2種類あります。

- トップダウン方式：最初に主要フェーズを洗い出してから、各フェーズを詳細なタスクに分割していきます。
- ボトムアップ方式：必要なタスクをすべて列挙してから、フェーズごとにグループ化します。

プロジェクトが長期にわたり未知の領域が多い場合、一度にすべてのタスクを定義するのは困難な場合があります。たとえば研究開発の分野において、1年後以降の詳細な作業計画を作成するのは現実的ではありません。このような場合、トップダウン方式で直近3か月まで詳細な計画を作成し、その先は主要フェーズのまま詳細化せずにおきます。プロジェクトが進み、具体的な作業計画が作れるようになった時点で詳細化を行います（段階的詳細化）。

Insertを使ってタスクを挿入する

タスクを挿入するセルをクリックしてキーボードからInsertを押すと、新しいタスクが挿入されます。

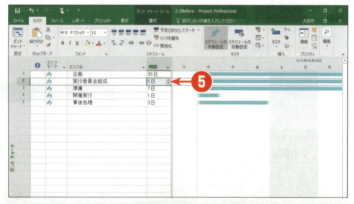

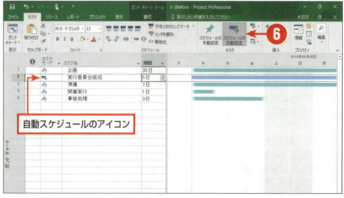

自動スケジュールのアイコン

第3章　プロジェクト計画のタスクの設定

タスクを削除する

❶ 削除するタスクの行番号を右クリックし、[タスクの削除]をクリックする。

▶ タスクが削除される。

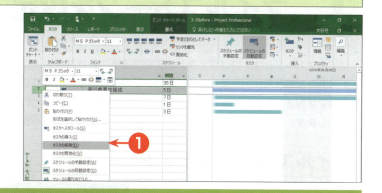

ヒント

タスク名のみ削除した場合

Delete でタスク名だけを削除すると、タスクに設定されているタスク名以外の期間などの情報はそのまま残ります。このとき表示されるスマートタグの▼をクリックして、[タスク名を削除する。][タスクを削除する。]のいずれかを選択することができます。

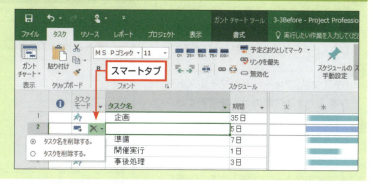

タスクを移動する

❶ 順番を変更するタスクの行番号をクリックする。

▶ マウスポインターの形が四方向矢印に変わる。

❷ 移動先へマウスをドラッグし、挿入位置でドロップする。

▶ タスクが移動する。

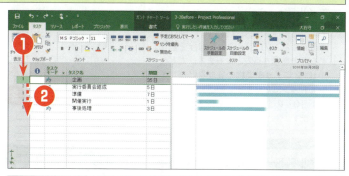

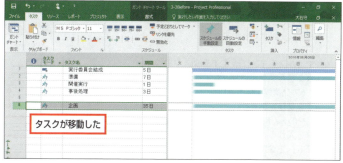

4 マイルストーンを設定するには

　マイルストーンとは、プロジェクトの工程で遅延の許されないような重要な節目や区切りのことを意味します。マイルストーンの進捗状況を重点的に監視し、その達成度合いに応じてプロジェクト計画の修正を行いながらプロジェクトのマネジメントを行います。Projectにおけるマイルストーンは、一般的に上記の性質を持った期間が0のタスクを意味します。ガントチャート上で、マイルストーンはひし形◆で表示されます。

マイルストーンを設定する

❶ [タスク] タブの [表示] の [ガントチャート] ボタンの▼をクリックし、[ガントチャート] をクリックする。

❷ [タスク名] フィールドのマイルストーンを入力する位置のセルを選択する。

❸ [タスク] タブの [挿入] の [マイルストーン] をクリックする。

➡ マイルストーンが挿入され、[<新しいマイルストーン>] と表示される。

用語

マイルストーン

プロジェクトの重要な区切りに付ける目印のこと。プロジェクトの進捗を管理する際の重要な目安となります。たとえば、作業完了や成果物の完成などがマイルストーンになります。Projectでは、期間が「0」のタスクがマイルストーンになります。

ヒント

マイルストーンを設定する他の方法

マイルストーンは通常 [期間] を [0] にして設定しますが、次の方法でもマイルストーンを設定できます。

❶ マイルストーンに設定するタスクのタスク名をダブルクリックする。
❷ [タスク情報] ダイアログで [詳細] タブをクリックする。
❸ [マイルストーンに設定する] にチェックを入れる。
❹ [OK] をクリックする。

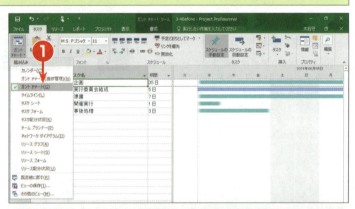

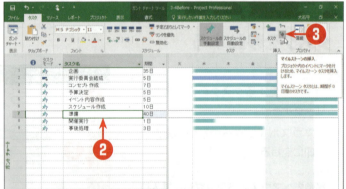

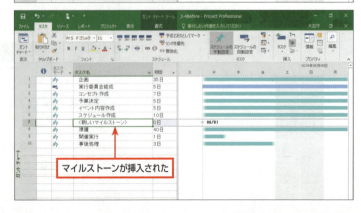

マイルストーンが挿入された

第3章 プロジェクト計画のタスクの設定

❹ マイルストーンの名前を入力し、Enterを押す。

❺ 必要に応じて、[開始日]を設定する。

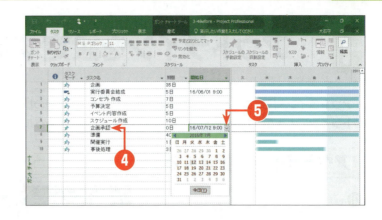

マイルストーンの色や形を変える

❶ ガントチャート上を右クリックし、[バーのスタイル]をクリックする。

❷ [バーのスタイル]ダイアログで、[マイルストーン]を選択する。

❸ [バーの形]タブをクリックする。

❹ [左端]の[形状]の▼をクリックし、形状を変更する。

❺ [色]の▼をクリックし、色を変更する。

❻ [OK]をクリックする。

▶ マイルストーンが指定した色と形に変わる。

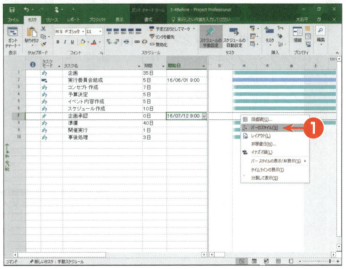

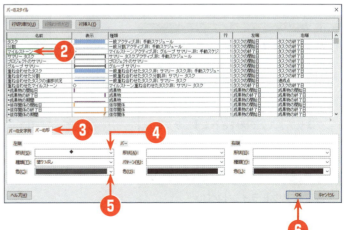

注意
マイルストーンのスタイル
マイルストーンには、自動スケジュール用と手動スケジュール用の2種類の定義があります。スタイルを変更する場合、それぞれに対して設定を行う必要があります。

アウトラインを設定するには

アウトラインを設定すると、タスクが階層化されます。各階層のレベルを「アウトラインレベル」と言います。アウトラインによって、上位レベルの「サマリータスク」と下位レベルの「サブタスク」を表現することができます。

アウトラインを設定する

❶ [ガントチャート]ビューでサブタスクに設定するタスクのタスク名(複数可)をクリックする。

❷ [タスク]タブの[スケジュール]の[タスクのレベル下げ]をクリックする。

➡ サブタスクがインデントされ、サマリータスクのタスク名の左にアウトラインを示すボタンが表示される。

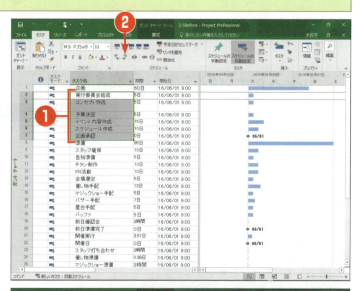

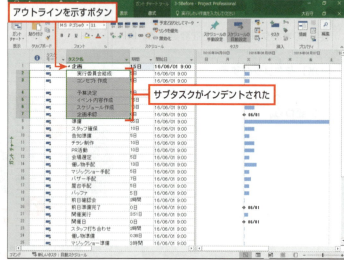

用語

サマリータスクとサブタスク

アウトラインによって階層化されたタスクの中で、上位の親タスクにあたるのがサマリータスク、下位の子タスクにあたるのがサブタスクです。サマリータスクはサブタスクで構成されます。サブタスクの概要を表すのがサマリータスクです。

ヒント

適正なアウトラインレベル

一般的なプロジェクト計画で使用するアウトラインレベルは5段階程度までが適正と言われています。これ以上深くなると、管理が難しくなるためです。

第3章 プロジェクト計画のタスクの設定

アウトラインレベルを上げる／下げる

❶ アウトラインレベルを上げる（または下げる）タスクを選択する。

❷ ［タスク］タブの［スケジュール］の［タスクのレベル上げ］（または［タスクのレベル下げ］）をクリックする。

　➡ タスクのアウトラインレベルが変更される。

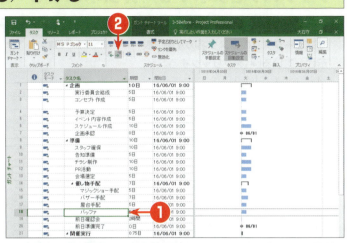

注意

最上位のタスクはレベルを上げられない

最上位のアウトランレベルにあるタスクは、それ以上レベルを上げることができません。誤ってアウトラインレベル1のタスクに対して［レベル上げ］を設定した場合、［プランニングウィザード］ダイアログで警告が表示されます。

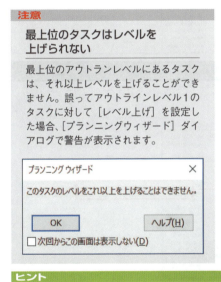

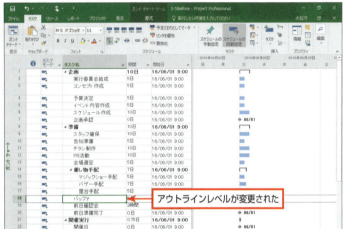

アウトラインレベルが変更された

ヒント

［アウトラインレベル1］だけ表示する

［表示］タブの［データ］の［アウトライン］をクリックし、［レベル1］を選択すると、一番上のアウトラインレベルのタスクが選択され、プロジェクト計画の大日程のみが表示されます。

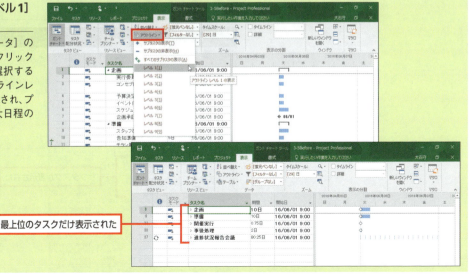

最上位のタスクだけ表示された

サブタスクを表示する／非表示にする

❶ サマリータスクのタスク名の左側に表示されている ▲ をクリックする。
　➡ サブタスクが非表示になる。

❷ サマリータスクのタスク名の左側に表示されている ▷ をクリックする。
　➡ サブタスクが表示される。

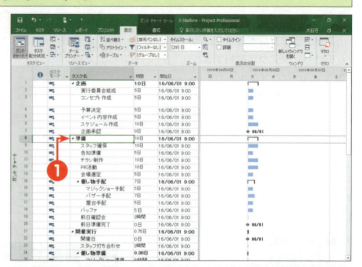

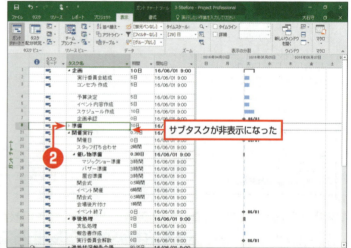
サブタスクが非表示になった

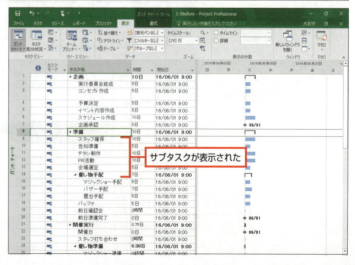
サブタスクが表示された

第3章　プロジェクト計画のタスクの設定

 # タスクの期間を設定するには

　自動スケジュールのタスクにタスク名を入力すると、[期間] フィールドには「1日?」と表示されます。「?」は期間が決定されたものではないことを表し、「見積もり期間」と呼ばれます。「?」は、ユーザーが [期間] を入力するまで表示されます。手動スケジュールのタスクの場合は、タスク名を入力しただけでは、[期間] は設定されません。個々のタスクの [期間] フィールドに、見積もり期間を入力しましょう。

タスクの期間を設定する

❶ [ガントチャート]ビューで期間を入力するタスクの [期間] フィールドをクリックする。

❷ 数字で日数を入力し、Enter を押す。

ヒント
[期間] フィールドの入力方法

[期間] フィールドに数値のみを入力した場合は、単位が「日」と設定されます。期間の入力には他に、分 (m)、時間 (h)、日 (d)、週 (w)、月 (mo) が使用できます。たとえば、「1w」と入力した場合は、「1週間」と設定されます。

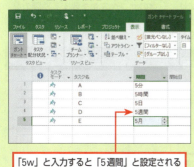

「5w」と入力すると「5週間」と設定される

ヒント
新しいタスクを作成したときに見積もり期間を設定しない (「?」を表示しない) 方法

❶ [ファイル] の [オプション] をクリックする。
❷ [Projectのオプション] ダイアログで [スケジュール] をクリックし、[次のプロジェクトのスケジュールオプション] で [新しいスケジュールタスクに見積もり期間を設定する] のチェックを外す。
❸ [OK] をクリックする。

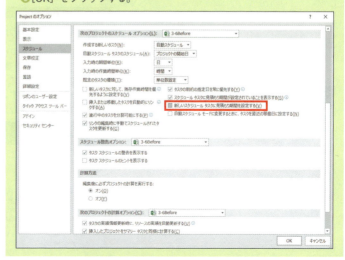

同じタスクの期間を連続で入力する

❶ コピー元のセルをクリックして、セルの右下端の■にマウスカーソルを合わせる。

▶ マウスポインターの形が十字形に変わる。

❷ コピー先の最後のセルまでドラッグする。

▶ 期間が連続して入力される。

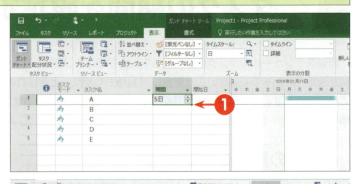

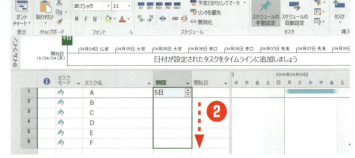

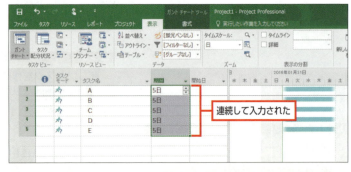

ヒント

他の方法で複数のタスクに同じ期間を入力するには

複数のセルを選択してコピーすることも可能です。

❶ コピー元のセルを選択して、[タスク] タブの [クリップボード] の [コピー] をクリックする。

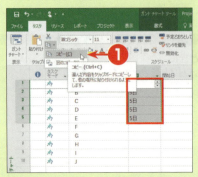

❷ 貼り付け先のセルを選択して、[タスク] タブの [クリップボード] の [貼り付け] をクリックする。

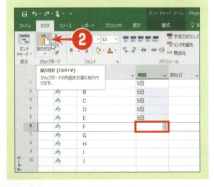

ヒント

サマリータスクの期間

自動スケジュールの場合、サマリータスクの期間は、サブタスクの期間を基に Project が計算します。サブタスクの期間を入力すると、サマリータスクの [期間] フィールドには、一連のサブタスクが要する期間の最大値が表示されます。手動スケジュールの場合、サマリータスクの期間は、ユーザーが入力した値になります。

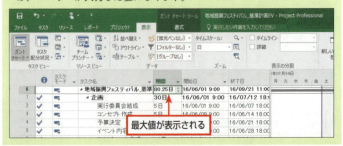

第3章 プロジェクト計画のタスクの設定

7 タスクにコストを設定するには

タスクにかかる費用は「固定コスト」としてタスクに設定できます。これは、リソースや数量にかかわらず変動しない費用としてタスクにかかるコストです。

タスクに固定コストを設定する

❶ [ガントチャート] ビューで、[表示] タブの [データ] の [テーブル] をクリックし、[コスト] をクリックする。

❷ 固定コストを設定するタスクの [固定コスト] フィールドをクリックする。
→ フィールドが入力可能な状態になる。

❸ [固定コスト] フィールドにコストの値を入力する。

❹ [固定コスト計上の時期] を、[達成率に比例] [開始日] [終了日] から選択する。

次ページのコラム参照

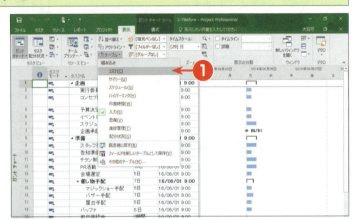

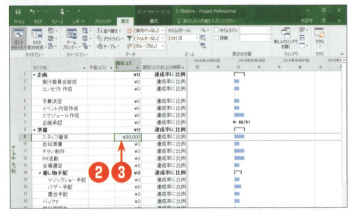

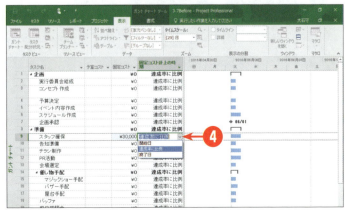

固定コストの計上の時期

固定コストの計上の時期は、[達成率に比例] [開始日] [終了日] から選択できます。達成率が100%となったときに、各タスクの固定コストの計上時期の違いを確認しましょう。達成率については第6章の3で詳しく解説しています。

❶ タスク1～3の3つのタスクを作成し、固定コストを5,000円に設定する。
❷ 計上の時期を、「タスク1」は [達成率に比例]、「タスク2」は [開始日]、「タスク3」は [終了日] に設定する。

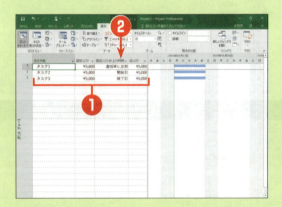

❸ [表示] タブの [タスクビュー] の [タスク配分状況] の上部をクリックする。
❹ [タスク配分状況]ビューの右側部分を右クリックして [実績コスト] をクリックする。

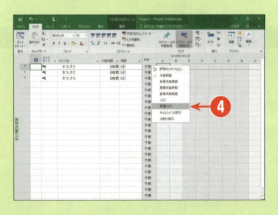

▶ 実績コストが表示される。

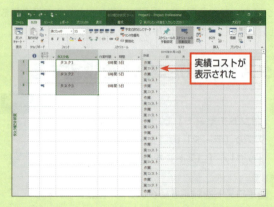

実績コストが表示された

❺ 「タスク1」～「タスク3」を選択し、[タスク] タブの [スケジュール] の [100%] をクリックする。
▶ 固定コストの計上時期によって異なる実績コストが表示される。

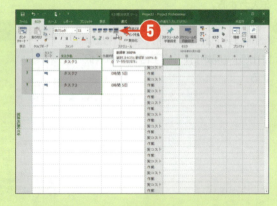

❻ 表示された実績コストを確認する。

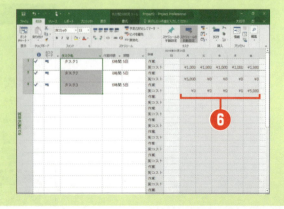

8 タスクの依存関係を設定するには

Projectでは、タスク間の依存関係を「リンク」と呼んでいます。依存関係にある2つのタスクのうち、他のタスクのスケジュールに影響を与えるタスクを「先行タスク」、先行タスクのスケジュールの影響を受けるタスクを「後続タスク」と呼びます。タスクの依存関係は、クリティカルパスをはじめ、Projectのスケジュール計算の基本となる設定です。基本的にはすべてのタスクに依存関係を設定します。

リンクを設定する

❶ ［ガントチャート］ビューで、依存関係を設定するタスクを先行タスク、後続タスクの順に選択する。

● 連続するタスクは Shift 、連続しないタスクは Ctrl を押しながらクリックする。

❷ ［タスク］タブの［スケジュール］の［タスクのリンク］をクリックする。

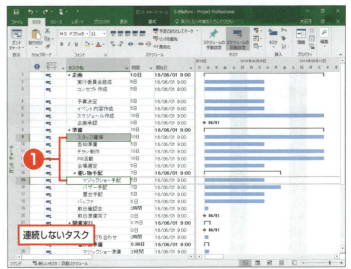

> **注意**
>
> **タスクの順番**
>
> タスク名をクリックして選択する順番によって先行タスク、後続タスクが決定されるので注意してください。たとえば、ID1のタスクをクリックした後、Ctrl を押しながらID3のタスクをクリックしてリンクを設定した場合は、ID1が先行タスク、ID3が後続タスクとなります。ID7のタスクをクリックした後、Ctrl を押しながらID5のタスクをクリックしてリンクを設定した場合は、ID7が先行タスク、ID5が後続タスクとなります。

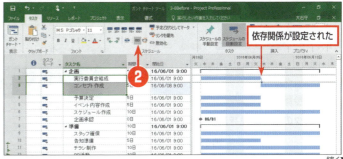

続く→

➡タスクの依存関係が設定される。

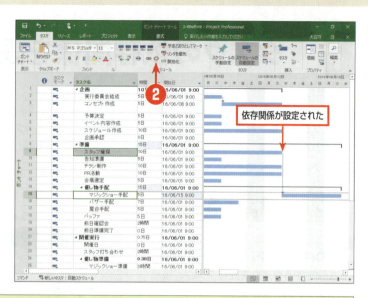

マウスを利用してリンクを設定する

❶ 先行タスクのガントバーを後続タスク上にドラッグする。

➡タスク間の依存関係が設定される。

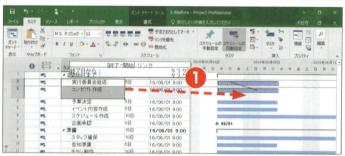

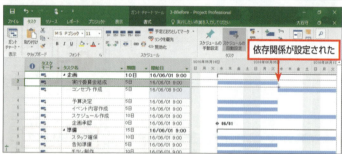

ヒント
依存関係に間隔を設定するには
タスク間の依存関係には、依存タイプに加えて間隔を設定することができます。

❶ガントチャートのバー同士を結んでいる依存関係の矢印線をダブルクリックする。
❷[タスクの依存関係] ダイアログの [間隔] に値を入力する。
❸[OK] をクリックする。

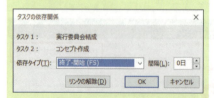

ヒント
リンクを解除するには
タスク名を選択し [タスク] の [スケジュール] の [タスクのリンク解除] をクリックします。

参照
タスクの依存関係を調整するには
第5章の3と4

第3章　プロジェクト計画のタスクの設定　77

タスクの依存関係を変更するには

　Projectでタスクの依存関係を設定すると、既定では、先行タスクが終了すると後続タスクを開始する「終了－開始（FS）」という依存タイプが適用されます。これは最も一般的な依存関係ですが、Projectでは全部で4種類の依存タイプを設定できます。

依存タイプを変更する

❶ [ガントチャート]ビューで依存関係を確認する後続タスクのタスク名をダブルクリックする。

❷ [タスク情報]ダイアログで[先行タスク]タブをクリックする。

❸ [依存タイプ]フィールドの▼をクリックして、依存タイプを変更する。

❹ [OK]をクリックする。

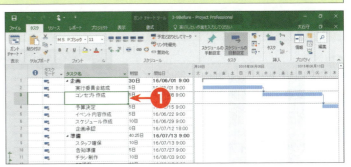

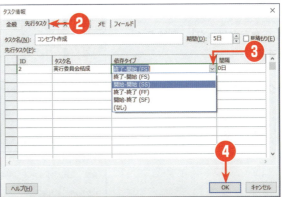

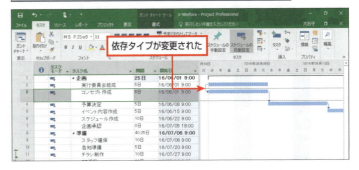

依存タイプが変更された

ヒント

4つの依存タイプ

Projectではタスクの関係に次の4つの依存タイプが設定できます。

依存タイプ	説明	表示
終了－開始 (FS) (既定値)	先行タスクが完了するまで、後続タスクは開始できません。	
開始－開始 (SS)	先行タスクが開始するまで、後続タスクは開始できません。	
終了－終了 (FF)	先行タスクが完了するまで、後続タスクは完了できません。	
開始－終了 (SF)	先行タスクが開始するまで、後続タスクは完了できません。	

注意

依存関係と作業順

依存関係とは、タスク間の関係を表すもので、作業の順番を指定するものではないことに注意してください。

10 タスクの制約タイプを変更するには

　Projectのスケジュール計算にかかわる重要な設定に、[制約タイプ]があります。既定では、スケジュールの基点を[プロジェクトの開始日]とした場合には[できるだけ早く]、スケジュールの基点を[プロジェクトの終了日]とした場合には[できるだけ遅く]という制約が設定されます。これは弱い制約で、プロジェクトのスケジュール計算に柔軟性を持たせるためのものです。しかし、プロジェクトのタスクには、「どうしてもこの日に開始しなければならない」といった強い制約が必要な場合があります。Projectでは8種類の制約タイプが設定できます。

制約タイプを変更する

❶ [ガントチャート]ビューで、制約タイプを変更するタスクのタスク名をダブルクリックする。

❷ [タスク情報]ダイアログで[詳細]タブをクリックする。

❸ [タイプ]の▼をクリックし、制約タイプを変更する。

❹ [OK]をクリックする。

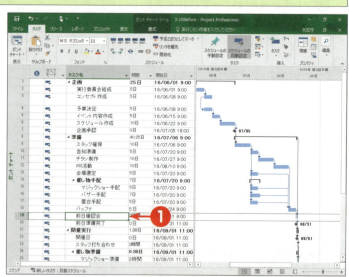

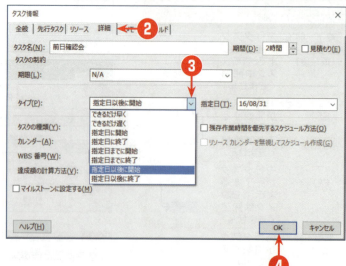

注意

プランニングウィザードが表示されたら

[プランニングウィザード]ダイアログが表示されたときは、適切な項目を選択して[OK]をクリックします。

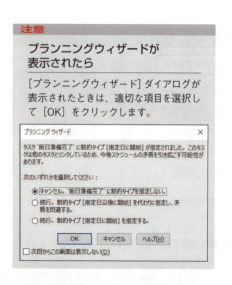

ヒント

8つの制約タイプ

Projectではタスクに次の8つの制約タイプが設定できます。

制約タイプ	詳細	強さ	アイコン
できるだけ早く	常にできるだけ早く開始されるようスケジュール計算され、タスクの開始日が前にも後ろにも移動する	弱い制約	なし
できるだけ遅く	常にできるだけ遅く開始されるようスケジュール計算され、タスクの開始日が前にも後ろにも移動する		
指定日以後に開始	指定日以後にタスクが開始されるようスケジュール計算され、タスクの開始日は、指定日より前に移動しない	やや強い制約	🗓
指定日以後に終了	指定日以後にタスクが終了するようにスケジュール計算され、タスクの終了日は、指定日より前に移動しない		
指定日までに開始	指定日までにタスクが開始するようにスケジュール計算され、タスクの開始日は、指定日より後ろに移動しない	やや強い制約	
指定日までに終了	指定日までにタスクが終了するようにスケジュール計算され、タスクの開始日は、指定日より後ろに移動しない		🗓
指定日に開始	指定日にタスクが開始するようスケジュール計算され、タスクの開始日は、指定日から移動しない	強い制約	
指定日に終了	指定日にタスクが終了するようスケジュール計算され、タスクの終了日は、指定日から移動しない		

注意

制約タイプがいつの間にか設定されてしまう

制約タイプは、ちょっとした操作ミスにより、意図せずに設定されてしまう場合があります。うっかり制約タイプを設定してしまったタスクがあると、Projectのスケジュール計算の結果に大きな影響が出るので、次のような操作を行う場合には十分注意してください。

● ガントバーをマウスでドラッグする。

● [開始日] [終了日] を入力する。

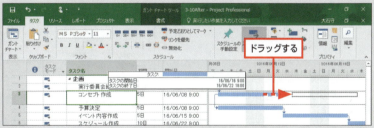

● タスクに既定値以外の制約タイプが設定されると、[状況説明マーク] 列にアイコンが表示される。

11 タスクに期限を設定するには

プロジェクトのタスクには期限が決まっている重要なものがあります。Projectでは、タスクに期限を設定すると、矢印で［期限］が表示されます。これにより、タスクが期限を超過すると警告マークが表示され、プロジェクトの状況が期限よりも遅れているかどうかひと目で確認できます。

タスクに期限を設定する

❶ ［ガントチャート］ビューで、期限を設定するタスクのタスク名をダブルクリックする。

❷ ［タスク情報］ダイアログで［詳細］タブをクリックする。

❸ ［期限］の▼をクリックし、カレンダーから日付を選択する。

❹ ［OK］をクリックする。

▶ タスクに期限が設定される。

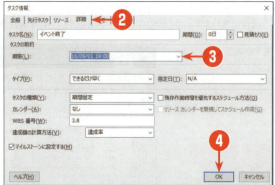

ヒント

設定したタスクが期限よりも遅れた場合

［状況説明マーク］列に赤色の「！」アイコンが表示されます。視覚的に表示されるため、遅延をいち早く察知することができます。

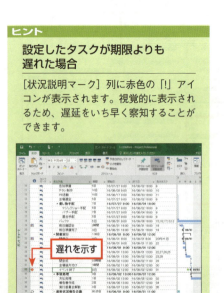

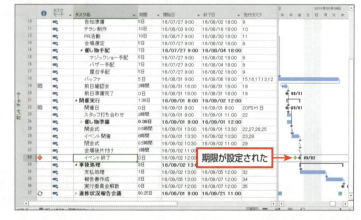

第3章　プロジェクト計画のタスクの設定　81

12 タスクにメモや資料を添付するには

タスクの［メモ］フィールドを使用して、タスクに追加情報や関連情報を含めることができます。

タスクにメモを追加する

❶ ［ガントチャート］ビューで、メモを設定するタスクのタスク名をダブルクリックする。

❷ ［タスク情報］ダイアログで［メモ］タブをクリックする。

❸ ［メモ］にテキストを入力する。

❹ ［OK］をクリックする。

▶ メモが追加され、［状況説明マーク］列にメモのアイコンが表示される。

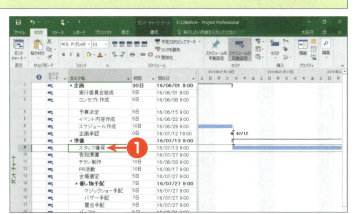

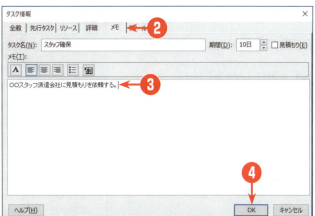

ヒント

［タスク情報］ダイアログを開かずにメモを確認するには

タスクにメモが設定されている場合、［状況説明マーク］列にメモのアイコンが表示されます。アイコンにマウスカーソルを合わせると、［メモ］に入力したテキストが表示されます。ファイルを添付した場合にファイル名をテキストで記入しておくと、［状況説明マーク］列でファイル名が確認できるため便利です。

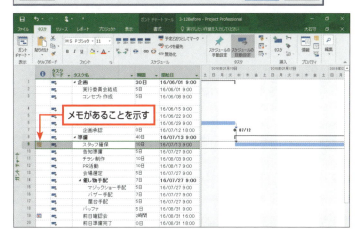

タスクに資料を添付する

① 資料を添付するタスクをダブルクリックする。

② [タスク情報] ダイアログで [メモ] タブをクリックする。

③ [オブジェクトの挿入] をクリックする。

④ [オブジェクトの挿入] ダイアログで [ファイルから] をクリックする。

⑤ [参照] をクリックする。

⑥ タスクに添付する資料を選択して [挿入] をクリックする。

　▶ [オブジェクトの挿入] ダイアログに戻る。

⑦ [アイコンで表示] にチェックを入れる。

⑧ [OK] をクリックする。

　▶ [タスク情報] ダイアログに戻り、[メモ] にファイルのアイコンが表示される。

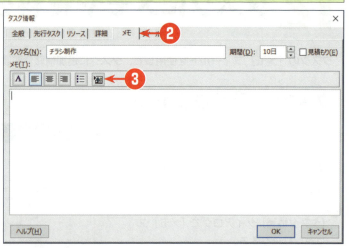

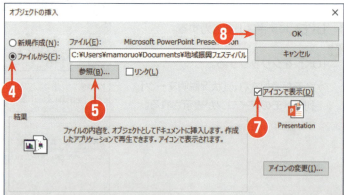

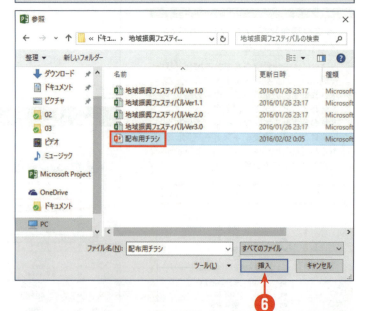

第3章　プロジェクト計画のタスクの設定

❾ [OK] をクリックする。

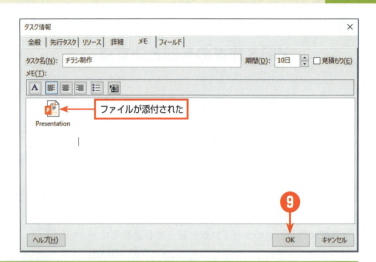

ヒント　他の方法でメモを設定するには

メモを設定するタスクを選択し、[タスク] タブの [プロパティ] の [タスクメモ] をクリックします。[タスク情報] ダイアログの [メモ] タブが開いたら、メモを設定します。

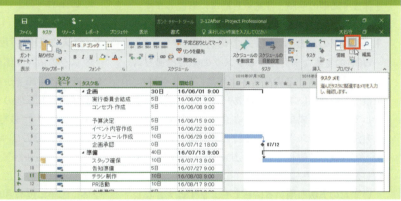

ヒント　メモに資料へのショートカットを貼り付ける

タスクに資料を添付する際に、タスクとの関連付けはするものの資料は別のファイルサーバーで管理したい場合があります。また、元の資料を変更したら、タスクに添付したファイルも同じく変更させたい場合があります。このようなときは、[リンク] を使用します。タスクに資料を添付する手順の❻で、[オブジェクトの挿入] ダイアログの [リンク] にチェックを入れます。リンクで添付された資料は、ショートカットのアイコンで表示されます。

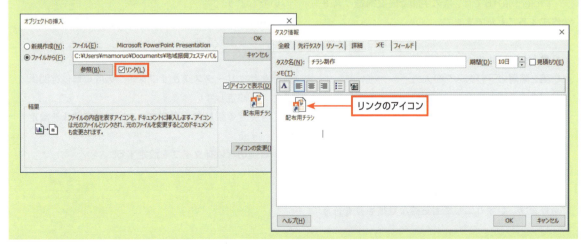

WBS作成の手順と注意点

WBS（Work Breakdown Structure）とは、簡単に言えばプロジェクト目標を達成し、必要な成果物を完成するために必要な作業をすべて列挙して階層構造にまとめたものです。つまり、ここで定義されている作業がすべて適切なタイミングで実施されれば、プロジェクトが完了するはずです。それぐらいWBSは重要なものであり、その精度にプロジェクト成功の可否がかかっていると言っても過言ではありません。そこで、ここではProject 2016でWBSを作成する際の手順と注意点を簡単に解説します。

1. タスクの階層構造リストの作成

WBSの主要な部分となるタスクの階層構造リストを作成します。このリストは作業に抜けや漏れ、重複がない状態にする必要があります。アプローチとして、主要な成果物を詳細なタスクに分解していく方法、フェーズや開発の工程と言ったプロセスに沿って作業を分解していく方法、さらにそれらを混合した方法があります。

いずれの方法を用いるにしても、まずは大きなレベルから始め、実際にそのタスクの担当者が思い浮かぶレベルまで詳細化します。プロジェクトの規模や性質にもよりますが、管理や把握のしやすさという点から、一般的には3〜5階層ぐらいまでが妥当です。

Project 2016では、次の手順で階層構造リストを作成することができます。

❶最上位レベルのタスクの入力
❷第2階層以下のタスクの入力
❸アウトラインレベルの設定

2. タスクの見積もり

タスクの見積もりを行うには、実際にタスクを実施する担当者が見積もりを行う、過去の実績を参考にする、専門家に相談するなどのさまざまな手段があります。いずれにしても正確な見積もりを行うには、そのタスクに関する専門的な知識が必要です。

Project 2016では、見積もりを行う対象に基づいて「タスクの種類」を選択し、主に最下層のサブタスクに見積もりの値を入力します。

見積もり対象	タスクの種類	見積もりの入力場所
期間	期間固定	[期間] 列
作業時間（工数）	作業時間固定	[作業時間] 列

※[作業時間] 列に見積もりを入力する場合、リソースを割り当てるまでは [期間] は計算されません。

3. タスクの依存関係の設定

タスクの依存関係は、タスクを適切な順序と時期に実行する手順を決めるために使用します。タスクは必ず何かしら他のタスクと依存関係があると考えるのが自然です。依存関係を設定することによって、Project 2016のCPM（クリティカルパスメソッド）のスケジュール計算を活用できます。これにより、スケジュールのどこかが変更されるとスケジュール全体に即座に反映されます。これを「ダイナミックスケジューリング」と呼んでいます。

依存関係で結ばれる2つのタスクは、「先行タスク」と「後続タスク」と呼ばれますが、そのまま順序を表すとは限りません。両者の関係において状況を支配している方が先行タスクになると考えるとよいでしょう。

Project 2016では、依存関係を設定する際には次の点に注意します。

● サマリータスクとサブタスクの間には依存関係を設定しない
● できる限り最下層のタスク間に依存関係を設定する
● 適切な依存タイプを設定する

タスクへの
リソースの割り当て

第 **4** 章

1 タスクにリソースを割り当てるには

2 リソースの割り当て時にリソースをフィルターするには

3 リソースの割り当てを解除するには

4 割り当てたリソースを置き換えるには

5 リソースのタスクへの割り当て状況を確認するには

6 各リソースのタスクの作業時間を確認するには

7 予算コストを使用するには

8 プロジェクト全体のコストを確認するには

プロジェクトのタスクを実行するには、担当者といった人材をはじめ、資材や機材などのリソースが必要です。この章では、登録したリソースをタスクに割り当てる基本的な操作に加えて、リソースの負荷状況を確認する方法について説明します。さらにプロジェクトの重要な要素であるコストを確認する方法、そして予算リソースの使用方法についても説明します。

1 タスクにリソースを割り当てるには

リソースを登録したら、いよいよタスクにリソースを割り当てます。リソースを割り当てることにより、そのタスクを実行する担当者が決まります。また、そのタスクを完了するために必要な作業時間や期間が決まります。

タスクにリソースを割り当てる

1 [タスク]タブの[表示]の[ガントチャート]の▼をクリックし、[ガントチャート]をクリックする。

2 [ガントチャート]ビューで、リソースを割り当てるタスクをクリックする。

3 [リソース]タブの[割り当て]の[リソースの割り当て]をクリックする。

4 [リソースの割り当て]ダイアログで、リソース名をクリックして選択する。

5 [割り当て]をクリックする。
→タスクにリソースが割り当てられる。

6 [閉じる]ボタンをクリックする。

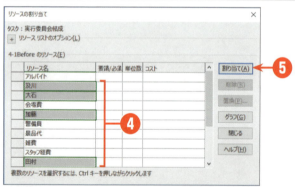

ヒント
タスクにリソースを連続して割り当てるには

リソースの割り当て後、続けて別のタスクにリソースを割り当てる場合、[リソースの割り当て]ダイアログを閉じる必要はありません。このダイアログを表示したまま、次のタスクを選択できます。

注意
意図しないリソースの登録

[リソースの割り当て]ダイアログでリソース名を入力すると、新たにリソースが作成されます。もともと存在するリソースとわずかに名前の異なるリソースが意図せずに追加されてしまうことがあります。リソースの入力はリソースシートで行うことをお勧めします。

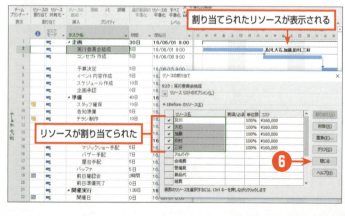

2 リソースの割り当て時にリソースをフィルターするには

　[リソースの割り当て]ダイアログ内でリソースをフィルターすると、目的のリソースを見つけやすくすることができます。

リソースのフィルターを設定する

❶ [ガントチャート]ビューで、フィルターを設定するタスクをクリックする。

❷ [リソース]タブの[割り当て]の[リソースの割り当て]をクリックする。

❸ [リソースの割り当て]ダイアログで、[リソースリストのオプション]の[+]をクリックする。

　▶フィルター設定のオプションが表示される。

❹ [次の条件でリソースをフィルター化する]にチェックを入れる。

❺ フィルター名が表示されているボックスの▼をクリックして、フィルター化の条件を選択する。

　●ここでは[グループ名]を選択する。

用語

フィルター
特定の性質のタスクやリソースを指定し、ビューの表示を絞り込む機能です。

❻ [グループ名] ダイアログで、フィルターの基準とするグループ名を入力し、[OK] をクリックする。

➡ リソースがグループ名でフィルターされる。

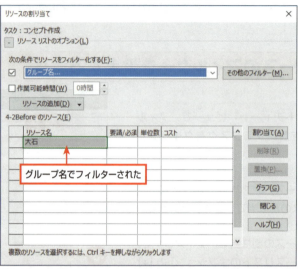

ヒント
フィルターを作成するには
既存のフィルター以外に特別なフィルターを作成したい場合は、[リソースの割り当て] ダイアログで [その他のフィルター] をクリックし、フィルターを新たに作成することができます。

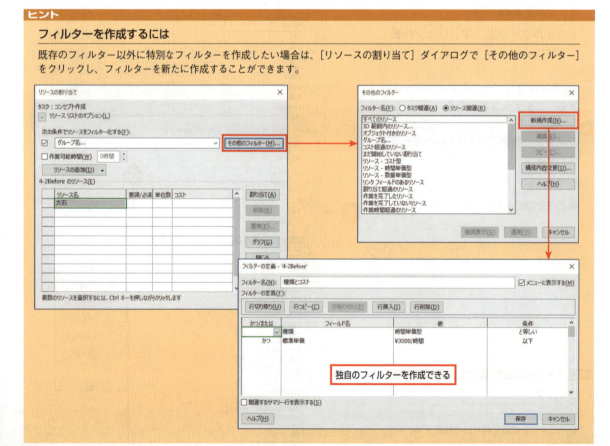

第4章 タスクへのリソースの割り当て

リソースの割り当てを解除するには

リソースの割り当てを解除する

❶ [ガントチャート] ビューで、リソースの割り当てを解除するタスクをクリックする。

❷ [リソース] タブの [割り当て] の [リソースの割り当て] をクリックする。

❸ [リソースの割り当て] ダイアログで、現在割り当てられているリソース名を選択する。

❹ [削除] をクリックする。

▶ リソースの割り当てが解除される。

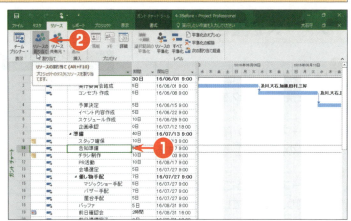

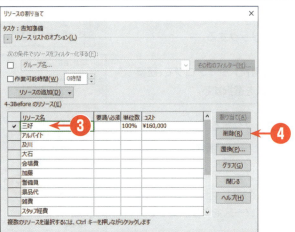

ヒント

他の方法でリソースの割り当てを解除するには

❶ [表示] タブの [データ] の [テーブル] をクリックし、[入力] をクリックする。

❷ リソースを削除するタスクの [リソース名] のセルをクリックし、Delete を押してリソース名を削除する。

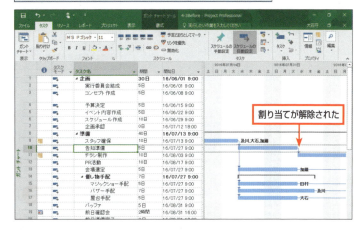

割り当てが解除された

4 割り当てたリソースを置き換えるには

一度タスクに割り当てたリソースを他のリソースに変更する場合は、リソースの置き換えを行います。この作業にも［リソースの割り当て］ダイアログを使用します。

リソースを置き換える

❶ ［ガントチャート］ビューで、リソースを置き換えるタスクをクリックする。

❷ ［リソース］タブの［割り当て］の［リソースの割り当て］をクリックする。

❸ ［リソースの割り当て］ダイアログで、現在割り当てられているリソースを選択する。

❹ ［置換］をクリックする。

❺ ［リソースの置換］ダイアログで、置換後のリソースを選択する。

❻ ［OK］をクリックする。

　➡ タスクのリソースが置き換えられる。

　● 選択したリソースを複数のリソースで置き換えるには、Ctrl を押しながら、追加するリソースをクリックする。

❼ ［リソースの置換］ダイアログで、［閉じる］をクリックする。

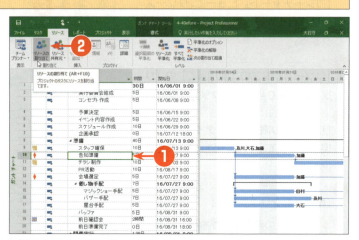

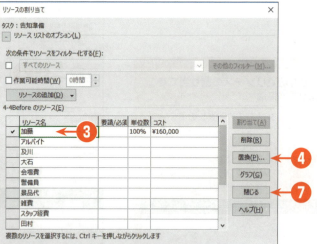

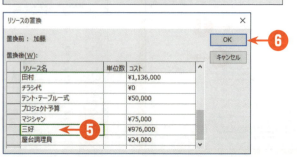

第4章 タスクへのリソースの割り当て

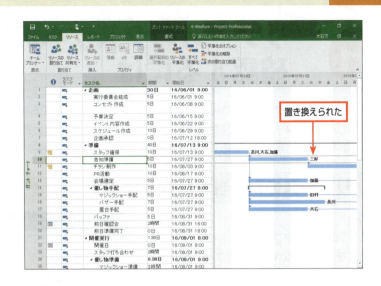

ヒント

リソースの残存余力

リソースを置き換える前に、そのリソースが特定の時期にどのくらい
作業を実行できるか（残存余力）を確認することができます。

❶ [リソースの割り当て] ダイアログで、残
存余力を確認するリソースを選択する。
❷ [グラフ] をクリックする。
　▶ 画面が分割され、画面下段に [リソー
　　スグラフ] が表示される。

❸ グラフ部分を右クリックし、
　[残存余力] をクリックする。
　▶ [残存余力]（割り当て余力）
　　のバーが表示される。

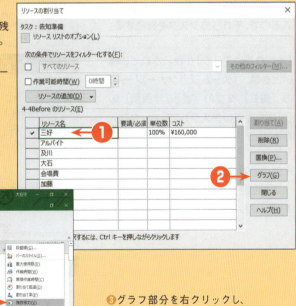

5 リソースのタスクへの割り当て状況を確認するには

リソースからタスクの割り当て状況を視覚的に確認するには、[チームプランナー]ビューを使用します。このビューは、いわばリソース側から見たガントチャートと言えるでしょう。どのリソースにどのタスクがいつ割り当てられているのかがひと目でわかるので、状況を把握しやすいという特徴があります。

リソースの割り当て状況を確認する

❶ [タスク]タブの[表示]の[ガントチャート]の▼をクリックし、[チームプランナー]をクリックする。

→ [チームプランナー]ビューが表示される。

❷ [未割り当てタスク]に、リソースが割り当てられていないタスク数が表示されるので、それらのタスクを確認する。

❸ [未割り当てタスク]が表示されていないときは、[チームプランナーツール]の[書式]タブの[表示/非表示]の[未割り当てのタスク]にチェックを入れる。

❹ 未割り当てのタスクがある場合、そのタスクを割り当てたいリソースの行にドラッグしてドロップする。

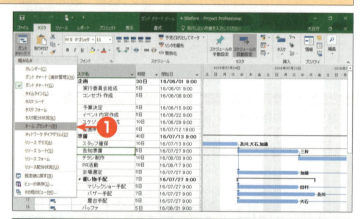

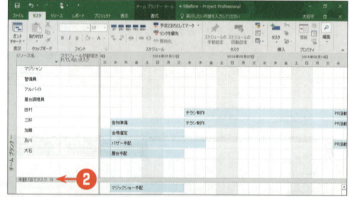

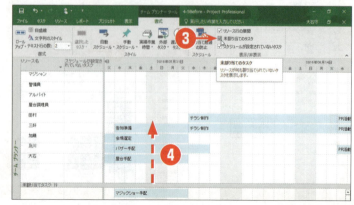

> **注意**
>
> **エディションによる違い**
> チームプランナーは、Project Professionalでのみ使用できます。

第4章　タスクへのリソースの割り当て　93

➡ タスクがリソースに割り当てられる。

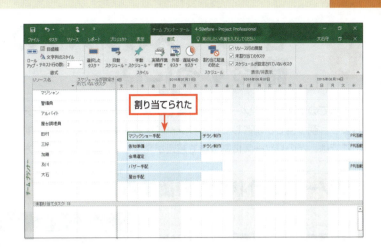

注意
タスクの移動による制約の付加

チームプランナーで、タスクのバーをドラッグし実施時期を移動すると「指定日以後に開始」の制約が設定されるため注意してください。

ヒント
タスクバーのロールアップ

既定では、リソースに割り当てられているタスクがすべてバーとして表示されます。もう少し概要のレベルで把握したい場合には、「ロールアップ」という機能を使用します。

❶ [チームプランナーツール] の [書式] タブの [書式] の [ロールアップ] をクリックする。
❷ 表示させたいアウトラインレベルをクリックする。
➡ 選択したアウトラインレベルのタスクが表示される。

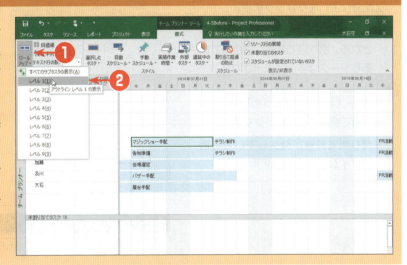

ヒント
割り当て超過リソース

割り当て超過が発生している場合、リソース名が赤色で表示され、チャートの該当部分にもタスクバーの内部に赤い線が表示されます。

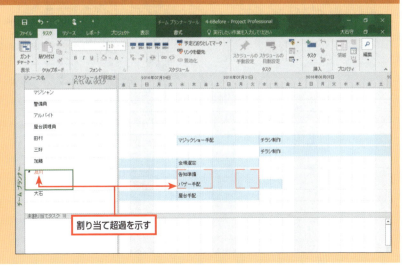

6 各リソースのタスクの作業時間を確認するには

すべてのタスクにリソースの割り当てが完了したら、[リソース配分状況] ビューでリソースの配分状況を確認しましょう。割り当てが超過しているリソースは調整する必要がありますが、その方法は第5章で詳しく解説しています。ここでは、どのリソースに割り当て超過が発生しているか確認する方法を説明します。

リソース配分状況を確認する

❶ [タスク] タブの [表示] の [ガントチャート] の▼をクリックし、[リソース配分状況] をクリックする。

➡ [リソース配分状況] ビューが表示される。割り当て超過が発生しているリソースは赤色で表示される。

❷ [リソース] タブの [レベル] の [次の割り当て超過] をクリックする。

➡ 割り当て超過が発生している時期のタイムスケールが表示される。

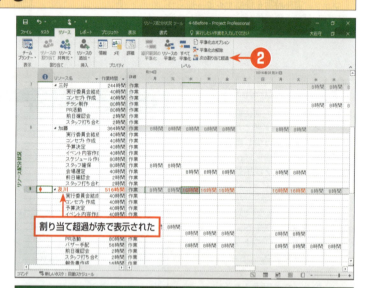

割り当て超過が赤で表示された

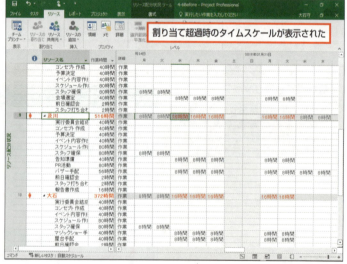

割り当て超過時のタイムスケールが表示された

第4章　タスクへのリソースの割り当て

❸ [リソース]タブの[チームプランナー]の▼をクリックし、[リソースグラフ]をクリックする。

　➡リソースグラフに割り当て超過を示すグラフが表示される。

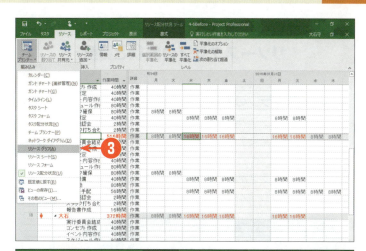

❹ [表示]タブの[表示の分割]の[詳細]にチェックを入れ、[詳細ビュー]の▼をクリックし、[ガントチャート]を選択する。

　➡下段の[ガントチャート]ビューで、その日に割り当てられているタスクと時間を確認できる。

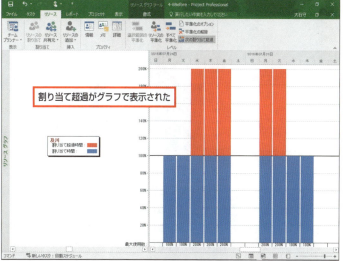

リソースグラフの形状と目盛

リソースグラフの形状

リソースグラフの形状は[バーのスタイル]を使って次の手順で変更することができます。

① リソースグラフが表示されている領域を右クリックして、[バーのスタイル]をクリックする。

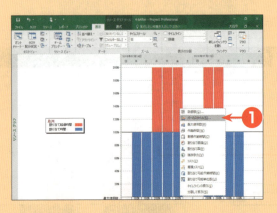

② [バーのスタイル]ダイアログの[フィルターをかけたリソース]で、[割り当て超過のリソース]の[形状]の▼をクリックし、[領域]をクリックする。
③ [色]の▼をクリックし、[薄い青]をクリックする。
④ [リソース]で、[割り当て超過リソース]の[形状]の▼をクリックし、[非表示]をクリックする。
⑤ [余力線を表示する]にチェックを入れる。

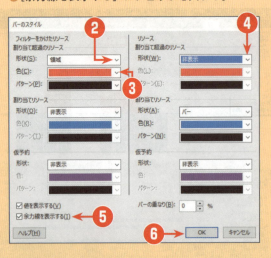

⑥ [OK]をクリックする。
▶ リソースグラフの形状が変更される。

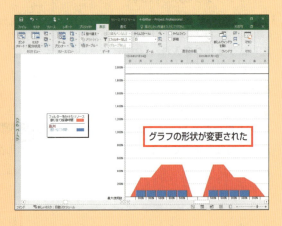

リソースグラフの目盛

リソースグラフの目盛は、既定では最大使用数が「%」で表示されていますが、[作業時間]や[割り当て超過]など「時間」で表示することもできます。

① 画面下段のリソースグラフが表示されている箇所を右クリックして、[作業時間]をクリックする。
▶ リソースグラフの表示が変更される。

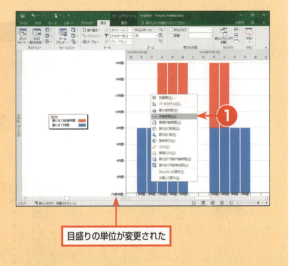

第4章　タスクへのリソースの割り当て

7 予算コストを使用するには

　Projectでは、プロジェクトの予算を管理するために「予算リソース」という機能があります。プロジェクトマネージャーは、[予算コスト]フィールドを使ってプロジェクト全体の予算を設定し、予算コストと計画時コスト、実績コストを比較することができます。ここでは一例として、「プロジェクト予算」というリソースを追加し、予算コストを設定する手順を紹介します。

予算コストを設定する

❶ [リソース]タブの[表示]の[チームプランナー]の▼をクリックし、[リソースシート]をクリックする。

❷ [リソース名]フィールドに「プロジェクト予算」と入力する。

❸ 手順❷で入力したフィールドをダブルクリックする。
　▶[リソース情報]ダイアログが表示される。

❹ [全般]タブで、[種類]に[コスト型]を選択し、[予算]にチェックを入れる。

❺ [OK]をクリックする。

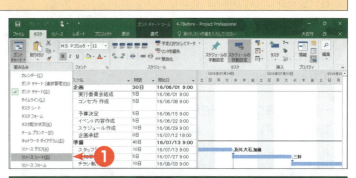

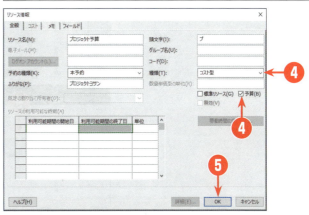

> **ヒント**
> **予算リソースについて**
> 予算リソースは、プロジェクトの予算という位置付けのため、プロジェクトサマリータスクにのみ割り当てることができます。割り当て方法は通常のリソースと同様です。

続⇒

❻ [タスク] タブの [表示] の [ガントチャート] の▼をクリックし、[タスク配分状況] をクリックする。

❼ [表示] タブの [データ] の [テーブル] をクリックし、[コスト] をクリックする。

❽ [タスク名] の右側の列のタイトルを右クリックし、[列の挿入] をクリックする。

❾ [列名の入力] に「予算コスト」と入力する。

❿ 一覧に [予算コスト] が表示されるので Enter を押す。

➡ テーブルに [予算コスト] 列が追加される。

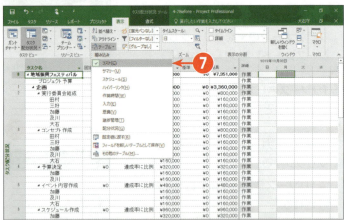

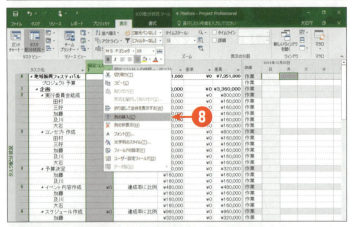

⑪ プロジェクトサマリーをクリックする。

ヒント参照

⑫ [リソース] タブの [割り当て] の [リソースの割り当て] をクリックする。

➡ [リソースの割り当て] ダイアログが表示される。

⑬ [プロジェクト予算] を選択し、[割り当て] をクリックし、[閉じる] をクリックする。

⑭ 右側のチャートで [作業] と表示されている部分を右クリックし、[詳細のスタイル] をクリックする。

➡ [詳細のスタイル] ダイアログが表示される。

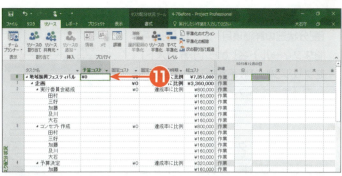

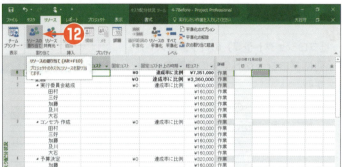

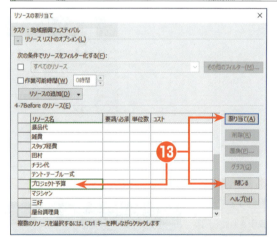

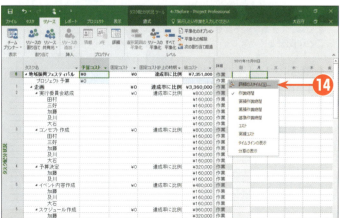

ヒント
プロジェクトサマリーが表示されていないときは

プロジェクトサマリーが表示されていない場合は、[書式] タブの [表示/非表示] の [プロジェクトのサマリータスク] にチェックを入れます(第3章の1を参照)。

⓯ [配分状況の詳細項目]タブの[利用可能なフィールド名]から[予算コスト]をクリックし、[表示する]をクリックして、[表示するフィールド名]に追加する。

⓰ [OK]をクリックする。
➡ チャート部分に[予算コスト]が追加される。

⓱ [プロジェクト予算]の[予算コスト]列にプロジェクト全体の予算を入力する。
➡ プロジェクトの期間に按分した予算コストが表示される。

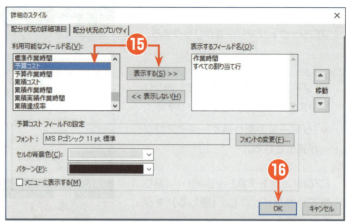

ヒント

手動で予算を配分するには

チャート部分に表示された[予算コスト]に数値を直接入力して、予算を手動で配分できます。ここでは、[予算コスト]を1週間ごとに配分してみましょう。

❶ [表示]タブの[ズーム]の[タイムスケール]の▼をクリックして[週]を選択する。
➡ タイムスケールの小区分の表示単位が「週」に変更される。

❷ [予算コスト]にその週の予算を入力する。

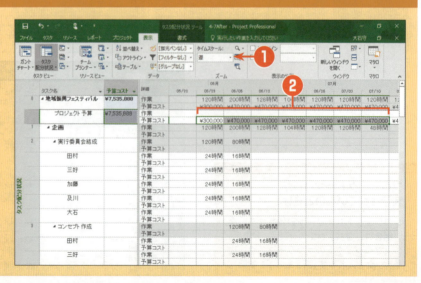

第4章　タスクへのリソースの割り当て

8 プロジェクト全体のコストを確認するには

Projectでは、設定したさまざまなコストを基にタスクやプロジェクト全体のコストが自動的に計算され、確認することができます。

プロジェクトのコストを確認する

❶
[タスク] タブの [表示] の [ガントチャート] の▼をクリックし、[ガントチャート] をクリックする。

❷
[表示] タブの [データ] の [テーブル] をクリックし、[コスト] を選択する。

▶ [総コスト] 列が追加される。

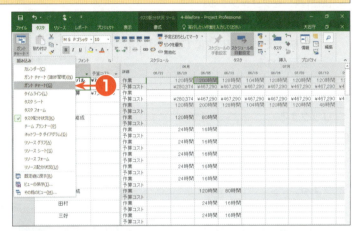

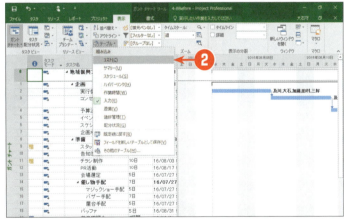

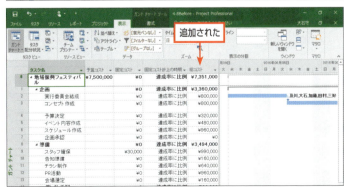

ヒント

変更したテーブルを元に戻す

[ガントチャート] ビューでは、既定で [入力] テーブルが設定されています。手順❷でコストに変更したテーブルを元に戻すには、次のように操作します。

❶[表示] タブの [データ] の [テーブル] をクリックし、[入力] を選択する。

▶ テーブルが元の [入力] に戻る。

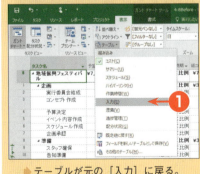

プロジェクト情報でプロジェクト全体のコストを確認する

❶ [プロジェクト] タブの [プロパティ] の [プロジェクト情報] をクリックする。
- ['＜プロジェクト名＞' のプロジェクト情報] ダイアログが開く。

❷ [統計表] をクリックする。
- ['＜プロジェクト名＞' のプロジェクト統計表] ダイアログに [コスト] が表示される。

❸ コストを確認したら、[閉じる] をクリックする。

❹ ['＜プロジェクト名＞' のプロジェクト情報] ダイアログの [OK] をクリックする。

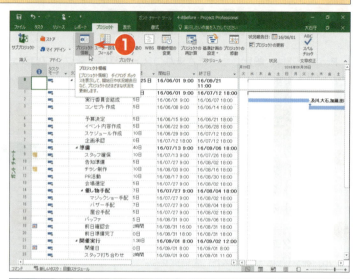

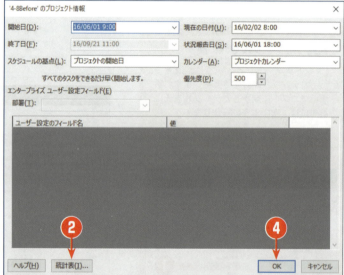

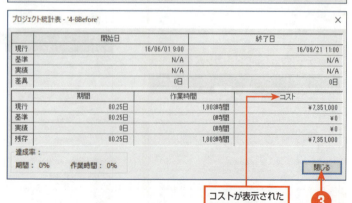

コストが表示された

第4章 タスクへのリソースの割り当て

コラム リソースの単位数と最大単位数と最大使用数

　Project 2016では、時間単価型リソースの割り当てに関係の深い、似たような名称のフィールドが存在します。「単位数」「最大単位数」「最大使用数」の3つのフィールドです。ここでは、これら3つのフィールドの特長について解説します。

単位数

　リソースをタスクに割り当てる際に「単位数」を指定します。これはリソースがそのタスクに対して割くことができる、マンパワーの割合を意味します。別名「割り当て単位数」とも呼ばれます。この単位数は、［リソースの割り当て］ダイアログ、［タスク情報］ダイアログの［リソース］タブ、配分状況ビューにおける［割り当て情報］ダイアログの［全般］タブで主に使用します。

最大単位数

　リソースの持つ最大のマンパワーを表します。通常は100%（1.0）です。例として、プログラマーのような特定のスキルセットを持つ標準リソースの場合は、リソースの最大単位数フィールドに1000%（10.0）と設定することで、10人のプログラマーが存在すると想定する、という使い方もできます。リソースが特定の個人を表す場合、通常は100%（1.0）に設定します。一方で、この値を個人のスキル係数の代わりに使用することもできます。たとえば、特にスキルの高い人の場合、最大単位数を150%（1.5）に設定すると、タスクに対して150%（1.5）の単位数で割り当てを行っても、割り当て超過になりません。また［作業時間固定］のタスクの場合、150%（1.5）の割り当てを行うことで、タスクの期間を2/3に短縮することができます。つまり、最大単位数を150%（1.5）とすることで、リソースの能力を1.5倍に見立てることもできるわけです。

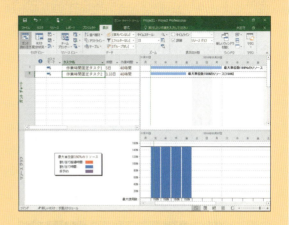

最大使用数

　最大使用数は、「使用数」という言葉からわかるように、実際にリソースをどれだけ使用しているかを表します。リソースシートに表示される最大使用数は、プロジェクトの全期間における最大の使用数を表します。リソースグラフなどのタイムスケール付きのビューでは、タイムスケールで表示される区分の期間内での最大の使用数を表します。タイムスケールの小区分が「日」であれば、その日のうちで最大の負荷を表します。たとえば、月曜日に割り当て単位数150%（1.5）でタスクに割り当てられ、さらに割り当て単位数100%（1.0）のタスクにも割り当てられている場合、合計で250%（2.5）の最大使用数ということになります。

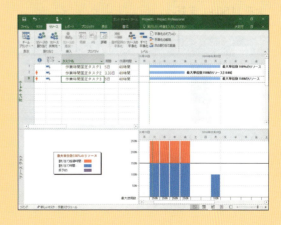

コラム リソース割り当てのさまざまな方法

タスクにリソースを割り当てるには、この章で紹介した［リソースの割り当て］ダイアログによるほかにも、ここで紹介するようにさまざまな方法があります。

テーブルの［リソース名］列

［ガントチャート］のテーブルで、［リソース名］列の▼をクリックし、リソースの一覧でタスクに割り当てるリソースにチェックを入れます。一覧からリソースを選択すると単位数は100％に設定されます。

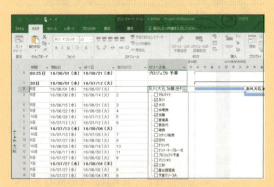

［リソース名］列にリソース名を直接入力することもできます。この場合、リソース名をカンマ（,）で区切ることで複数のリソースを割り当てられます。次のように入力することで、単位数を指定できます。

大石 [150%], 三好

［タスク情報］ダイアログの［リソース］タブ

テーブルでタスク行をダブルクリックし、［タスク情報］ダイアログを表示します。［リソース］タブで、［リソース名］列にリソース名、［単位数］列に単位数の値を入力し、［OK］をクリックします。

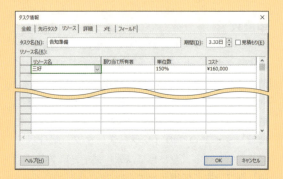

［タスクフォーム］ビュー

ビューを分割して［タスクフォーム］ビューを表示し（第9章の21を参照）、任意の場所で右クリックして［作業時間］を選択します。［リソース名］列にリソース名、［単位数］列に単位数の値を入力します。

タスクには複数のリソースを割り当てることができますが、管理のしやすさという点からタスクにつき1つのリソースを割り当てることをお勧めします。特に実績を作業時間でリソースごとに入力する場合には、タスクの進捗が把握しやすくなります。またWBSの作成という観点からは、担当者が特定できるレベルまでタスクを分解することも大切です。

プロジェクト計画の調整

第 **5** 章

1	クリティカルパスを確認するには
2	タスクの検査を行うには
3	タスクの依存関係を調整するには (1)
4	タスクの依存関係を調整するには (2)
5	タスクの依存関係を強調表示するには
6	タスクを分割するには
7	リソースを平準化するには
8	リソースを追加するには
9	タスクの計算モードを変更するには
10	タイムラインにプロジェクト計画の概要を表示するには
11	タイムラインに複数のタイムラインバーを表示するには
12	基準計画を保存するには
13	中間計画を保存するには

プロジェクト計画を完成させるためには、「計画は決められた納期を満たしているか」「リソースが過負荷になっていないか」をチェックし、プロジェクト計画を調整する必要があります。この章では、プロジェクト開始前にプロジェクト計画を調整するための、タスクの依存関係の調整やリソースの追加、さらに基準計画の保存などの代表的な方法を解説します。

1 クリティカルパスを確認するには

プロジェクトを計画どおりに進めるには、クリティカルパスを確実に実行する必要があります。Projectでは、クリティカルパス上のクリティカルタスクを注意深く監視することにより、プロジェクトが予定どおり終了するように管理することができます。

クリティカルパスを確認する

❶ [タスク]タブの[表示]の[ガントチャート]の▼をクリックし、[その他のビュー]をクリックする。

❷ [ガントチャート(詳細)]をクリックし、[適用]をクリックする。

➡ ガントチャートにクリティカルパスが表示される。

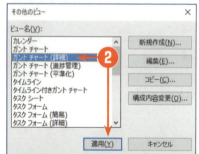

用語

クリティカルパス

プロジェクト内で、完了するのに最も期間を要する一連のタスクの実行経路のこと。基本的にクリティカルパス全体の期間はプロジェクトの期間と等しくなります。プロジェクト内のどこかの期間が変更されることにより、クリティカルパスの経路自体が変わる可能性があります。

クリティカルタスク

クリティカルパス上のタスクのこと。クリティカルタスクに遅延が発生すると、プロジェクトの終了日が遅れます。

余裕期間

タスクが遅れても後続タスクの開始日に影響を与えることのない余裕を表す期間のこと。プロジェクトの終了日に影響を与えない余裕期間は「総余裕期間」と呼びます。

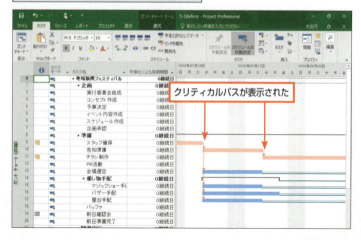

第5章 プロジェクト計画の調整

クリティカルパスのみを表示する

❶ [タスク]タブの[表示]の[ガントチャート]の▼をクリックし、[ガントチャート(進捗管理)]をクリックする。

❷ [表示]タブの[データ]の[フィルター]の▼をクリックし、一覧から[クリティカルタスク]を選択する。

➡ ガントチャートにクリティカルパスが表示される。

❸ すべてのタスクを再度表示するには、[フィルター]の▼をクリックし、一覧から[フィルターなし]を選択する。

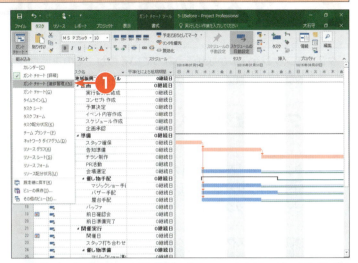

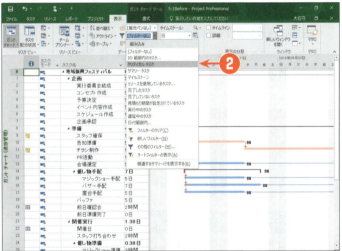

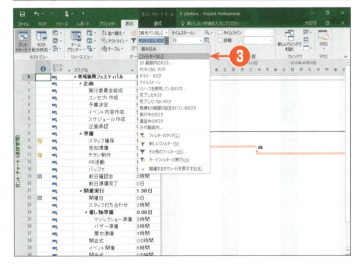

ヒント

不連続なクリティカルパスを解消する方法

クリティカルパス上のタスクに開始日や終了日を指定すると、先行タスクに余裕期間が発生し表示上クリティカルパスが不連続になることがあります。これを解消するには、[Projectのオプション]ダイアログの[詳細設定]タブで、[余裕期間が指定日数以下のタスクをクリティカルタスクとする]に余裕期間に相当する日数を設定してください。

2 タスクの検査を行うには

タスクのスケジュールがなぜそうなっているのか、その決定要因を確認することができるタスク検査機能があります。またタスクに発生しているスケジュールの矛盾や割り当て超過などを発見し、解決策を提示してくれます。

タスクの検査を行う

❶ [タスク]タブの[表示]の[ガントチャート]の▼をクリックし、[ガントチャート]をクリックする。

❷ 検査を実施するタスクをクリックする。

❸ [タスク]タブの[タスク]の[検査]の左側の部分をクリックする。

　▶ [タスク検査]作業ウィンドウが表示される。　　　　　　　ヒント参照

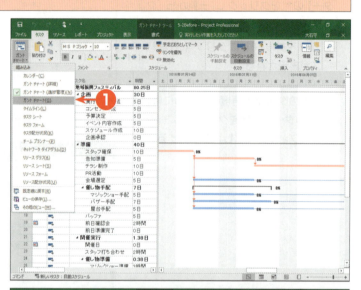

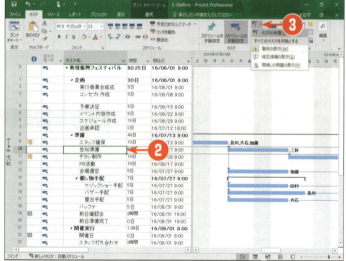

ヒント

修復オプション

タスクに問題が発見されると、[タスク検査]作業ウィンドウの[アクション]に修復オプションが表示され、解決方法を選択できます(第7章の2を参照)。

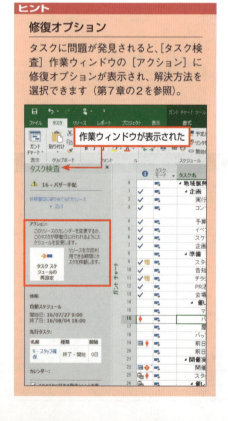

第5章 プロジェクト計画の調整

タスクの依存関係を調整するには（1）

　プロジェクト計画を作成したら、プロジェクトが目標とする納期に終了するか確認します。納期を超過している場合は、プロジェクト計画を見直す必要があります。たとえば、［終了-開始］の依存関係の2つのタスクのうち、並行して実施可能なものはそのように変更することで、プロジェクトの期間を短縮することができます。

タスクの依存関係を調整する

❶ ［タスク］タブの［表示］の［ガントチャート］の▼をクリックし、［ガントチャート］をクリックする。

❷ 後続タスクのタスク名をダブルクリックする。

❸ ［タスク情報］ダイアログで［先行タスク］タブをクリックする。

❹ 先行タスクの［依存タイプ］の▼をクリックし、［開始-開始（SS）］を選択する。

❺ ［OK］をクリックする。

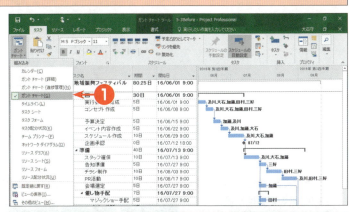

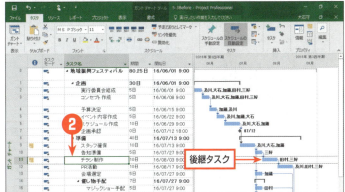

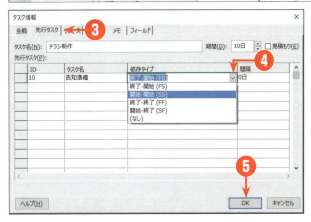

続→

➡タスクの依存関係が変更され、並行して作業するようにスケジュールされる。

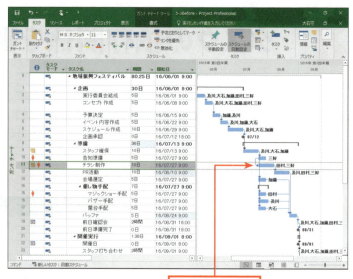

並行作業に変更された

ヒント

依存関係の変更は慎重に

タスクの依存関係を変更した場合、そのタスクに関係する他のタスクも調整する必要がないかどうか十分注意してください。
たとえば、「タスク2」と「タスク3」を［終了-開始］から［開始-開始］に変更したとします。その結果、「タスク2」の終了が「タスク4」のスケジュールに影響しますが、このままでは依存関係の設定は不足しています。
「タスク2」と「タスク3」が終了しないと「タスク4」が開始できない場合には、「タスク2」から「タスク4」にも［終了-開始］の依存関係を設定します。
大規模なプロジェクト計画では、この章の2で紹介したタスクの検査機能を使用して、タスクの依存関係の設定に不足がないかどうかチェックしてください。

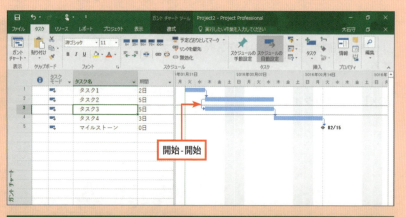

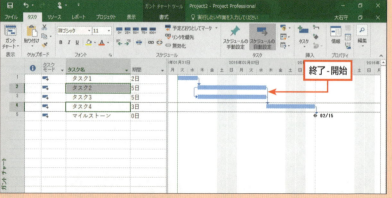

第5章 プロジェクト計画の調整　111

4 タスクの依存関係を調整するには（2）

タスクの依存関係を調整することによって、プロジェクトの期間を短縮する方法をもう1つ紹介します。この章の3では依存関係のタイプを変更しましたが、タスクの依存関係には、他に「リード」「ラグ」と呼ばれる時間差を設定することができます。ここでは、依存関係にリードを設定することにより、プロジェクトの期間を短縮する方法について説明します。

リードを設定する

❶ [タスク] タブの [表示] の [ガントチャート] の▼をクリックし、[ガントチャート] をクリックする。

❷ 後続タスクのタスク名をダブルクリックする。

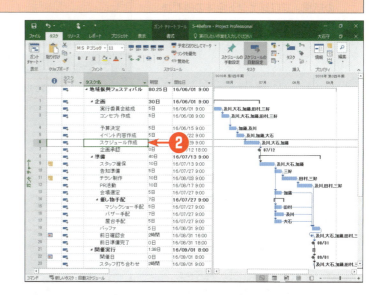

用語

リード

依存関係にあるタスクのマイナスの間隔のこと。たとえば、[終了-終了] の依存関係のタスクで、先行タスクが終了する2日前までに後続タスクが終了する場合、リードは「-2日」となります。

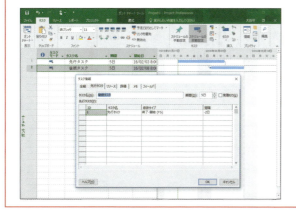

ラグ

依存関係にあるタスクのプラスの間隔のこと。たとえば、[開始-開始] の依存関係のタスクで、先行タスクが開始した2日後に後続タスクが開始する場合、ラグは「2日」となります。

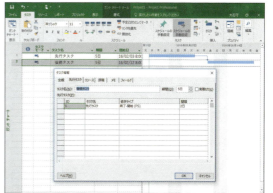

続➡

❸ [タスク情報] ダイアログで [先行タスク] タブをクリックする。

❹ [先行タスク] の [タスク名] を確認し、[間隔] に「-2」などマイナスの値を入力する。

❺ [OK] をクリックする。
➡ タスクのスケジュールが重なり、その結果、プロジェクト全体の期間が短縮される。

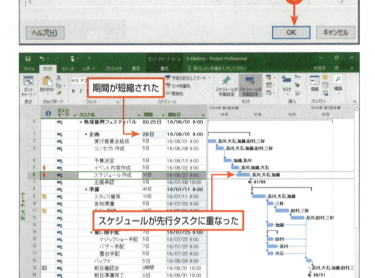

ヒント
依存関係の間隔に入力する値

依存関係の間隔は、「2日」のように期間を設定するほかに、「-50%」のように先行タスクの期間に対する割合をパーセント値で入力することもできます。「-50%」と設定した場合には、先行タスクの半分の期間に相当するリード（マイナスの間隔）が、依存関係に設定されます。

ヒント
ラグを設定するには

ラグの設定は、次の手順で行います。

❶ 後続タスクの [タスク情報] ダイアログで [先行タスク] タブをクリックする。
❷ [先行タスク] の [間隔] に「2」などプラスの値を入力する。

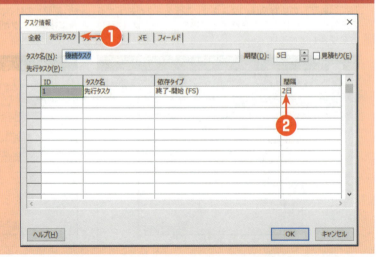

第5章　プロジェクト計画の調整　　113

タスクの依存関係を強調表示するには

　Project 2016には、タスクの依存関係を強調表示し、ひと目で把握することができる「タスクパス」という機能があります。特定のタスクのスケジュールに影響を与えている先行タスク、またそのタスクの影響を受けている後続タスクなどのバーの書式を強調表示できます。

影響を与えている先行タスクを強調表示する

❶ ［タスク］タブの［表示］の［ガントチャート］の▼をクリックし、［ガントチャート］をクリックする。

❷ タスクパスを表示するタスクをクリックする。

❸ ［書式］タブの［バーのスタイル］の［タスクパス］の▼をクリックし、［影響を与えている先行タスク］をクリックする。

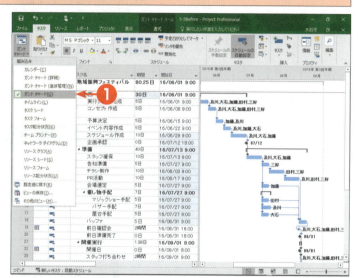

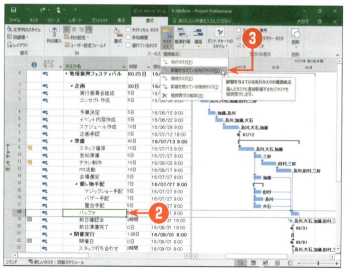

続く

➡ 影響を与えている先行タスクのバーの書式が変更される。

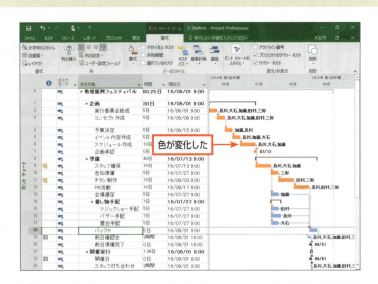

タスクパスの強調表示を解除する

❶ [書式] タブの [バーのスタイル] の [タスクパス] の▼をクリックし、[強調表示の解除] をクリックする。

➡ 強調表示が解除される。

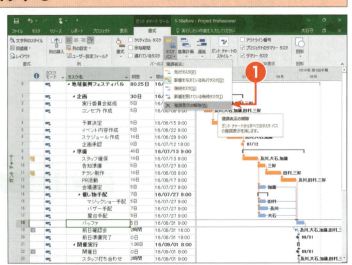

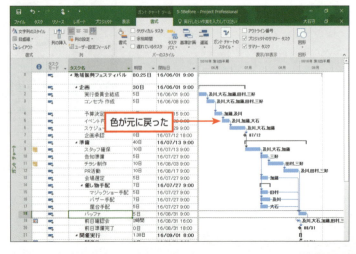

ヒント
強調表示を複数選択する

タスクパスで強調表示できる対象は、「先行タスク」「影響を与えている先行タスク」「後続タスク」「影響を受けている後続タスク」の4つです。これらは同時に強調表示することができ、それぞれ異なる書式で表示されます。

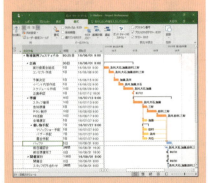

第5章　プロジェクト計画の調整

タスクを分割するには

　プランニング時にタスクに割り当てるリソースの負荷を調整する目的でタスクを分割する場合があります。また進捗管理時にリソースが何らかの都合によりタスクの作業をしばらく中断した場合に、それを実績としてプロジェクト計画に反映する目的でタスクの分割を行い、実績作業時間と残存作業時間を調整することができます。ここではそれらの手順について説明します。

［タスクの分割］ボタンでタスクを分割する

❶ ［タスク］タブの［表示］の［ガントチャート］の▼をクリックし、［ガントチャート］をクリックする。

　▶［ガントチャートビュー］が表示される。

❷ 分割するタスクのタスク名をクリックする。

❸ ［タスク］タブの［スケジュール］の［タスクの分割］をクリックする。

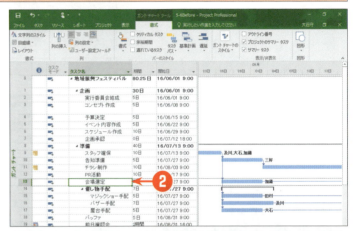

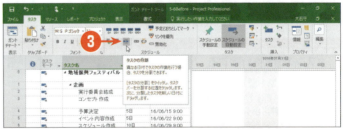

ヒント

チャート部分にガントチャートが表示されていない場合

チャート部分にガントチャートが表示されていない場合には、テーブルでタスクを選択し、［タスク］タブの［編集］をクリックして［タスクへスクロール］をクリックします。

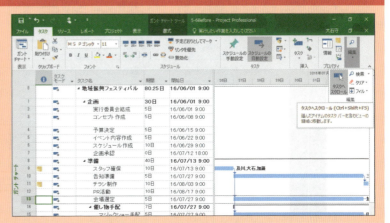

続く→

④ ガントバー上のタスクを分割する箇所をクリックする。

⑤ 作業を開始する日付まで、後半部分のガントバーをドラッグする。

▶ タスクが分割される。

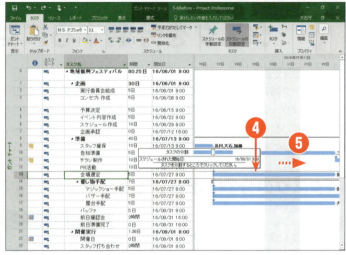

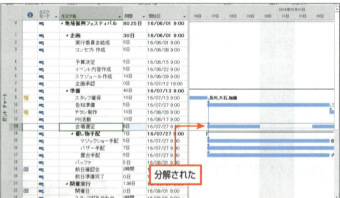

分解された

ヒント

タスクを分割できる数

タスクは3つ以上に分割することもできます。

ヒント

タスクの分割を解除する

タスクの分割を解除するには、分割されたガントバーの後半部分を前半部分にドラッグし、2つの部分を結合します。

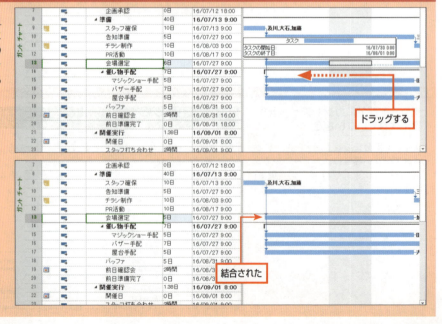

ドラッグする

結合された

［タスク配分状況］ビューからタスクを分割する

❶
［タスク］タブの［表示］の［ガントチャート］の▼をクリックし、［タスク配分状況］をクリックする。

▶［タスク配分状況］ビューが表示される。

❷
分割するタスクのタスク名をクリックする。

❸
［表示］タブの［ズーム］の［タイムスケール］の▼をクリックし、［日］を選択する。

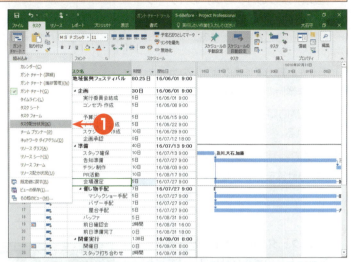

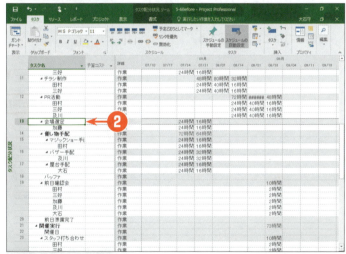

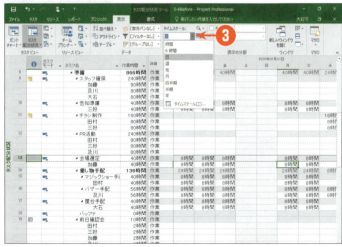

続➡

❹ ［表示］タブの［データ］の［テーブル］をクリックし、［配分状況］が選択されていることを確認する。

❺ チャート部分で作業を実施しなかった日の作業時間を「0時間」に変更する。
➡［作業時間］フィールドの値が変更される。

参照
既定の計算モードを変更するには
第1章の13

❻ ［タスク］タブの［表示］の［ガントチャート］の▼をクリックし、［ガントチャート］をクリックして、タスクが分割されたことを確認する。

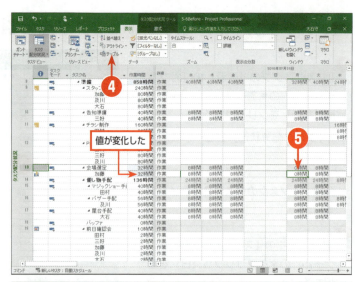

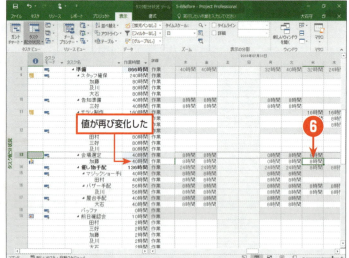

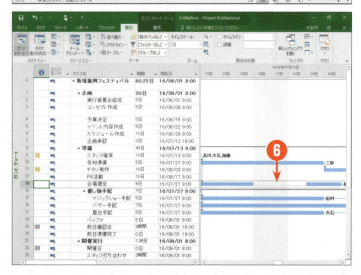

第5章 プロジェクト計画の調整

7 リソースを平準化するには

リソースの割り当て超過を自動的に解消する方法として、[リソースの平準化]機能があります。この機能は、「割り当てられたリソースが利用可能になるまで、タスクを延期する」または「タスクを分割する」の2つの方法でリソースの割り当て超過を解消します。

リソースを平準化する

❶ [タスク]タブの[表示]の[ガントチャート]の▼をクリックし、[リソース配分状況]をクリックする。

❷ [リソース]タブの[レベル]の[次の割り当て超過]をクリックする。

→ 割り当て超過リソースが表示される。

❸ [リソース]タブの[レベル]の[平準化のオプション]をクリックする。

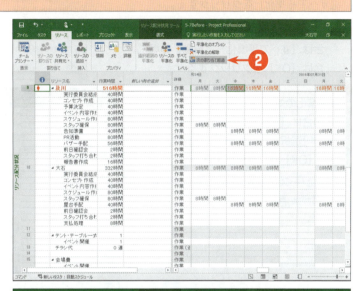

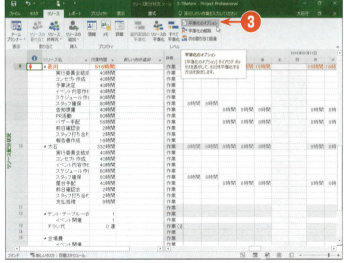

ヒント

リソースの平準化を行うコツ

[リソースの平準化]機能によって自動的に調整されるのはタスクです。リソースの割り当ては調整されません。リソースの平準化は、プロジェクト全体に対して行うのではなく、ある特定のリソースや特定の期間を指定することが一般的です。これは、リソースの平準化によって、タスクを延期または分割すると、結局終了日が延期されるため、プロジェクト全体に対して適用すると、肝心の納期に間に合わなくなってしまうためです。

続く→

❹ [リソースの平準化] ダイアログの [<プロジェクト名> の平準化範囲] で [プロジェクト全体] または [平準化] をクリックする。

❺ [平準化] を選択した場合は、[開始日] と [終了日] を指定する。

❻ [すべて平準化] をクリックする。
- [平準化の計算方法] が [手動] の場合は [すべて平準化]、[自動] の場合は [OK] をクリックする。

❼ [平準化の対象] ダイアログが表示された場合は、[すべての共有リソース] または [選択したリソース] をクリックし、[OK] をクリックする。
➡ リソースが平準化され、割り当て超過が解消される。

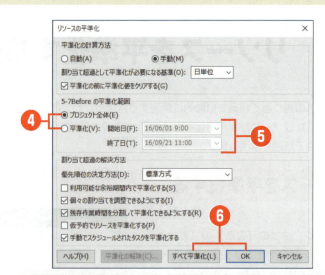

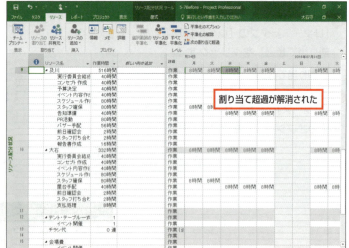

ヒント

変更されたタスクを確認するには

平準化によって変更されたタスクを確認するには、次の手順で行います。

❶ [タスク] タブの [表示] の [ガントチャート] の▼をクリックし、[その他のビュー] をクリックする。
❷ [その他のビュー] ダイアログの [ガントチャート (平準化)] を選択し、[適用] をクリックする。
❸ ガントチャートに平準化前のタスクと現在のタスクが表示されていることを確認する。

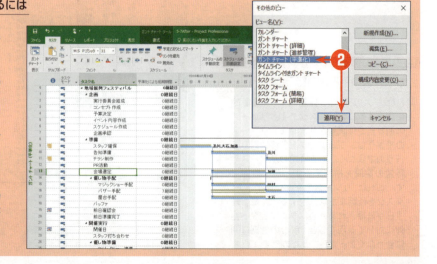

第5章 プロジェクト計画の調整

8 リソースを追加するには

リソースの負荷を調整する方法をいくつか紹介しましたが、既存リソースでの調整が困難な場合、新たにリソースを追加することを検討しなければなりません。リソースを追加すると、Projectはタスクのスケジュールを再計算します。

リソースを追加する

❶ [タスク] タブの [表示] の [ガントチャート] の▼をクリックし、[リソースシート] をクリックする。

❷ [リソース名] フィールドをクリックし、リソース名を入力して[Enter]を押す。

❸ [タスク] タブの [表示] の [ガントチャート] の▼をクリックし、[ガントチャート] をクリックする。

❹ リソースを追加するタスクのタスク名をクリックする。

❺ [リソース] タブの [割り当て] の [リソースの割り当て] をクリックする。

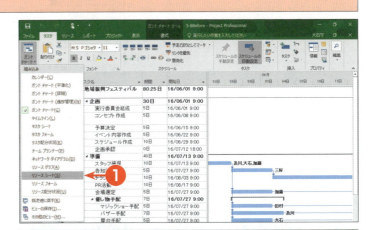

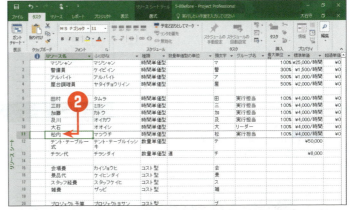

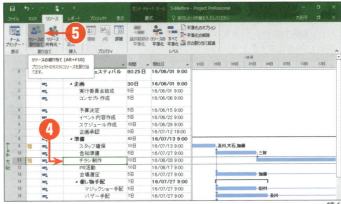

> **注意**
> **リソースを追加したときのタスクの計算は [タスクの種類] で決まる**
>
> [タスクの種類] により、タスクにリソースを追加した際のタスクの計算結果が変わります。詳細については第1章の10のコラムを参照してください。

続⇨

❻ [リソースの割り当て]ダイアログで割り当てるリソース名を選択し、[割り当て]をクリックする。

❼ [閉じる]をクリックする。

➡ 選択したタスクにリソースが追加される。

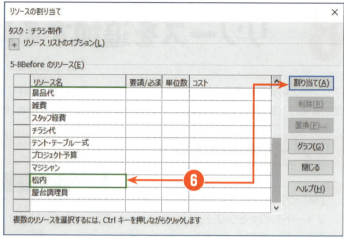

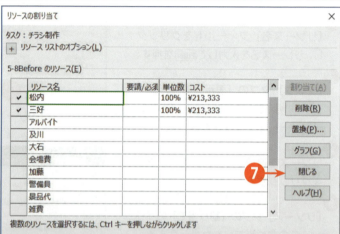

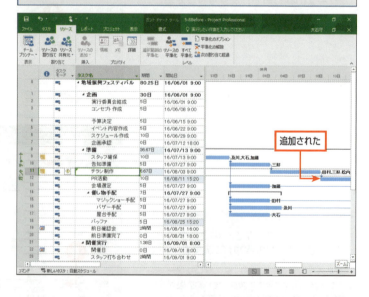

ヒント

リソースの追加による期間の短縮を期待できるタスクの種類

通常、リソースを追加して期間を短縮できるタスクは、[作業時間固定]のタスクです。[期間固定]、[単位数固定]のタスクでも、[残存作業時間を優先するスケジュール方法]が選択されていれば、[作業時間固定]のタスクと同様に期間が短縮されます。

第5章 プロジェクト計画の調整　123

タスクの計算モードを変更するには

Projectのタスクのスケジュール計算には、自動スケジュールと手動スケジュールの2種類があります。既定では、手動スケジュールに設定されています。クリティカルパスを計算するためには、自動スケジュールにする必要があります。ここでは、既存のタスクの計算モードを変更する方法を説明します。

タスクの計算モードを自動に設定する

❶ 計算モードを変更したいタスクを選択する。

❷ [タスク] タブの [タスク] の [スケジュールの自動設定]をクリックする。
　➡タスクの計算モードが [自動スケジュール] に変更される。

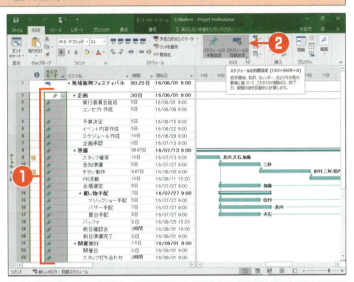

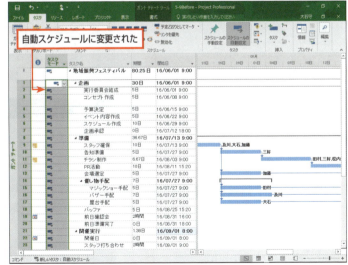

自動スケジュールに変更された

ヒント

手動スケジュールの使い方

手動スケジュール機能は、自由にタスクのスケジュールを決められるという点では非常に便利です。しかし、これを多用してしまうと、プロジェクトマネジメントのスケジュール技法であるクリティカルパスの計算が有効に機能しなくなってしまいます。手動スケジュールは、プランニング段階のみに使用するか、特別の事情があるタスクだけに限定して使用することをお勧めします。

参照

既定の計算モードを変更するには
　　　　　　　　　　　　第1章の13

10 タイムラインにプロジェクト計画の概要を表示するには

タイムラインは、プロジェクトの主要なマイルストーンやフェーズなどのサマリータスクを時間軸に帯状に表示します。こうすることによって、プロジェクト全体の情報や流れを把握し、レポートする際に役立ちます。さらにレポート目的で、タイムラインを他のOfficeアプリケーションに書式を維持した状態で貼り付けることができます。

マイルストーンとサマリータスクをタイムラインに追加する

❶ [表示]タブの[表示の分割]の[タイムライン]にチェックを入れる。
- 上段に[タイムライン]ビューが表示される。

❷ タイムラインに追加するサマリータスクを選択する。

❸ [タスク]タブの[プロパティ]の[タイムラインにタスクを追加]をクリックする。
- サマリータスクがタイムラインに追加される。

ヒント
タイムラインにタスクを追加する別の方法

[タイムライン]ビューをアクティブにした状態で、[書式]タブの[既存のタスク]をクリックし、[タイムラインにタスクを追加]ダイアログで追加することもできます。

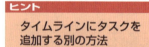

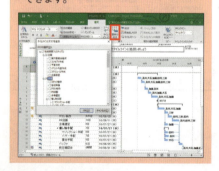

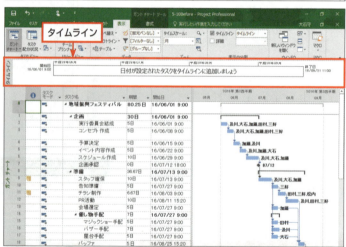

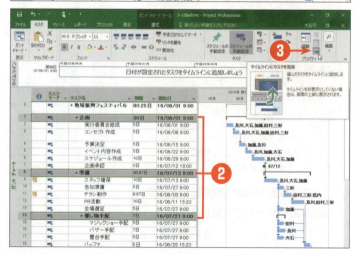

第5章 プロジェクト計画の調整

❹ タイムラインに追加するマイルストーンを選択する。

❺ [タスク] タブの [プロパティ] の [タイムラインにタスクを追加] をクリックする。

▶ マイルストーンがタイムラインに追加される。

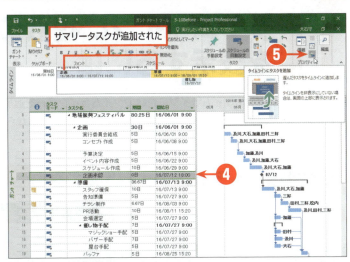

ヒント

[タイムライン] ビューの特殊性

[タイムライン] ビューは、分割表示の際に他のビューとは動作が異なります。単一のビューとして表示することはできますが、基本的にはタイムラインとガントチャートの組み合わせで使用することが前提となっています。

参照

Project のデータをコピーして Excel に貼り付けるには

第10章の2

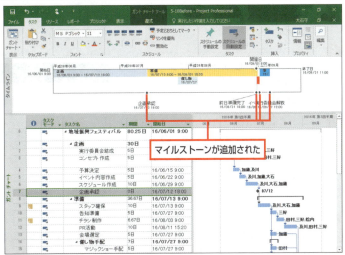

ヒント

タイムラインとタイムスケールの表示範囲の連動

ズームスライダーで、下段のサブビューのタイムスケールの拡大/縮小を行うと、上段の [タイムライン] ビューもその表示範囲に合わせて連動します。
また逆に、[タイムライン] ビューの選択範囲を変更すると、サブビューのタイムスケールの表示範囲も連動して変化します。

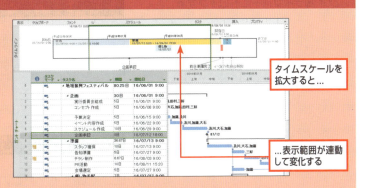

複数行での表示と吹き出しとしての表示

同じ時期にスケジュールが重なっていて1行で表示できないタスクについても、複数行や吹き出しとして表示することができます。

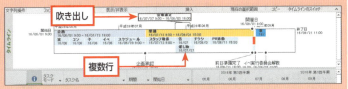

11 タイムラインに複数のタイムラインバーを表示するには

　Project 2016では、タイムラインに複数のタイムラインバーを追加できるようになりました。また、タイムラインごとに開始日と終了日を変更できるため、並行する部分がありながらも開始および終了時期が異なるフェーズなどの概要を把握するのに便利です。

複数のタイムラインバーを追加する

❶ [表示] タブの [表示の分割] の [タイムライン] にチェックを入れる。
　▶上段に [タイムライン] ビューが表示される。

❷ [タイムライン] ビューをクリックし、[書式] タブの [挿入] の [タイムラインバー] をクリックする。

❸ [タスク] タブの [プロパティ] の [タイムラインにタスクを追加] をクリックする。
　▶タイムラインバーが追加される。

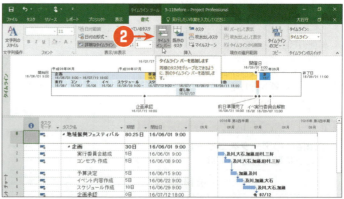

❹ 1行目のタイムラインバーに表示されているタスクをドラッグし、2行目のタイムラインバーにドロップする。

以前のOfficeからの変更点

複数のタイムラインバー

タイムラインに複数のタイムラインバーを追加できるのは、Project 2016 の新機能です。

第5章 プロジェクト計画の調整

➡2行目のタイムラインバーにタスクが移動する。

タイムラインバーに日付範囲を指定する

❶ 日付範囲を指定するタイムラインバーをクリックする。

❷ [書式] タブの [表示/非表示] の [日付範囲] をクリックする。

➡[タイムライン日付の設定] ダイアログが表示される。

❸ [ユーザー設定の日付を指定する]を選択し、開始日と終了日を指定して [OK] をクリックする。

➡指定した日付の範囲のタスクがタイムラインバーに表示される。

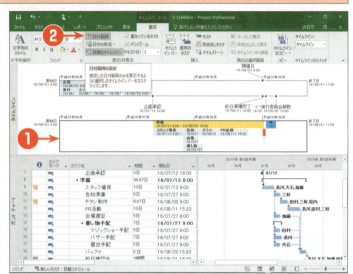

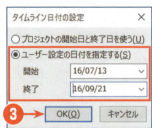

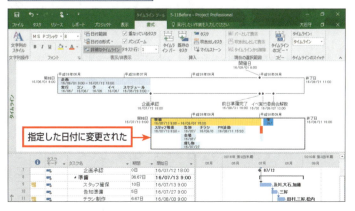

> **ヒント**
>
> **タイムラインの日付の形式を変更する**
>
> タイムラインバーに表示するタスクの日付の形式を変更することができます。
>
> ❶[書式] タブの [表示/非表示] の [日付の形式] の▼をクリックする。
> ❷設定したい日付の形式を選択する。

コラム プロジェクトスケジュール短縮のコツ

一般的にプロジェクトをマネジメントするにあたっては、「時間」「コスト」「スコープ」のバランスを取る必要があります。これら3つの要素は、それぞれに影響を与え合っており、単独で削減や増加はできません。これらの中でも特に「時間」は重視されることが多いでしょう。納期はあらかじめ決まっており動かせないということがよくあります。したがって、プロジェクトが進行するに従いスケジュールの遅延が発生し、納期に間に合わせるために対策を取る必要が出てくることがしばしばあります。しかし、一般的に時間を短縮するということは、スコープを縮小する、もしくはコストが増加することを意味します。

そこで、ここではプロジェクトのスケジュールを短縮するための方法をいくつか紹介します。

連続的なタスクの依存関係を並列的なものに変更する（ファストトラッキング）

タスクの依存関係が「終了－開始（FS）」に設定されていると、先行タスクが終了してから後続タスクを開始します。つまり、先行タスクと後続タスクの両方を合わせた期間が必要になるわけです。そこで、再度プロジェクト全体のタスクの依存関係を精査して、必ずしも先行タスクが完了してからでなくても後続タスクを開始できるものがあるか確認します。ある場合は、並行して実行できるように変更します。具体的には、依存タイプを「開始－開始（SS）」に変更し、並行して実行できる期間を考慮したラグ（プラスの間隔）を設定するという方法があります。

タスクの依存関係にリード（マイナスの間隔）を設定する

タスクの依存関係が「終了－開始（FS）」であっても、先行タスクがある程度進んだ段階であれば後続タスクを開始できることもあります。こういった場合、この章の4で説明したようにタスクの依存関係にリードを設定します。リードは「-50%」もしくは「-3日」といったように、パーセント値かマイナスの時間で指定します。

タスクの依存関係のラグ（プラスの間隔）を短縮する

タスクの依存関係にラグが設定されている場合、その値を削減できないかどうか検討します。ラグは「50%」もしくは「3日」といったように、パーセント値かプラスの時間で指定されています。ラグとして何を想定しているかにもよりますが、たとえば材料の発注から納品までの時間といったような場合、追加料金を払うことで時間を短縮できるのであればそうします。

長期間のタスクを短期間のタスクに分割し、同時に実行できるようにする

1週間以上を要するような長期間のタスクが存在する場合、さらに短い期間のタスクに分割することを検討します。短い期間のタスクに分割した後、それぞれを別のリソースに割り当てるなど、同時並行で実行できるかどうかを検討し、可能であればそうします。

タスクの見積もり値を削減できないか検討する

タスクの見積もり値そのものを再度検証します。当初の見積もり値が実際より大きくなっているようなことがあれば、可能な限り削減します。

［作業時間固定］のタスクにリソースを追加する（クラッシング）

［作業時間固定］のタスクは、リソースを追加することで期間が短縮されます。作業を複数のリソースで分担することで、同時並列的に作業を進めることができるからです。［期間固定］と［単位数固定］のタスクの場合でも、［残存作業時間を優先するスケジュール方法］が選択されている場合は同様です。

しかし、現実にはリソースを追加したからといって、単純に期間を短縮できるとは限りません。工場で製造機械の台数を増やすといったものであれば、

増えた分の期間の短縮が見込めるかもしれませんが、人間の場合には必ずしもそうもいきません。実際には短縮するどころか、かえって期間を増やしてしまうということもありえます。そういった問題をよく考慮した上で、リソースの追加を行うようにしてください。

タスクの種類の設定およびタスクの計算の詳細については、第1章の10のコラムを参照してください。

リソースに超過作業時間を割り当てる

Projectでは、ユーザーがあえて設定しない限り、既定ではリソースに［超過作業時間］は割り当てられません。リソースへの作業時間の割り当ては、カレンダーの稼働時間の設定に従います。したがって、カレンダーの稼働時間を超えた作業時間を割り当てる際に［超過作業時間］を使用します。［超過作業時間］の割り当ては、［タスク配分状況］もしくは［リソース配分状況］ビューで行います。［超過作業時間］は、割り当て行でのみ入力できます。テーブルの［超過作業時間］のセルに値を入力すると、その超過作業時間が自動的にタスクの期間全体に按分され、期間が短縮されます。

> **用語**
>
> **割り当て行**
>
> ［タスク配分状況］ビューにおけるリソース行、［リソース配分状況］ビューにおけるタスク行を指します。

スコープを縮小する（タスクを減らす）

プロジェクトの期間を短縮するのに最も効果的なのは、スコープを縮小することです。スコープを縮小するには、ステークホルダー（利害関係者）の承認が必要ですが、コストとスケジュールの超過を避けるには最も効果的な方法です。Projectにおいて、スコープを縮小するということは主にタスクを減らすということになります。当初のスケジュールに対してスコープを縮小し、減らした分のタスクは再度スケジュールを組み直して実施するといったこともよく行われます。Projectでタスクを減らす際には、タスクを削除するのではなく、そのまま残しながらも無効にするという機能があります。タスクの無効化については、第7章の5を参照してください。

リソースの非稼働日を稼働日に変更する（休日を返上する）

もともと非稼働日に設定されている日を稼働日に変更します。要するに休日出勤のことです。たとえば、リソースカレンダーで非稼働日になっている土日や祝日を稼働日に設定します。これまで非稼働日だったものが稼働日に変わるわけですから、その分プロジェクトのスケジュールは短縮されます。しかし、これが常態化すると、プロジェクトメンバーの士気が下がったり、体調を崩すといったことが発生し、後々かえって効率の低下を招く結果にもなりかねませんので注意深く行う必要があります。

> **用語**
>
> **クラッシング**
>
> コストとスケジュールのトレードオフを分析し、最小の追加コストで最大の期間短縮を得る方法を決定するスケジュール短縮技法。例として、残業、リソースの追加投入などがあります。
>
> **ファストトラッキング**
>
> 順番に実行するタスクを並行して実行するスケジュール短縮技法。例として、設計がすべて完了する前に実装を開始する、といった場合が挙げられます。

12 基準計画を保存するには

　プロジェクト計画が完成したら、プロジェクトが実行段階に入る前に、「基準計画」として保存します。基準計画とは、当初のプロジェクト計画を保存したものです。プロジェクトの開始後にプロジェクトの進行に伴って変更されていく計画と比較することが目的です。基準計画は、[基準計画]から[基準計画10]までの最大11個保存できます。ここでは、当初の計画を[基準計画]に保存する方法を説明します。

基準計画を保存する

❶ [プロジェクト]タブの[スケジュール]の[基準計画の設定]をクリックし、[基準計画の設定]をクリックする。

❷ [基準計画の設定]ダイアログで、[基準計画]が選択されていることを確認し、[OK]をクリックする。

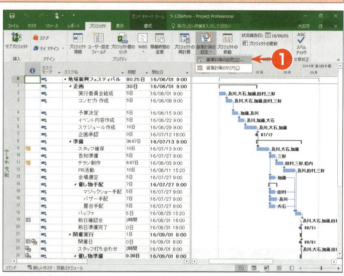

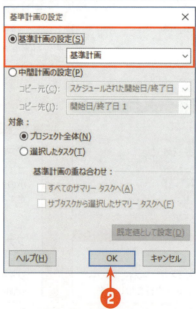

ヒント

基準計画の保存は計画的に

基準計画は最大11個保存できます。ガントチャートビューで[書式]タブの[バーのスタイル]の[基準計画]をクリックし、比較する基準計画を選択してバーを表示することができます。プロジェクトの途中で基準計画を変更する場合、どのタイミングでどの基準計画に保存するか、組織の要件に応じて慎重に検討してください。

基準計画のコピー

一度保存した基準計画を、他の基準計画(たとえば[基準計画10]など)にコピーすることができます。詳しい手順は第7章の7を参照してください。

第5章 プロジェクト計画の調整

❸ [タスク] タブの [表示] の [ガントチャート] の▼をクリックし、[ガントチャート (進捗管理)] をクリックする。

➡ ガントバーが2行で表示され、2行目に基準計画が表示される。

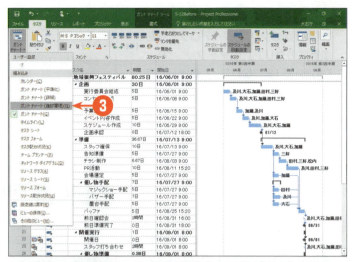

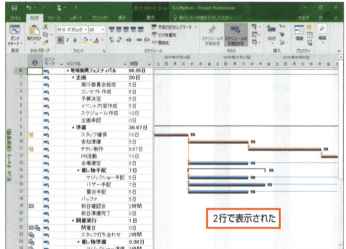

2行で表示された

基準計画を削除する

❶ [プロジェクト] タブの [スケジュール] の [基準計画の設定] をクリックし、[基準計画のクリア] をクリックする。

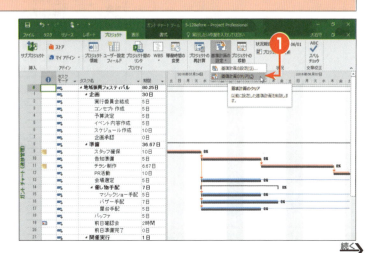

続⟹

❷ [基準計画のクリア]ダイアログで、[基準計画のクリア]の▼をクリックし、[基準計画(最終保存日(<保存した日付>)]を選択する。

❸ [対象]の[プロジェクト全体]をクリックする。

❹ [OK]をクリックする。
➡ 基準計画が削除される。

❺ [基準計画]が削除されたことを確認するため、[プロジェクト]タブの[スケジュール]の[基準計画の設定]をクリックし、[基準計画の設定]をクリックする。

❻ [基準計画の設定]ダイアログで[基準計画の設定]の▼をクリックする。
➡ 最終保存日が削除された[基準計画の設定]の一覧が表示される。

❼ [キャンセル]をクリックする。

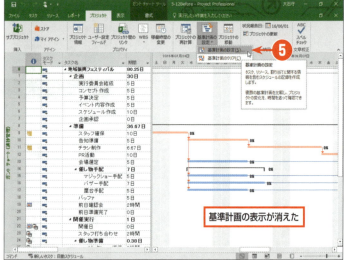

基準計画の表示が消えた

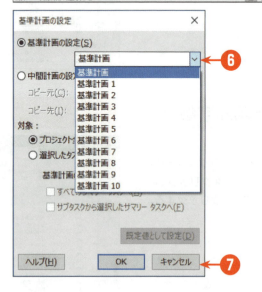

13 中間計画を保存するには

プロジェクトの進行中の任意の時点の情報を保存しておく格納場所として、中間計画があります。中間計画には、単純にタスクの開始日/終了日のみを情報として保存する方法と、さらに番号付きの基準計画を使用してタスクの全情報をスナップショットとして保存する方法の2種類があります。番号付きの[基準計画]と番号付きの[開始日/終了日]は、合わせて最大で20個まで保存できます。

中間計画を保存する

① [プロジェクト]タブの[スケジュール]の[基準計画の設定]をクリックし、[基準計画の設定]をクリックする。

② [基準計画の設定]ダイアログで、[中間計画の設定]をクリックする。

③ [コピー元]の▼をクリックし、コピー元の基準計画を選択する。

④ [コピー先]の▼をクリックし、コピー先の基準計画を選択する。

⑤ [対象]の[プロジェクト全体]をクリックし、[OK]をクリックする。
　▶中間計画が保存される。

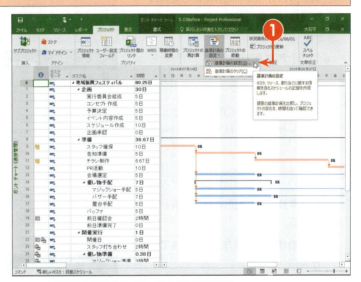

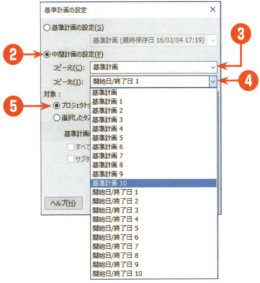

保存された中間計画を確認する

❶ [タスク] タブの [表示] の [ガントチャート] の▼をクリックし、[ガントチャート] をクリックする。

❷ [開始日]フィールドの列タイトルを右クリックし、[列の挿入] をクリックする。

❸ [列名の入力] に、中間計画として保存した基準計画を、表示された一覧から選択する。

▶ 中間計画を保存した時点の開始日が表示される。

❹ [終了日]フィールドの列のタイトルを右クリックし、[列の挿入] をクリックする。

❺ [列名の入力] に、中間計画として保存した基準計画を、表示された一覧から選択する。

▶ 中間計画を保存した時点の終了日が表示される。

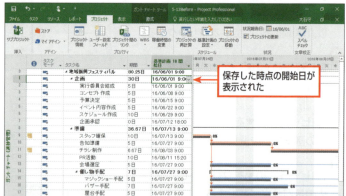

保存した時点の開始日が表示された

保存した時点の終了日が表示された

第5章 プロジェクト計画の調整　135

現在計画と基準計画 - Project 2016における計画の意味

　Project 2016で扱う計画には大きく分けて2種類あります。「基準計画」と呼ばれる当初計画を表す計画と、「現在計画」と呼ばれる現在実施中の計画の2つです。ここでは、それぞれの計画の持つ意味と役割について解説します。

基準計画とは

　「基準計画」とは、プロジェクト開始前に作成された、プロジェクトのステークホルダー（利害関係者）によって、その内容を承認された計画のことです。一般的に「当初計画」とも呼ばれています。

　Project 2016では、ユーザーが「基準計画」を直接作成することはできません。「基準計画」は、「現在計画」の複製として保存することで作成できます。「基準計画」そのものは、「現在計画」とは別のものとして、Projectファイルに保存されています。

　「基準計画」を保存するためには、先に「現在計画」を作成しておく必要があります。まず「現在計画」であるプロジェクト計画を作成し、ステークホルダーの承認を経た後、ユーザー自身が保存する必要があります。いったん保存すれば、次にユーザー自身が保存し直さない限り変更されることはなく、当初の計画としていつでも最新の「現在計画」と比較することができます。

　既定の［ガントチャート］ビューでは、「基準計画」の情報が表示されません。「基準計画」の情報を表示するには、［ガントチャート（進捗管理）］ビューを使用するとよいでしょう。ガントバーに「基準計画」と「現在計画」が上下2段に同時に表示されます。さらに「基準計画」関連の情報を表示するには、［基準計画］テーブルを使用します。

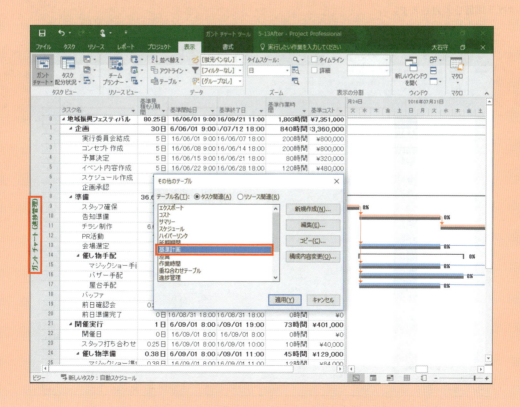

続く

現在計画とは

「現在計画」は、ユーザーがタスクの入力やリソースの割り当てなどを直接行い、作成したプロジェクト計画のことです。「現在計画」を作成しただけでは、「基準計画」として認識されることはなく、「基準計画」はユーザー自身が保存を行う必要があります。

つまり、Project 2016の「現在計画」は固定されたものではなく、プロジェクト開始後はその時々の状況によって常に更新されていき、現在の最新の状況を表す計画という位置付けになります。したがってタスクの実施に費やした時間として「実績作業時間」を入力すると、その時間数に合わせて「現在計画」そのものが変更されます。そのため、当初の計画については、必ず「基準計画」として保存しておく必要があります。

「現在計画」には、実績状況を定期的に入力します。実績の入力方法はさまざまですが、おおよそ次に挙げる項目を入力します。

- ●［実績開始日］
- ●［実績期間］と［残存期間］（［期間固定］のタスク）
- ●［実績作業時間］と［残存作業時間］（［作業時間固定］のタスク）

詳細は第6章の3のコラムを参照してください。

「現在計画」は常に変化する

Project 2016を使い始めてすぐの頃には、「現在計画」を作成した段階でプロジェクト計画が完成したと勘違いしがちです。「現在計画」と「基準計画」という2つの計画があることを知らずに「現在計画」だけでプロジェクトを開始してしまうと、実績を入力したときに突然プロジェクト計画が変更されて何が起きたかわからずびっくりするということがあります。必ず当初計画として「基準計画」を保存し、プロジェクトの進行と共に変化していく「現在計画」と比較するようにしてください。

プロジェクトの進捗管理

第 6 章

1 現在の日付線をガントチャートに表示するには

2 状況報告日を設定しガントチャートに表示するには

3 達成率をプロジェクト計画に入力するには

4 実績作業時間をプロジェクト計画に入力するには (1)

5 実績作業時間をプロジェクト計画に入力するには (2)

6 作業実績を自動で入力するには

7 プロジェクトの進捗状況をイナズマ線で表示するには

8 プロジェクトの変更箇所を表示するには

9 タスクをハイライト表示するには

この章では、プロジェクト実行プロセスで、プロジェクトの実績を入力し、進捗状況を反映させる作業について解説していきます。Project 2016は、「プロジェクト計画は実績に合わせて積極的に見直していく」という考えのもとで作られています。プロジェクトとは生き物であり、実績に応じて刻々と状況は変化していきます。この章で解説するいくつかの方法でプロジェクト計画に実績を入力すると、現在の状況が反映されていく点に注目してください。

1 現在の日付線をガントチャートに表示するには

プロジェクトの現在位置を確認するには、現在の日付線をガントチャートに表示します。Project 2016では、現在の日付線は既定で赤の実線で表示されますが、これを好みの色や線の種類に変更することができます。

現在の日付線をガントチャートに表示する

❶ ガントチャート上を右クリックする。

❷ [目盛線] をクリックする。

❸ [目盛線] ダイアログの [設定の対象] から [現在の日付線] を選択する。

❹ [一般] の [線の種類] と [色] を好みのものに変更する。

❺ [OK] をクリックする。

➥ 現在の日付が指定した線と色で表示される。

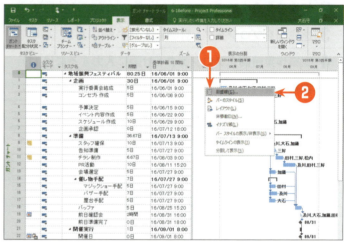

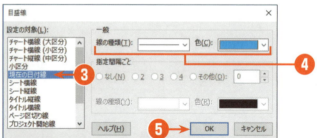

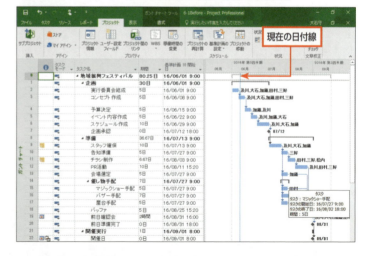

ヒント

現在の日付

現在の日付線は、[プロジェクト情報] ダイアログの [現在の日付] の値が使用されます。既定では、Projectがインストールされているコンピューターのウィンドウの時計の日付が使われます。また [現在の日付] の▼をクリックし、任意の日付を指定することもできます。この機能は、プロジェクトの状態をシミュレーションする際などに利用できます。

第6章 プロジェクトの進捗管理

2 状況報告日を設定しガントチャートに表示するには

状況報告日は、プロジェクトの進捗を測る基準となる日付で、現在の日付とは別に用意されています。状況報告日線をガントチャートに表示することで、プロジェクトの進捗状況が把握しやすくなります。

状況報告日を設定する

❶ [プロジェクト] タブの [プロパティ] の [プロジェクト情報] をクリックする。

❷ [プロジェクト情報] ダイアログの [状況報告日] の▼をクリックする。

❸ 状況報告日に設定したい日付を入力するかクリックする。

❹ [OK] をクリックする。

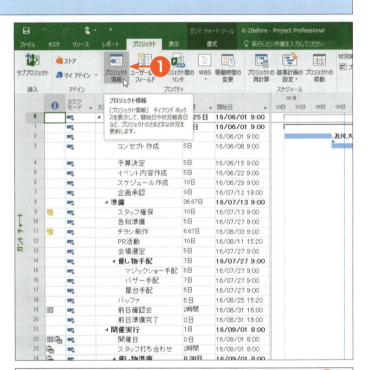

状況報告日線をガントチャートに表示する

❶ ガントチャート上を右クリックする。

❷ [目盛線] をクリックする。

❸ [目盛線] ダイアログの [設定の対象] から [状況報告日線] を選択する。

❹ [一般] の [線の種類] と [色] を好みのものに変更する。

❺ [OK] をクリックする。

➡ 設定された状況報告日が表示される。

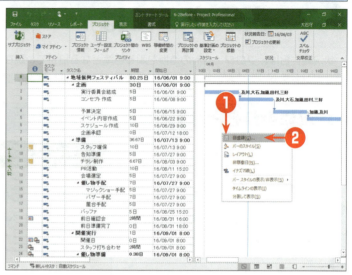

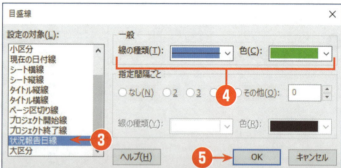

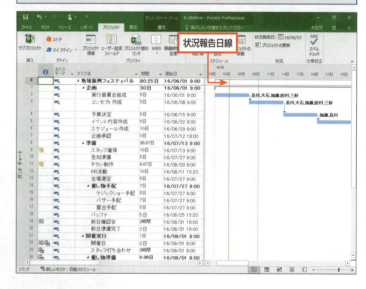

ヒント

状況報告日

状況報告日は、進捗管理する上で非常に重要です。入力したタスクの作業実績が、どの時点のものなのかわからなければ、正しい実績情報を入力することはできないからです。イナズマ線（この章の7を参照）で進捗を表示する際の基準日としても使用されます。またアーンドバリューの計算にも使用され、基準計画に対する現在の進捗状況をスケジュールとコストの両面から確認することができます。

第6章 プロジェクトの進捗管理

3 達成率をプロジェクト計画に入力するには

　プロジェクト計画を作成し、基準計画を保存すれば、プロジェクトの計画は完成です。プロジェクトが実行プロセスに入ったら、定期的に実績情報を収集しプロジェクトに反映させ、プロジェクトの進捗状況をマネジメントするのは、プロジェクトマネージャーの大事な役割です。ここではプロジェクト計画に実績値を反映させるいくつかの手順を紹介します。
　Projectは、さまざまな実績入力の方法に対応していますが、大きく分けて、達成率を使用する方法と、作業時間もしくは期間を使用する方法と、この2つを組み合わせて使用する方法の3つがあります。マネジメントするプロジェクトの要件は何かをよく考慮した上で、作業実績を反映する方法を決めてください。ここでは、達成率を使用する手順を説明します。

達成率を入力する

❶ ［タスク］タブの［表示］の［ガントチャート］の▼をクリックし、［ガントチャート（進捗管理）］をクリックする。

❷ ［表示］の［データ］の［テーブル］をクリックし、［進捗管理］をクリックする。

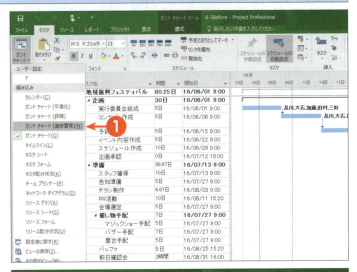

ヒント
実績入力の方法

Projectで使用できる主な実績入力の方法は、次のとおりです。

- ●「実績作業時間」と「残存作業時間」
- ●「実績期間」と「残存期間」
- ●「達成率」と「残存作業時間」
- ●「達成率」と「実際の達成率」
- ●「実績開始日」と「実績終了日」

ビューにこれらのフィールドが表示されていない場合は、［列の挿入］でフィールドを表示します。

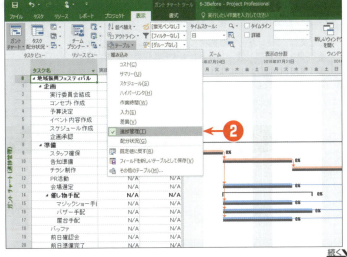

続く→

❸ 達成率を入力するタスクの［達成率］フィールドをクリックする。

❹ 達成率の数値を入力する（「%」は入力しない）。
　▶ガントバーの進捗バーの表示が変わる。

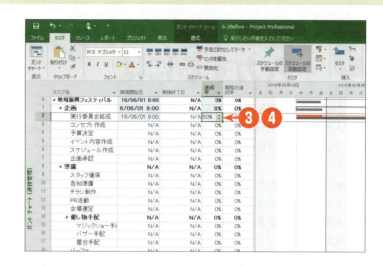

リボンから達成率を入力する

❶ ［タスク］タブの［スケジュール］の［達成率0%］〜［達成率100%］の5種類のアイコンのいずれかをクリックする。
　▶［達成率］フィールドに達成率が入力される。

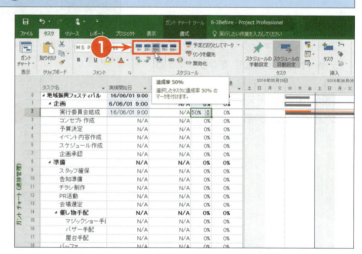

ヒント

タスク自体の進捗率を入力するには

たとえば、「レンガを100個積む」というタスクに対して、作業時間を16時間と設定したとします。半分の8時間を過ぎても、まだ20個しか積むことができなかったとしたら、作業時間の達成率は50%ですが、タスク自体（成果物）の進捗率は20%となります。成果物を基準に、積み上がったレンガの数で進捗状況を管理したいと考えるのであれば、［実際の達成率］に成果物の達成した割合（＝積み上げたレンガの数の割合）を入力します。

［Projectのオプション］ダイアログで、［詳細設定］の［次のプロジェクトの達成額オプション］で、［タスクの既定の達成額計算方法］に［実際の達成率］を設定しておくと、アーンドバリューの指標（SPI、CPIなど）による進捗状況の把握が可能になります。

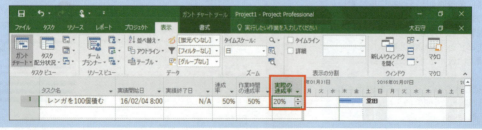

第6章　プロジェクトの進捗管理　143

達成率と実績作業時間を別々に管理するには

　既定では、［達成率］フィールドに数値を入力すると、リソースに割り当てられた［実績作業時間］および［残存作業時間］が更新され、［作業時間の達成率］も同時に計算されます。タスクにリソースを割り当て、リソースの実績作業時間を入力して正確な稼働状況を把握したい場合、この自動計算はオフにしておく必要があります。

　タスクの［達成率］と、リソースの［実績作業時間］および［残存作業時間］は、切り離してそれぞれの実績値を入力することができます。作業実績の入力を開始する前に次の設定を行います。

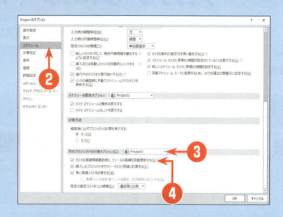

❶［ファイル］タブの［オプション］をクリックする。

❷［Projectのオプション］ダイアログで［スケジュール］をクリックする。
❸［次のプロジェクトの計算オプション］で、設定対象のプロジェクトを選択する。
❹［タスクの実績情報更新時に、リソースの実績を自動更新する］のチェックを外す。
❺［OK］をクリックして、［Projectのオプション］ダイアログを閉じる。

　この設定を行っても、［達成率］が100％になると、そのタスクは完了したことになるので注意してください（［作業時間の達成率］も100％になります）。

Projectにおける達成率

　Projectにおける［達成率］とは、期間に対する達成率です。1日8時間の作業で、期間が4日間のタスクにリソースを割り当てていた場合、達成率50％は2日目までの作業が完了したという意味になります。

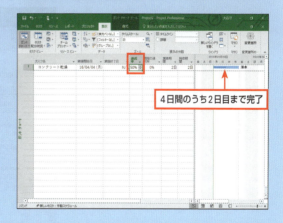

4日間のうち2日目まで完了

4 実績作業時間をプロジェクト計画に入力するには（1）

　プロジェクト計画に実績値を反映させるもう1つの方法は、作業時間（または期間）を使用する方法です。ここでは、「実績作業時間」と「残存作業時間」を入力して作業実績を表示する方法を解説します。まず、入力用にビューを準備する手順を説明します。

ビューを分割する

❶ ［表示］タブの［タスクビュー］の［ガントチャート］の▼をクリックし、［ガントチャート（進捗管理）］をクリックする。

❷ ［表示］タブの［表示の分割］の［詳細］にチェックを入れる。

　▶ ビューが分割される

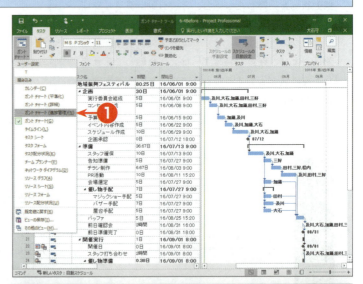

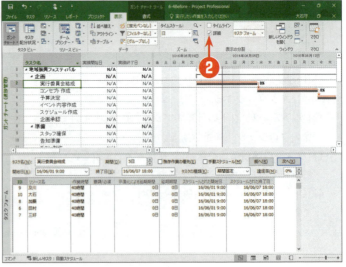

第6章 プロジェクトの進捗管理　145

❸ ［詳細ビュー］の▼をクリックし、一覧から［タスク配分状況］を選択する。

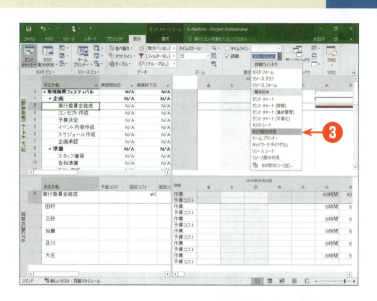

［実績作業時間］を追加する

❶ 上下に分割したビューのうち、下段の［タスク配分状況］ビューをクリックする。

❷ ビューの右側の［詳細］列の［作業］フィールドのタイトル部分を右クリックする。

❸ ［実績作業時間］をクリックする。

　▶［作業］の下に［実作業］（実績作業時間の略）が表示される。

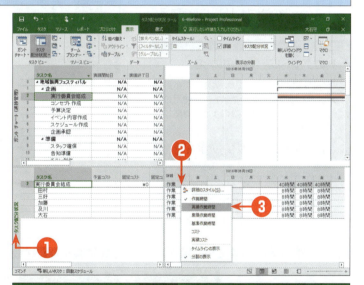

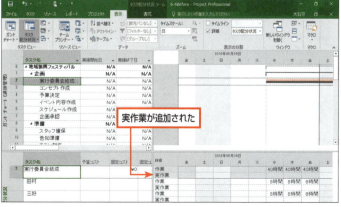

実作業が追加された

[作業時間] テーブルを追加する

❶ 下段の [タスク配分状況] ビューをクリックし、[表示] タブの [データ] の [テーブル] をクリックして [作業時間] をクリックする。

➡ [実績] と [残存] フィールドが追加される。

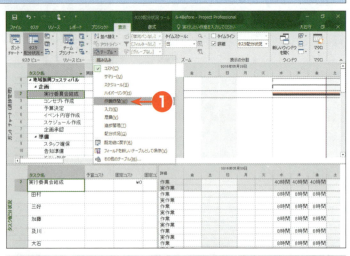

❷ 上段の [ガントチャート (進捗管理)] ビューをクリックし、画面右下のズームスライダーの [+] [-] をクリックし、タイムスケールの表示と作業時間を入力する単位を合わせる。

● 作業時間を毎日入力する場合、タイムスケールの単位は「日」に設定する。

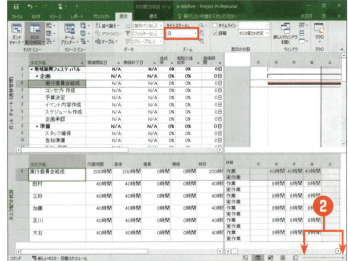

ヒント

列のタイトルとフィールド名

[作業時間] テーブルでは、実際のフィールド名とは異なる列のタイトルが使用されています。それぞれ次のように対応しています。

列のタイトル	フィールド名
基準	基準作業時間
差異	作業時間の差異
実績	実績作業時間
残存	残存作業時間

ヒント

テーブル表示の調整

下段の [タスク配分状況] ビューで [作業時間] テーブルに [実績] および [残存] フィールドが表示されない場合は、分割バーをポイントし、マウスポインターが左右両方向の矢印に変わったら、任意の位置までドラッグします。

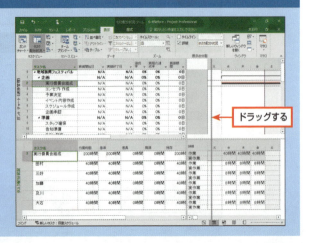

第6章 プロジェクトの進捗管理

5 実績作業時間をプロジェクト計画に入力するには（2）

　この章の4の手順で、実績作業時間と残存作業時間を入力するためのビューの準備ができました。ここでは、実際に作業時間を入力して作業実績を報告する方法を説明します。

実績作業時間を入力する

❶ 上下に分割したビューの上段の［ガントチャート（進捗管理）］ビューで、タスク名をクリックする。

▶下段の［タスク配分状況］ビューに選択したタスクが表示される。

❷ 下段の［タスク配分状況］ビューのタイムスケール領域にある、実績作業時間を入力するセルをクリックする。

❸ ［実作業］のセルに実績作業時間を数字で入力する（「時間」は省略可）。

▶テーブルには、自動的に［作業時間］から［実績］がマイナスされた値が［残存］に表示される（Projectが値を変更した項目はハイライトで表示される）。

● Projectが自動的に残存期間（および期間）を再計算した結果、このタスクは当初計画していたよりもさらに時間がかかりそうだということが判明する。

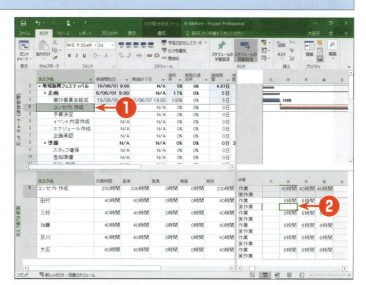

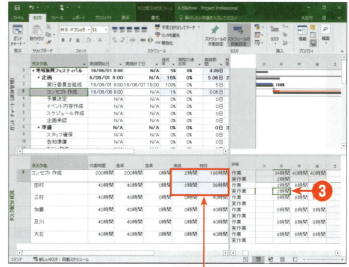

再計算された

残存作業時間を入力する

❶ 下段の[タスク配分状況]ビューのテーブル部分にある[残存]のセルをクリックする。

❷ 残存作業時間を数字で入力する（「時間」は省略可能）。

- ➡[作業時間]が再計算される。このタスクの期間が延びたことにより、後続タスクの[開始日][終了日]が自動的に再計算される。
- ●ガントチャートでは基準計画とのずれが確認できる。

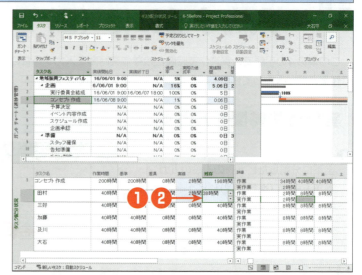

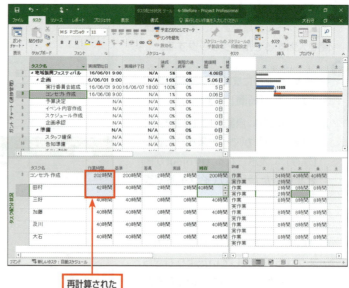

再計算された

ヒント
ビューにタスクが表示されないときは
タスク名を選択しても、タイムスケール領域にバーが表示されない場合は、[タスク]タブの[編集]の[タスクへスクロール]をクリックすると、タスクへジャンプします。

ヒント
残存作業時間が異なるときは
プロジェクトが進んでいくにつれ、当初見積もりした作業時間と実態が異なってくることがあります。Projectが計算する残存作業時間は、あくまでもタスク全体の作業時間から実績作業時間をマイナスしたものです。この場合には、[残存作業時間]を入力し、プロジェクトマネージャーに報告します。[差異]列には、当初計画した作業時間と実績作業時間の差異が表示されます。[差異]の値は、第8章のレポートで使用します。

第6章　プロジェクトの進捗管理

作業実績を自動で入力するには

　個々のタスクの実績値をすべて手入力しなくても、プロジェクトの進捗入力を行う方法があります。プロジェクトが順調に進んでいる場合など、指定した日付までのタスクは計画どおりに進捗していると仮定し、作業実績を自動で入力することができます。

作業実績を自動で入力する

❶ [表示] タブの [タスクビュー] の [ガントチャート] の▼をクリックし、[ガントチャート] をクリックする。

❷ [プロジェクト] タブの [状況] の [プロジェクトの更新] をクリックする。

▶ [プロジェクトの更新] ダイアログが表示される。

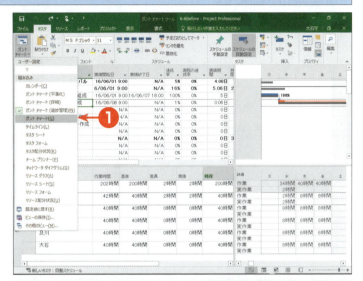

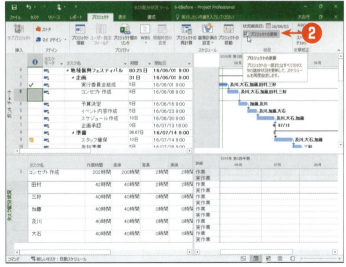

続⇨

❸ [予定どおり達成しているタスクについて、指定日までの進捗状況を計算]の▼をクリックして日付を指定する。

❹ [達成率を0%から100%の間で設定]をクリックする。

❺ [OK]をクリックする。
▶ 実績値が自動的に更新される。

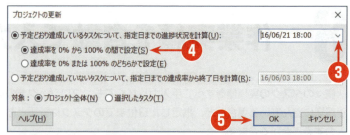

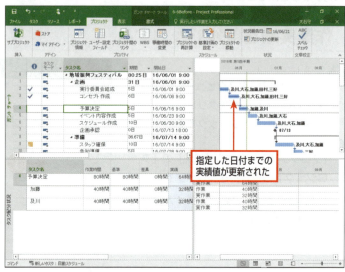

指定した日付までの実績値が更新された

ヒント
達成率の設定について

[プロジェクトの更新]ダイアログの達成率に関する設定では、次のように計算しています。

- [達成率を0%から100%の間で設定]：設定した日付まで計画どおり進捗した場合の実績値を0%から100%の間で自動的に計算する。
- [達成率を0%から100%のどちらかで設定]：設定した日付がタスクの終了日よりも前の場合には0%、タスクの終了日よりも後の場合には100%として計算する。

ヒント
[プロジェクトの更新]ダイアログの機能

プロジェクトの一部または全部のタスクの進捗（達成率）を更新します。また未完了の作業を指定日以降に開始されるように再スケジュールします。

- [予定どおり達成しているタスクについて、指定日までの進捗状況を計算]：指定日まで順調に達成したものとして達成率を更新する。
- [予定どおり達成していないタスクについて、指定日までの達成率から終了日を計算]：指定日までの達成率を元に終了日を再計算する。

第6章 プロジェクトの進捗管理

7 プロジェクトの進捗状況をイナズマ線で表示するには

　プロジェクトの進捗状況を視覚的に表示したい場合、ガントチャートで「イナズマ線」を表示します。イナズマ線は、指定した日付の線とタスクの進捗点を結んだ線です。タスクの進捗点が、日付の線よりも左側にあるタスクはスケジュールよりも遅れていることを示し、日付の線よりも右側にあるタスクはスケジュールよりも進んでいることを示しています。定期間隔でイナズマ線を引くと、全体の傾向が把握できます。ここでは、毎週金曜日にイナズマ線を引く手順を説明します。

イナズマ線を表示する

❶ [表示] タブの [タスクビュー] の [ガントチャート] の▼をクリックし、[ガントチャート（進捗管理）] をクリックする。

❷ [書式] タブの [書式] の [目盛線] をクリックし、[イナズマ線] をクリックする。

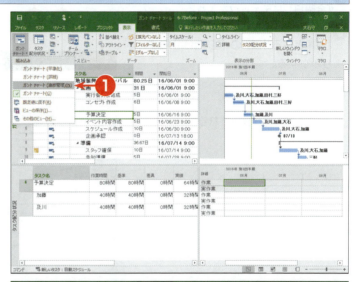

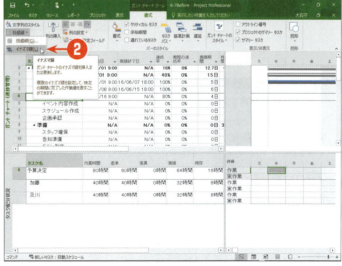

続⤵

❸
[イナズマ線] ダイアログの [日付と間隔] タブをクリックする。

❹
[定期間隔の設定] の [イナズマ線を表示する] にチェックを入れる。

❺
[週単位] をクリックする。

❻
[間隔] の▼をクリックして [毎週] を選択する。

❼
[金曜日] にチェックを入れる。

❽
[対象となる計画] の [基準計画] をクリックする。

❾
[OK] をクリックする。

▶ イナズマ線が表示される。

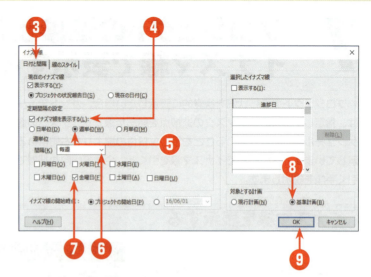

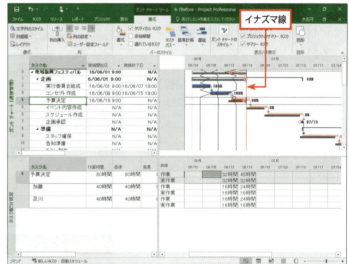

ヒント

イナズマ線を削除するには

[イナズマ線] ダイアログの [日付と間隔] タブで、[定期間隔の設定] の [イナズマ線を表示する] のチェックを外します。

イナズマ線を引くときは

Projectは、入力した実績値を基にプロジェクトのスケジュールを再計算します。そのため、ビューに表示されるのは、現在の実績を反映した最新のスケジュールとなります。イナズマ線を引くときに、当初計画と比較する場合には、[基準計画] を選択してください。

イナズマ線のスタイルを変更する

❶ [書式] タブの [書式] の [目盛線] をクリックし、[イナズマ線] をクリックする。

❷ [イナズマ線] ダイアログの [線のスタイル] タブをクリックする。

❸ [線のスタイル] の [その他のイナズマ線] で、[線の色] および [進捗点の色] を好みのものに設定する。

❹ [進捗日の表示] で、[各イナズマ線に日付を表示する] にチェックを入れる。

❺ [OK] をクリックする。

▶ イナズマ線のスタイルが変更される。

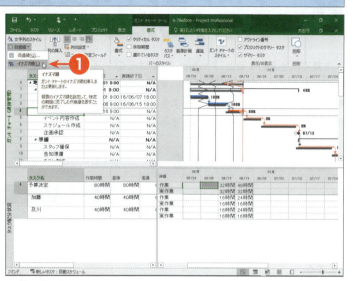

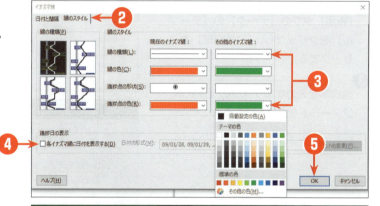

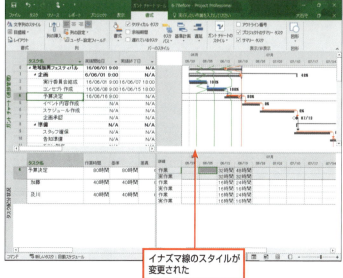

イナズマ線のスタイルが変更された

8 プロジェクトの変更箇所を表示するには

作業実績を入力すると、Project 2016はそのタスクの終了日および後続タスクのスケジュールを再計算します。プロジェクトマネージャーは、その結果どこに影響が出たのかを把握する必要があります。そのため、変更された箇所をひと目で把握することができるよう、[変更箇所の表示] という機能が用意されています。ハイライトの色は既定で水色が設定されていますが、変更することもできます。

変更箇所を表示する

❶ [表示] タブの [タスクビュー] の [ガントチャート] の▼をクリックし、[ガントチャート (進捗管理)] をクリックする。

❷ [表示] タブの [データ] の [テーブル] をクリックし、[進捗管理] をクリックする。

❸ 達成率を入力するタスクの [達成率] フィールドをクリックする。

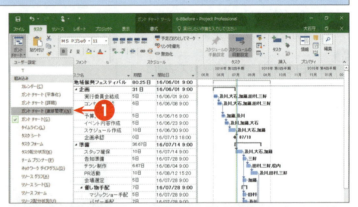

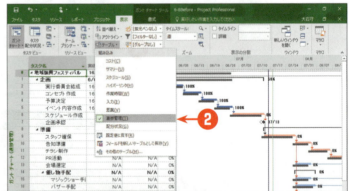

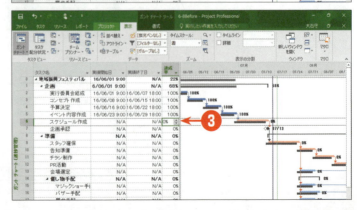

第6章　プロジェクトの進捗管理

❹ 達成率を入力する。
▶変更箇所がハイライトで表示される。

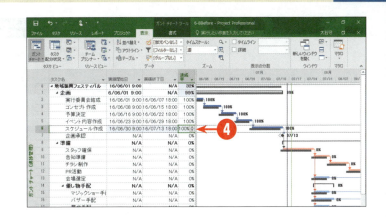

ハイライトの色を変える

❶ [書式] タブの [書式] の [文字列のスタイル] をクリックする。

❷ [文字列のスタイル] ダイアログの [設定の対象] の▼をクリックし、[変更されたセル] を選択する。

❸ [背景色] の▼をクリックし、好みの色を選択する。

❹ [OK] をクリックする。

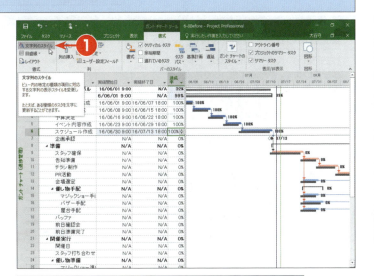

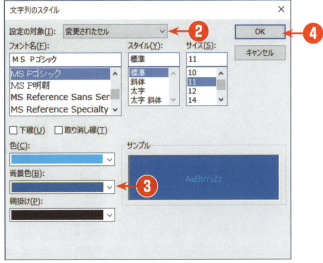

続く

→ハイライトの色が変更される。

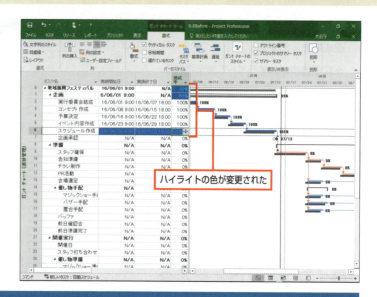

ハイライトの色が変更された

ヒント

変更箇所の表示を解除するには

[変更箇所の表示]機能は既定で有効になっています。Project 2016では、変更箇所の表示と非表示を切り替えるコマンドは、既定ではリボン上に割り当てられていません。表示が不要な場合には、次の手順で行います。

❶ [Projectのオプション]ダイアログで、[リボンのユーザー設定]をクリックする。
❷ [コマンドの選択]で[リボンにないコマンド]を選択する。
❸ その下の一覧から[変更箇所の表示]を選択する。
❹ [リボンのユーザー設定]でコマンドを追加したい場所を選択する。
❺ [追加]をクリックする。
❻ [OK]をクリックする。
❼ [変更箇所の表示]をクリックすると変更箇所の表示と非表示が切り替わる。

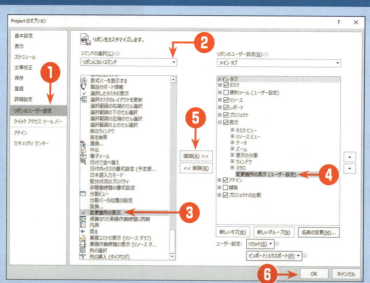

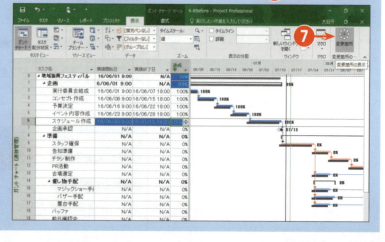

第6章　プロジェクトの進捗管理

タスクをハイライト表示するには

プロジェクトの実行中に問題が発生したタスクやリスクに関連するタスクなど、特定のタスクに目印を付け、重点的に管理したい場合があります。セルをハイライト表示させることにより、タスクに目印を付けることができます。

タスクをハイライト表示する

❶ ［ガントチャート］ビューでハイライト表示するタスクの先頭列をクリックする。

●複数のセルを選択する場合は、範囲をドラッグするか、Ctrl を押しながらクリックする。

❷ 選択されたタスクを右クリックする。

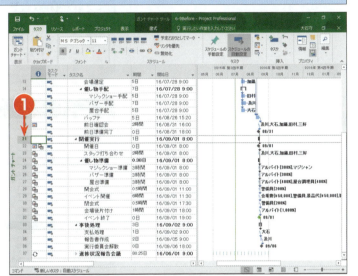

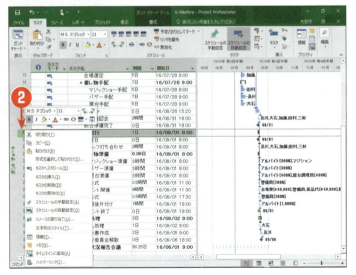

続く

❸ ミニツールバーの［背景色］の▼をクリックし、背景色を選択する。

➡ 選択したセルの背景色が変更される。

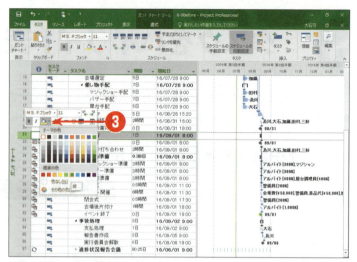

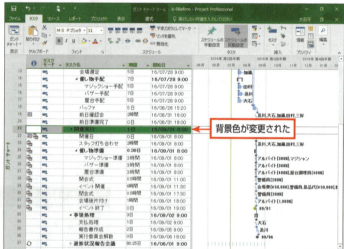

背景色が変更された

ヒント

フィルターを使用した強調表示

フィルターに該当するタスクに対して、セルの背景色を設定できます。

❶ ［表示］タブの［データ］の［強調表示］の▼をクリックする。
❷ 表示された一覧からフィルターを選択する。

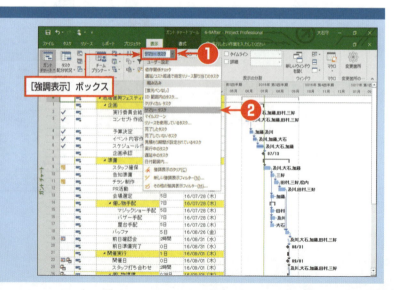

［強調表示］ボックス

プロジェクトの
修正と再計画

第 7 章

1 遅れているタスクを確認するには

2 タスクの依存関係を再設定するには

3 リソースの割り当て超過を解消するには

4 タスクにリソースを追加するには

5 タスクを無効にするには

6 再計画後に基準計画を保存するには

7 基準計画と現行計画のタスクのスケジュールを比較するには

8 プロジェクトのバージョンを比較するには

この章では、プロジェクトマネージャーがプロジェクトの実績を踏まえて、プロジェクトを再計画する作業を解説します。Project 2016は、プロジェクトに入力した実績を反映して、再計算したスケジュールを表示します。これは、「現在の進捗状況のまま進むと、この先の計画はこのようになりますよ」というスケジュールの予測を示しています。この章では、Project 2016が計算し直したスケジュールを基に計画を修正し、新たに基準計画を保存する方法などを中心に見ていきます。

1 遅れているタスクを確認するには

プロジェクトの再計画を開始する前に、どのタスクがどれくらい遅れているのかを確認します。

ガントチャート（進捗管理）を表示する

❶ [タスク] タブの [表示] の [ガントチャート] の▼をクリックし、[ガントチャート（進捗管理）] をクリックする。

▶ ガントバーで基準計画とのずれが表示される。

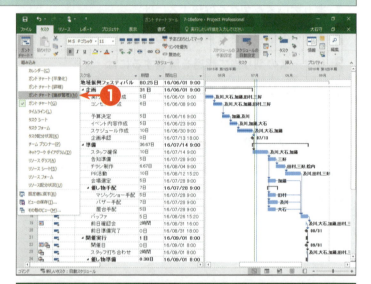

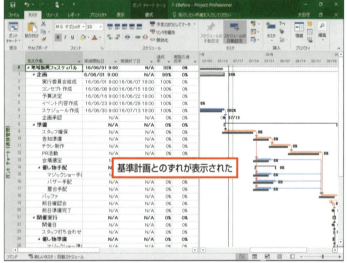

基準計画とのずれが表示された

第7章　プロジェクトの修正と再計画

遅れているタスクを強調表示する

❶ ［表示］タブの［データ］の［強調表示］の▼をクリックし、[その他の強調表示フィルター]を選択する。
　▶［その他のフィルター］ダイアログが表示される。

❷ ［遅れているタスク］を選択し、［編集］をクリックする。
　▶［フィルターの定義］ダイアログが表示される。

❸ ［メニューに表示する］にチェックを入れ、［保存］をクリックする。

❹ ［閉じる］ボタンをクリックする。

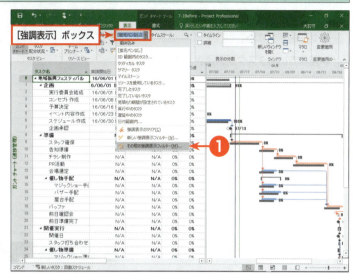

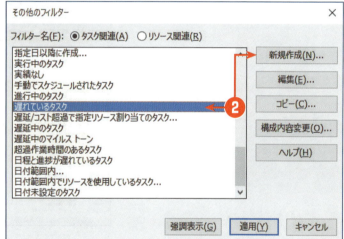

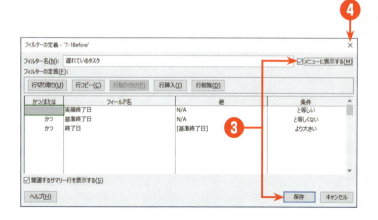

続く

❺

[表示] タブの [データ] の [強調表示] の▼をクリックし、[遅れているタスク] を選択する。

▶遅れているタスクが強調表示される。

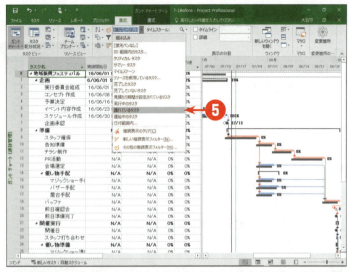

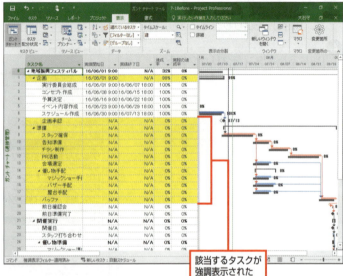

該当するタスクが強調表示された

第7章 プロジェクトの修正と再計画

2 タスクの依存関係を再設定するには

　プロジェクトに実績値を入力すると、Project 2016 はスケジュールの再計算を行います。その結果、基準計画で設定された納期が達成できない状況になることがあります。その場合、プロジェクト計画の見直しが必要です。例として、クリティカルパス上のタスクの「終了-開始」の依存関係を維持しながら、先行タスクが終了する前に後続タスクを開始する「ファストトラッキング」という手法を用いて、納期を短縮する方法を説明します。

依存関係を調整する

❶ [タスク] タブの [表示] の [ガントチャート] の▼をクリックし、[ガントチャート（進捗管理）] をクリックする。

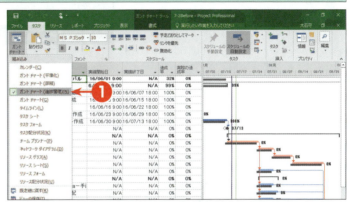

❷ [表示] タブの [データ] の [フィルター] の▼をクリックし、[クリティカルタスク] をクリックする。
➡ ガントチャートにクリティカルタスクのみが表示される。

❸ 並行して進められるタスクがあるかどうかを確認する。

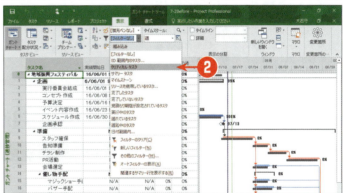

❹ 後続タスクのタスク名をダブルクリックする。

ヒント
納期が達成できるかどうかを確認する

プロジェクト計画の節目となるマイルストーンに対して [期限] を設定することをお勧めします。プロジェクトが再計画された結果、設定した期限内にマイルストーンが完了しない状態が発生すると、[状況説明マーク] 列に警告が表示され、遅れを早めに察知することができます。再計画を行う際には、この警告が消えることを目安とするとよいでしょう。

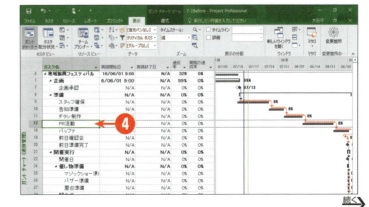

続→

❺ [タスク情報] ダイアログの [先行タスク] タブをクリックする。

❻ [間隔] に「-2日」のようなマイナスの日数を入力して、リードを設定する。

❼ [OK] をクリックする。
　▶依存関係が変更され、プロジェクト全体の期間が短縮される。

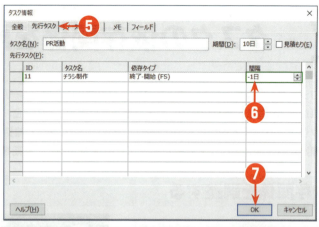

注意
クリティカルパス短縮時の注意点
ファストトラッキングを行うことでクリティカルパスが短縮され、最終的なプロジェクトの期限に対する遅れは解消されます。しかし、タスクを一部並行して進めるように変更した影響で、リソースの負荷が新たに発生することがあります。

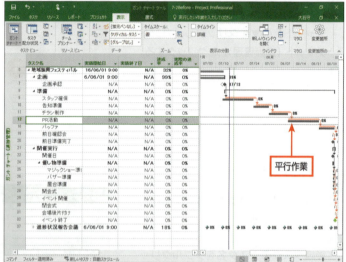

依存関係を調整したタスクの割り当て超過を確認する

❶ [タスク] タブの [表示] の [ガントチャート] の▼の [ガントチャート] をクリックする。
　▶[ガントチャート] ビューが表示される。

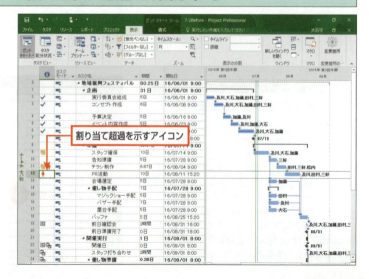

第7章　プロジェクトの修正と再計画

❷
[状況説明マーク]列の割り当て超過を示すアイコン ￼ が表示されているタスクを右クリックし、[詳細情報を参照して問題を解決]をクリックする。

▶ [タスク検査]作業ウィンドウが表示される。

❸
[アクション]の[チームプランナー]をクリックする。

▶ [チームプランナー]ビューが表示され、割り当て超過が発生しているリソースが表示される。

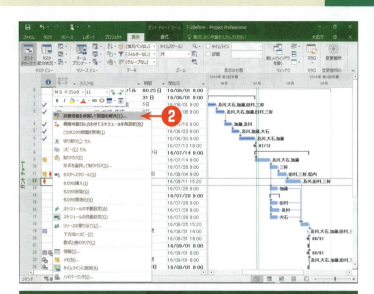

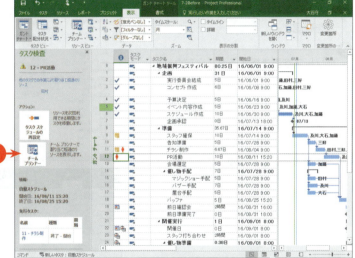

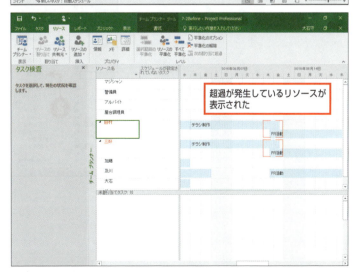

超過が発生しているリソースが表示された

3 リソースの割り当て超過を解消するには

タスクの依存関係を調整したことにより、リソースに割り当て超過が発生した場合には、次の方法で、そのタスクに割り当てられているリソースを他のリソースに置き換えられるかどうかを検討します。

割り当て超過を解消する

❶ [タスク] タブの [表示] の [ガントチャート] の▼をクリックし、[ガントチャート] をクリックする。

- [状況説明マーク]列に割り当て超過のアイコンが表示されているタスクを確認する。

❷ リソースを置き換えるタスクをクリックする。

- 「PR活動」の実施時期には他のタスクがないため、手の空いている他のリソースに置き換えられる可能性があることがわかる。

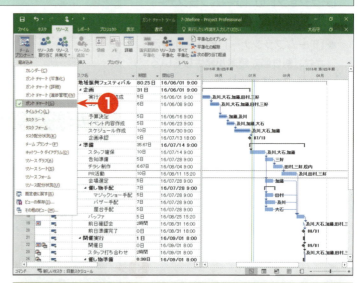

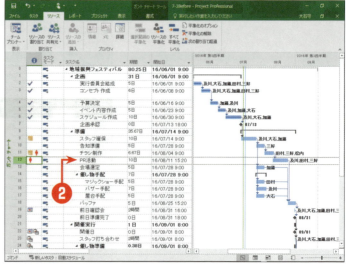

第7章 プロジェクトの修正と再計画

❸ [表示] タブの [リソースビュー] の [チームプランナー]の▼をクリックして [チームプランナー] をクリックする。
➡ [チームプランナー] ビューが表示される。
● [リソース名]列のリソース名が赤字になっているリソースに関して、タスクが重なって割り当てられている時期を確認する。

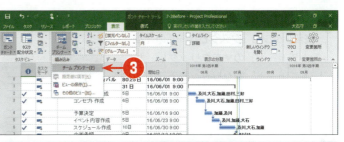

❹ 重なって割り当てられているタスクで、他のリソースに割り当て可能なものをダブルクリックする。
➡ [タスク情報] ダイアログが表示される。

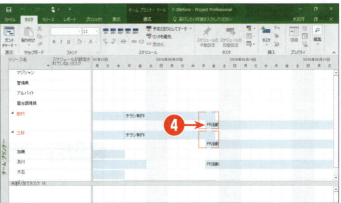

❺ [リソース] タブをクリックする。

❻ 選択しているタスクの実施時期に割り当てのないリソースに割り当てを変更する。
➡ タスクの割り当て先のリソースが変更される。

❼ [OK] をクリックする。

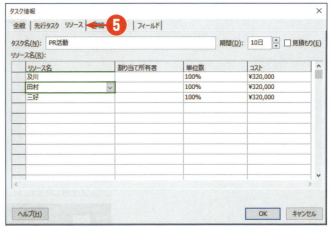

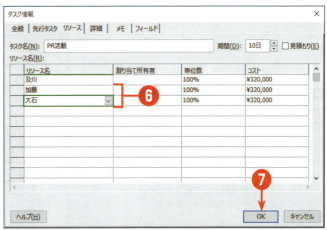

続く→

❽
[表示] タブの [タスクビュー] の [ガントチャート] の▼をクリックし、[ガントチャート] をクリックする。

➡ [ガントチャート] ビューが表示される。

❾
[状況説明マーク] 列に割り当て超過を示すアイコンが消えているのを確認する。

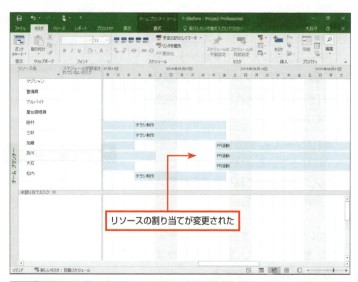

リソースの割り当てが変更された

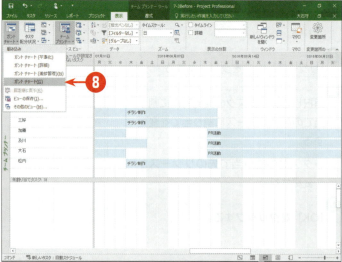

ヒント

置換できるリソースがない場合には

[チームプランナー] で割り当て状況を確認した結果、置き換えられるリソースがないときは、この章の4で紹介するリソースの追加や、第5章の6で紹介するタスクの分割を行い、プロジェクトを再計画します。

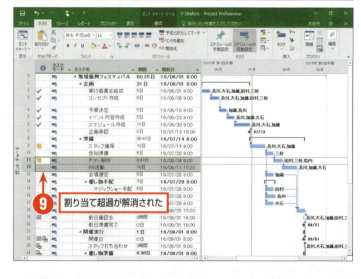

割り当て超過が解消された

第7章 プロジェクトの修正と再計画

4 タスクにリソースを追加するには

　この章の2の方法のほかに、もう1つプロジェクトの納期を短縮する方法を紹介します。［タスクの種類］が［作業時間固定］のクリティカルタスクにリソースを追加すると、タスクの期間を短縮できます。また［期間固定］や［単位数固定］を使用している場合でも、［残存作業時間を優先するスケジュール方法］が有効の場合は同様に行うことができます。このようにリソースを追加することで期間を短縮する「クラッシング」という手法について説明します。

リソースを追加する

❶ ［タスク］タブの［表示］の［ガントチャート］の▼をクリックし、［ガントチャート］をクリックする。

❷ ［表示］タブの［データ］の［フィルター］の▼をクリックし、［クリティカルタスク］を選択する。

❸ リソースを追加するタスクの［タスク名］をクリックする。

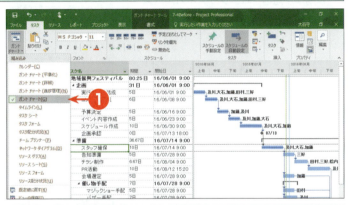

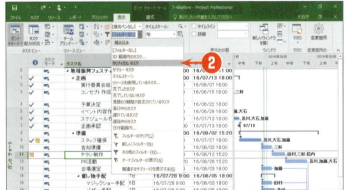

> **注意**
> **リソース追加時のタスクの計算**
> タスクの計算は、常に［タスクの種類］と［残存作業時間を優先するスケジュール方法］の設定によって動作が決定されます。特に［残存作業時間を優先するスケジュール方法］が有効の場合、リソースを同時に割り当てるのと1つずつ割り当てるのではタスクの計算の動作が異なる場合があるので注意してください。

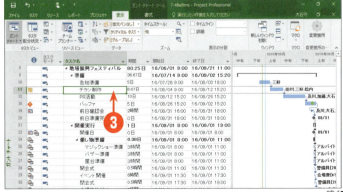

続く→

④　［リソース］タブの［割り当て］の［リソースの割り当て］をクリックする。

⑤　［リソースの割り当て］ダイアログで、追加するリソースの［リソース名］を選択し、［割り当て］をクリックする。
▶リソースが追加される。

⑥　［閉じる］をクリックする。
▶期間が短縮され、クリティカルパスが短縮される。

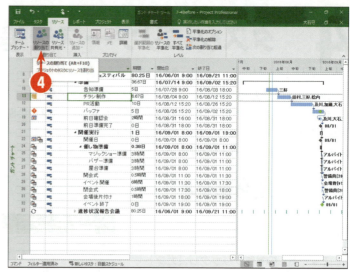

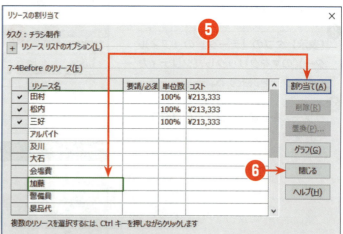

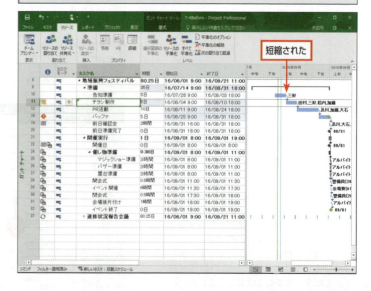

第7章 プロジェクトの修正と再計画

タスクを無効にするには

　プロジェクトが進行するにつれて、基準計画から変更を余儀なくされる状況が発生することがよくあります。たとえば、進捗状況が芳しくなく、納期を優先させるためにプロジェクトスコープを縮小するといった対応をすることがあります。そのような場合に、当初定義したタスクそのものは残しながら、プロジェクトのスケジュール計算からは除外する方法として、タスクの無効化という機能があります。

タスクを無効にする

❶ ［タスク］タブの［表示］の［ガントチャート］の▼をクリックし、［ガントチャート（進捗管理）］をクリックする。

❷ テーブルで、無効化したいタスクをクリックする。

❸ ［タスク］タブの［スケジュール］の［無効化］をクリックする。

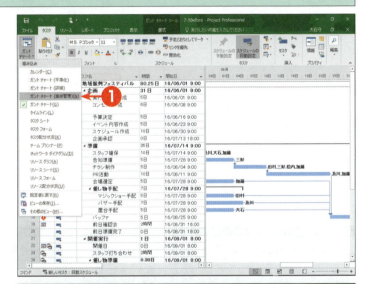

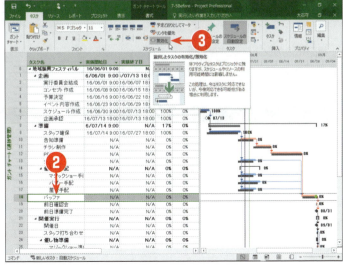

続く

➡タスクの行に取り消し線が引かれ、
無効化される。

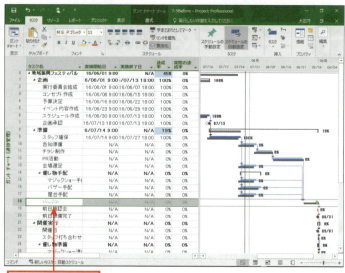

タスクが無効化された

注意

エディションによる違い

タスクの無効化は、Project Professional
でのみ使用できます。

無効化できないタスク

実績が入力されているタスクを無効化
することはできません。

ヒント

無効化を解除するには

無効化を解除したいタスクをクリックして、再度［無効化］を
クリックします。

無効化されたタスクの扱い

無効化されたタスクは、計算上は現行計画から削除されたも
のとして扱われます。基準計画のデータはそのまま保持され、
無効化後の現行計画と比較することができます。

無効化後のタスクの依存関係

タスクを無効化しても依存関係の設定そのものは保持されています。ただし、無効化されたタスクはなくなったものとして扱
われ、その後続タスク以降は再スケジュールされます。

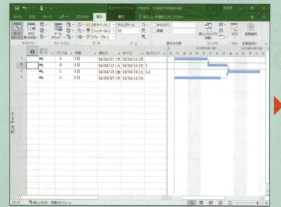 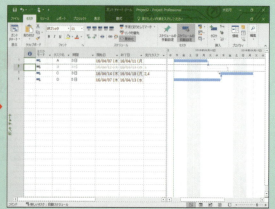

第7章　プロジェクトの修正と再計画　173

 # 再計画後に基準計画を保存するには

プロジェクトの再計画が完了したら、再び基準計画として保存します。基準計画は、［基準計画］から［基準計画10］の最大11個まで保存することができます。当初のプロジェクト計画は、保存のため［基準計画10］にコピーしておきます。再計画後のプロジェクトは、現行計画との比較のため、［基準計画］に保存し直します。ここでは、その手順を説明します。

［基準計画］をコピーする

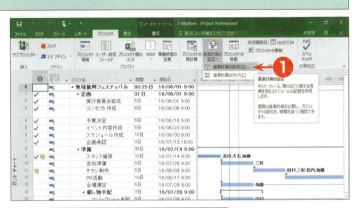

❶ ［プロジェクト］タブの［スケジュール］の［基準計画の設定］をクリックし、［基準計画の設定］をクリックする。
　▶［基準計画の設定］ダイアログが表示される。

❷ ［中間計画の設定］をクリックする。

❸ ［コピー元］の▼をクリックして、［基準計画］を選択する。

❹ ［コピー先］の▼をクリックして、［基準計画10］を選択する。

❺ ［OK］をクリックする。
　▶［基準計画］が［基準計画10］にコピーされる。

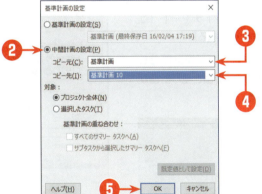

ヒント

現行計画と比較する計画を［基準計画］に保存する

［ガントチャート（進捗管理）］ビューを使用すると、［基準計画］と現行のプロジェクト計画を簡単に比較することができますが、11個ある基準計画のうち、既定では番号なしの［基準計画］が表示されます。番号付きの基準計画を現行計画と比較するには、［書式］タブの［バーのスタイル］の［基準計画］をクリックし、比較したいものを選択する必要があります。
常に1週間前のプロジェクト計画と現行計画を比較したい場合には、最初の計画を番号付きの基準計画に保管しておきます。そして、1週間ごとに現行計画を［基準計画］に上書きします。数週間分の計画の履歴を保管しておきたい場合には、番号付きの基準計画を使用します。

中間計画で保存できること

中間計画のうち、番号付きの開始日/終了日には、タスクの開始日と終了日の情報だけが保存できます。タスクの作業時間やコストは保存されませんが、基準計画と中間計画でタスクの開始日と終了日を比較することにより、プロジェクトの進行や遅延を監視することができます。

[基準計画] を上書きする

❶ 基準計画を変更するタスクを選択する。

❷ [プロジェクト] タブの [スケジュール] の [基準計画の設定] をクリックし、[基準計画の設定] をクリックする。
▶ [基準計画の設定] ダイアログで [基準計画の設定] が選択されている。

❸ [基準計画の設定] の▼をクリックし、[基準計画（最終保存日＜日付＞）] を選択する。

❹ [OK] をクリックする。
▶ データを上書きするかどうかを警告するダイアログが表示される。

❺ [はい] をクリックする。

❻ [タスク] タブの [ガントチャート] の▼をクリックし、[ガントチャート（進捗管理）] をクリックする。
▶ 再計画したタスクが基準計画として保存され、現行計画と基準計画が一致している。

ヒント

選択したタスクを基準計画に保存する

[基準計画の設定] ダイアログの [対象] で、基準計画として保存する対象を選択できます。[選択したタスク] を選択すると、基準計画に保存したタスクをどのレベルのサマリータスクまで重ね合わせて反映させるかを設定できます。プロジェクトが開始されてから、タスクが追加されたり無効にされたりした場合などに使用すると便利です。

- [すべてのサマリータスクへ]：選択したタスクの上位にあたるすべてのサマリータスクに反映される
- [サブタスクから選択したサマリータスクへ]：選択したタスクの親にあたるサマリータスクにのみ反映される

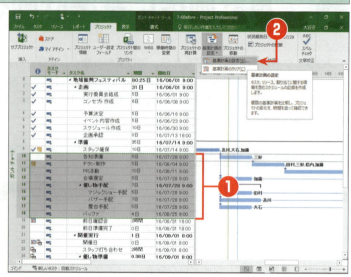
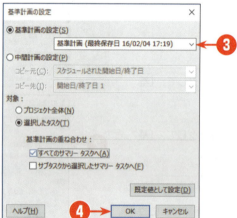

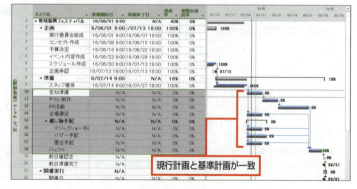

第7章 プロジェクトの修正と再計画

7 基準計画と現行計画のタスクのスケジュールを比較するには

ガントチャートに任意の基準計画のガントバーを表示したり、基準計画と比較してタスクがどれだけ遅延しているのかをガントバーに表示することができます。

ガントバーにタスクの遅延を表示する

❶ [タスク] タブの [ガントチャート] の ▼の [ガントチャート] をクリックする。

❷ [書式] タブの [バーのスタイル] の [遅延] をクリックし、[基準計画] をクリックする。

▶ ガントバーに遅延のバーが表示される。

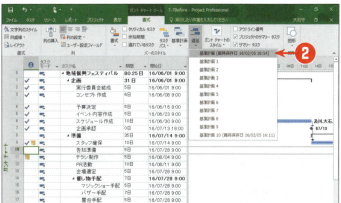

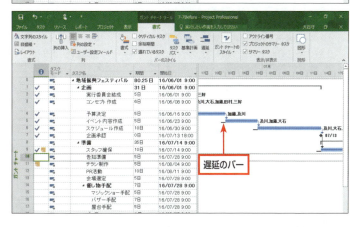

ガントバーに任意の基準計画のバーを追加する

❶ [タスク] タブの [ガントチャート] の▼の [ガントチャート] をクリックする。

❷ [書式] タブの [バーのスタイル] の [基準計画] をクリックし、任意の基準計画をクリックする。

▶ ガントバーに選択した基準計画のバーが表示される。

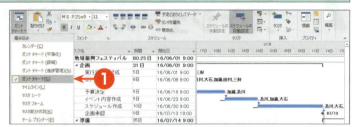

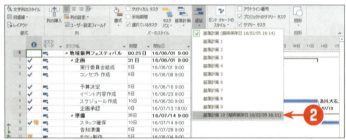

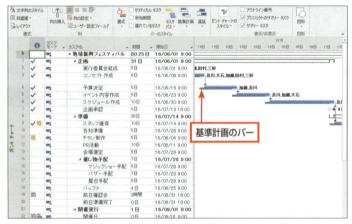

基準計画のバー

ヒント

番号付きの基準計画と現行計画を比較する

[ガントチャート（進捗管理）] ビューには、既定で [基準計画] のバーが表示され、現行計画と比較することができます。一方で、番号付きの基準計画のバーは [バーのスタイル] ダイアログで設定しない限り表示されません。
ここで説明した機能を使うと、[バーのスタイル] ダイアログに選択した基準計画のバーの設定が自動的に追加されます。番号付きの基準計画と現行計画を比較する際に大変便利です。

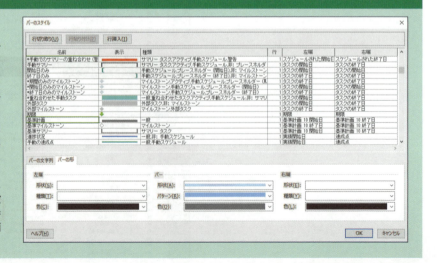

第7章　プロジェクトの修正と再計画　**177**

8 プロジェクトのバージョンを 比較するには

　PMBOKには、プロジェクト立ち上げ時にスコープを定義することがプロジェクトの成功にとって重要であると記述されています。実際のプロジェクトの現場では、プロジェクトの進行中にスコープが変更され、タスク、リソース、コストなどに大幅な修正が必要となることがあります。修正後のプロジェクト計画は、別のバージョンのプロジェクトファイル（.mpp）として保存することをお勧めします。Projectでは、［プロジェクトの比較］機能を使用して2つのプロジェクトファイルの差異を比較することができます。

プロジェクトのバージョンを比較する

❶
［レポート］タブの［プロジェクト］の
［プロジェクトの比較］をクリックする。

❷
［プロジェクトのバージョン比較］ダイ
アログの［現在のプロジェクト（＜プ
ロジェクト名＞）と次の前バージョン
を比較する］の［参照］をクリックする。

用語

PMBOK

Project Management Body of
Knowledgeの略。米国のプロジェクト
マネジメント団体であるPMI（Project
Management Institute）が発行したプ
ロジェクトマネジメントの知識体系ガ
イド。最新は第5版。

スコープ

プロジェクトスコープとは、規定された
成果物（機能、性能、その他の特性）を
生み出すためにプロジェクト内で実行
されなければならない作業、つまり
WBS（Work Breakdown Structure）に
記述された作業を指します。

続⟨

❸
[ファイルを開く]ダイアログで比較するプロジェクトファイルを選択し、[開く]をクリックする。

▶ [プロジェクトのバージョン比較]ダイアログに戻り、プロジェクトファイル名が表示される。

❹
[比較対象となるフィールドの選択]の[タスクテーブル]の▼をクリックして、比較するデータが含まれているテーブルを選択する。

❺
[リソーステーブル]の▼をクリックして、比較するデータが含まれているテーブルを選択する。

● 比較しない場合は[なし]を選択する。

❻
[OK]をクリックする。

▶ プロジェクトの比較が開始され、結果のレポートが表示される。

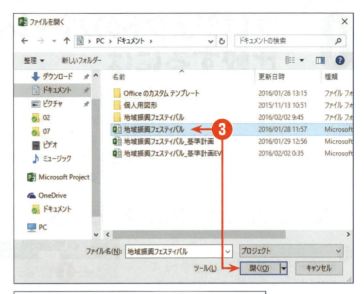

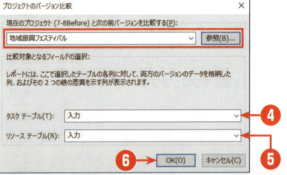

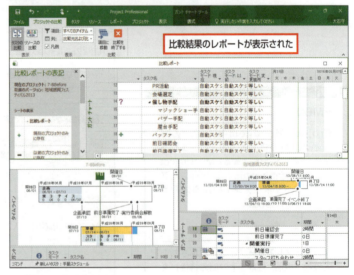

比較結果のレポートが表示された

Project 2016での進捗管理のツボ

Project 2016で進捗管理を行う方法はいくつかあります。大きく分けると、達成率をパーセント値で入力する、実績作業時間もしくは実績期間を入力する、またはその両方を使う、という方法があります。それぞれに特徴と使いこなしのコツがあります。ここではその代表的な方法を紹介します。

作業時間を入力する方法

Project 2016には、現在計画のタスクの作業時間を表すのに「作業時間」「実績作業時間」「残存作業時間」という3つのフィールドが存在します。この3つの関係を式で表すと、次のようになります。

作業時間＝実績作業時間＋残存作業時間

「作業時間」はタスクを完了するのに必要なすべての作業時間、「実績作業時間」はタスクを完了するのに使用した作業時間、「残存作業時間」はタスクを完了するために現時点で推定される残りの作業時間を表します。

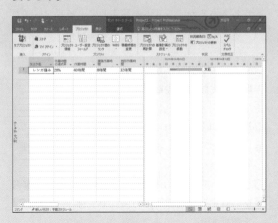

「実績作業時間」を設定するには、実際に使用した時間を［実績作業時間］フィールドに直接入力する方法と、「作業時間の達成率」を入力し、「実績作業時間」をProject 2016に計算させる方法があります。「作業時間の達成率」は、「作業時間」に占める「実績作業時間」の割合から次の式で計算されます。

作業時間の達成率＝

（実績作業時間÷作業時間）×100

「実績作業時間」だけを入力しても、「作業時間の達成率」は実際の進捗率を表すものにはなりません。たとえば、レンガを100個積む作業を16時間で行うタスクがあるとします。8時間の作業後に40個しかレンガを積めなかったとしたら、実際のタスクの進捗率としては40％になりますが、「作業時間の達成率」は50％になります。

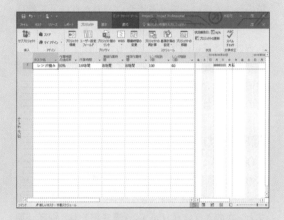

この場合、当初の見積もりよりも作業のペースが遅いわけですから、8時間の作業完了後に残りの作業時間を再見積もりする必要があります。このペースだと、残り12時間かかることが推測できます。つまり、「実績作業時間：8時間」に「残存作業時間：12時間」を加えた20時間が、タスクの作業時間として必要になることがわかります。

再見積もりの結果、「作業時間の達成率」は次のようになります。

作業時間達成率：40％＝（実績作業時間：

8時間÷作業時間：20時間）×100

続く

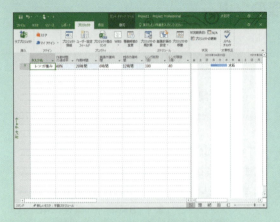

ここで重要なことは、実績を入力する際に、あとどれぐらいでタスクが完了できるのかについても同時に見積もりをするということです。たとえば、実績の報告が週に一度ある場合、そのたびに「実績作業時間」と「残存作業時間」の入力を行います。これらの値を基に、Project 2016が「作業時間の達成率」の計算を行います。こうすることで、「作業時間の達成率」が単なる消化した時間の割合ではなく、その時点で最も実情に近い進捗率を表します。

期間を入力する方法

作業時間と同様、タスクの期間を表すフィールドにも「期間」「実績期間」「残存期間」という3つのフィールドが存在します。この3つの関係を式で表すと、次のようになります。「達成率」は、別名「期間の達成率」とも呼ばれています。

達成率＝（実績期間÷期間）×100

こちらは「期間」で進捗を管理する際に使用します。考え方自体は、「作業時間」と同様です。既に経過した期間が「実績期間」、完了までに必要な期間が「残存期間」になります。

パーセント値を入力する方法

作業時間もしくは期間を使用した進捗管理の方法では、定期的な報告の際に残りの作業時間や期間を再見積もりすることが必要でした。この方法は、常にダイナミックに現在の計画を更新し続けることで、現状の最新の計画における進捗率を適切に把握することができます。一方で、当初計画との比較という意味での進捗率を把握することはできません。

基準計画との比較で進捗を把握するには、アーンドバリューを使用すると便利です。アーンドバリューを使用するには、タスクとリソースにコストを設定する必要があります。タスクの進捗度合いを把握する目的であれば、それほど厳密なコスト額でなくても構いません。要するに基準計画に妥当なコストの見積もりがしてあることが重要です。アーンドバリューは、見積もったコスト額と、実際に使用したコスト額との時間枠における対比によって、タスクの達成度を計測する手法です。アーンドバリューには各種の指標（後述）があり、Project 2016がそれらを自動で計算してくれるところも便利です。

ここでは、簡易的にアーンドバリューを利用する方法を紹介します。ここで紹介する方法では、実績として「実績作業時間」、アーンドバリューを計算するための進捗の割合として「実際の達成率」を使用します。

※以降の手順を行うには、タスク自体にコストが設定してあるか、コストを設定してあるリソースがタスクに割り当てられている必要があります。

まず、アーンドバリューの計算方法として、次の手順で「実際の達成率」を設定します。

❶［ファイル］タブの［オプション］をクリックする。
❷［Projectのオプション］ダイアログの［詳細設定］をクリックする。
❸［次のプロジェクトの達成額オプション］の［タスクの既定の達成額計算方法］で、［実際の達成率］を選択する。
　▶アーンドバリューの計算方法として、［実際の達成率］が選択される。
❹［達成額計算に使用する基準計画］で、［基準計画］を選択する。
❺［OK］をクリックする。

第7章 プロジェクトの修正と再計画

次に、タスクを完了するために使用した時間を「実績作業時間」に入力します。「実績作業時間」を入力するには、次の2とおりの方法があります。「実績作業時間」の入力には、[タスク配分状況]ビューを使用します。

- [作業時間]テーブルの[実績作業時間]に入力
- ビュー右側のタイムスケール領域の[実作業]に使用した時間を入力

どちらの方法でも構いませんが、どちらかに統一するほうがよいでしょう。使い分けのポイントは、次のとおりです。

- 現行計画どおりに作業時間を消化したと見なす場合には、[実績作業時間]列に入力
- 毎日実際に使用した作業時間を記録する場合には、[実作業]に入力

「実績作業時間」を入力したら、現在のタスクの達成度合いを「実際の達成率」に入力します。ただし、その前に「状況報告日」を必ず設定しておく必要があります。なぜならば、アーンドバリューで達成度を計測するには、いつの時点かという情報が必須になるからです。

[プロジェクト情報]ダイアログで、進捗報告の基準となる「状況報告日」を設定します。次に[タスク配分状況]ビューで、テーブルのタスク行の[実

際の達成率]に進捗率を入力します。

「状況報告日」の設定

❶[プロジェクト]タブの[プロパティ]の[プロジェクト情報]をクリックする。
❷[プロジェクト情報]ダイアログで、[状況報告日]を設定する。
❸[OK]をクリックする。

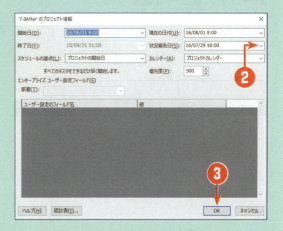

アーンドバリュー表示用テーブルの設定

❶[表示]タブの[データ]の[テーブル]をクリックし、[その他のテーブル]をクリックする。
❷[達成額スケジュール指標]テーブルを選択し、[適用]をクリックする。
　▶[達成額スケジュール指標]が表示される。

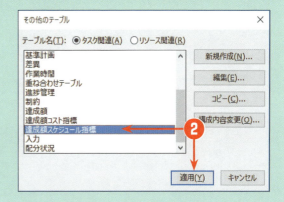

[実際の達成率] フィールドの追加

1. [プランドバリュー：PV（BCWS）] 列の見出し部分を右クリックする。
2. [列の挿入] をクリックする。
3. 列名に「実際の達成率」と入力し、Enter を押す。
   ▶ [実際の達成率] フィールドが追加される。

「実際の達成率」を入力し、アーンドバリューを確認する

1. タスク行の [実際の達成率] フィールドに進捗率を入力する。
   ▶ アーンドバリューの各種値が計算される。
2. [SPI] の値を確認する。

用語
SPI（Shedule Performance Index）

SPIは、スケジュールの進捗度合いを表すアーンドバリューの指標の一つです。「状況報告日」の時点での、基準計画で予定されていたコスト額と、そのうち実際に達成されたコスト額との比率が表示されます。
値が「1.0」の場合は予定どおり、「1.0未満」は遅れている、「1.0以上」は進んでいることを表します。一般的にこの値が「0.8以下」になると危険信号と言われています。

注意
既存のタスクの達成額の計算方法の設定

[Projectのオプション] で設定した [タスクの既定の達成額計算方法] は、既存のタスクには適用されません。既存のタスクについては、[タスク情報] ダイアログの [詳細] タブで設定します。

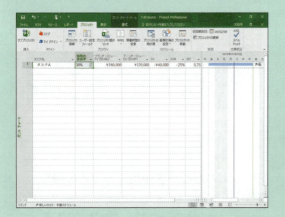

レポートの作成と
プロジェクト情報の共有

第 8 章

1 基準コストと実績コストの比較レポートを作成するには

2 タスクの進捗状況のレポートを Visio で作成するには

3 プロジェクトの概要のレポートを作成するには

4 リソースの概要のレポートを作成するには

5 アーンドバリュー値でプロジェクトの分析レポートを
　作成するには

6 プロジェクト計画を印刷するには

7 プロジェクト計画のメモを印刷するには

8 プロジェクト計画をテンプレートとして保存するには

9 テンプレートを基に新しいプロジェクト計画を作成するには

プロジェクトの情報をチームメンバー、ラインマネージャー、スポンサーといったプロジェクトのステークホルダー（利害関係者）と共有し、報告のためにレポートを作成するのも、プロジェクトマネージャーの重要な業務です。Project 2016 には、Excel や Visio と連携するビジュアルレポートのほか、ビルトインの強力なクライアントレポート機能が用意されています。この章では、これらのレポート機能について解説します。

1 基準コストと実績コストの比較レポートを作成するには

Project 2016 のレポート機能には、プロジェクトのデータを Excel と Visio にエクスポートして分析できるビジュアルレポートに加えて、それらと同等の分析機能を持つクライアントレポートがあります。ここでは、プロジェクトの基準計画のコストである［基準コスト］と、現行計画で実際に費やされたコストである［実績コスト］を比較するレポートを2種類の方法で説明します。

基準コストのビジュアルレポートを作成する

❶ ［レポート］タブの［エクスポート］の［ビジュアルレポート］をクリックする。

❷ ［ビジュアルレポート］ダイアログの［割り当て配分状況］タブをクリックし、［基準コストレポート］をクリックする。

❸ ［表示］をクリックする。

➡ 自動的に Excel が起動し、基準コストレポートグラフが表示される。

注意
ビジュアルレポートのシステム要件

ビジュアルレポートを使用するためには、Project 2016 と同一のコンピューター上に Microsoft Office Excel 2003 Service Pack 2以降、および Microsoft Office Visio Professional 2007以降がインストールされている必要があります。

※インストールされているアプリケーションに応じて、使用できるレポートの種類が変わります。

ヒント
レポートに出力する期間の単位

［ビジュアルレポート］ダイアログの［レポートに含める利用状況データのレベルを選択してください］で、期間の単位を指定すると、レポートに出力する期間の幅を変えることができます。指定できる期間の単位は、年、四半期、月、週、日の5種類です。

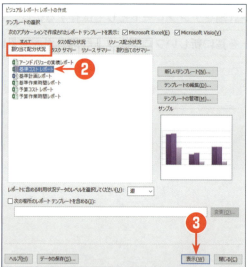

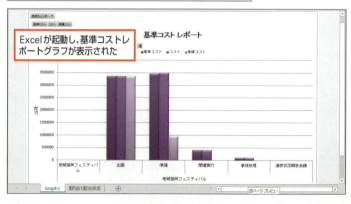

第8章　レポートの作成とプロジェクト情報の共有

ビジュアルレポートのグラフを調整する

❶ 前ページで起動したExcelで、［割り当て配分状況］シートをクリックする。
　▶グラフの元データのピボットテーブルが表示される。

❷ ［ピボットテーブルのフィールドリスト］ウィンドウをスクロールして、［タスク］の［タスク］のチェックを外す。

❸ ［ピボットテーブルのフィールドリスト］ウィンドウで、［時間］の［週間カレンダー］をポイントし、ピボットテーブルの集計列にドラッグアンドドロップする。

❹ ピボットテーブルの［年］列の［+］をクリックして展開し、同様に［四半期］列の［+］をクリックして展開する。

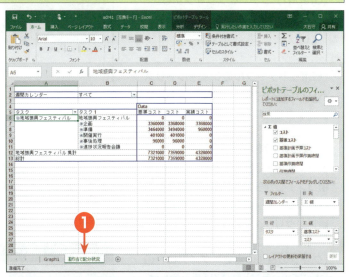

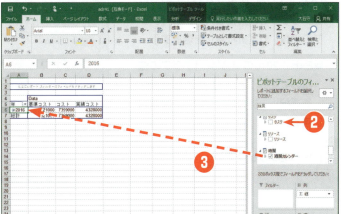

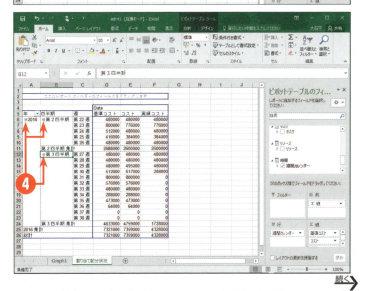

続く

❺ [Graph1] シートをクリックする。
▶グラフの横軸が週単位で表示されている。

❻ [ピボットテーブルのフィールドリスト] ウィンドウで、[累積コスト] にチェックを入れる。

❼ [累積コスト]を棒グラフから折れ線グラフに変更するため、グラフ内の [累積コスト] が表示されている箇所を右クリックして [系列グラフの種類の変更] をクリックする。

❽ [グラフの種類の変更] ダイアログの [すべてのグラフ] タブで [組み合わせ] をクリックし、[累積コスト] の [グラフの種類] で [折れ線] を選択する。
● Excel 2010の場合は、[グラフの種類の変更] ダイアログの [折れ線] を選択し、折れ線の種類を適宜選択する。

❾ [OK] をクリックする。

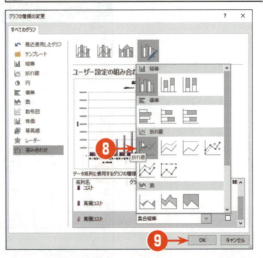

➡ [累積コスト] が折れ線グラフに変更される。

❿ 作成したレポートを保存するため、[ファイル] タブの [名前を付けて保存] をクリックする。

⓫ レポートの保存先として [このPC] をクリックし、[ドキュメント] をクリックする。

● 保存先は適宜、選択してよい。

⓬ [名前を付けて保存] ダイアログで [ファイルの種類] をクリックし、[Excel ブック] をクリックする。

⓭ ファイルを保存するフォルダーを指定し、[名前を付けて保存] ダイアログの [ファイル名] にファイル名を入力する。

⓮ [保存] をクリックする。

➡ レポートがExcelファイルとして保存される。

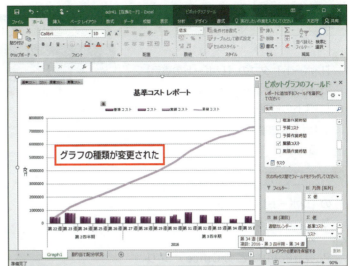

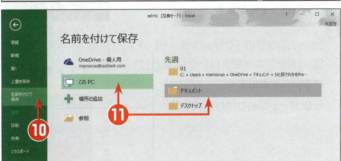

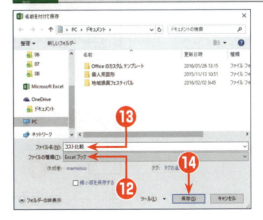

基準コストのクライアントレポートを作成する

① [レポート] タブの [レポートの表示] の [ダッシュボード] をクリックし、[コストの概要] をクリックする。
　▶ [コスト概要] レポートが表示される。

② [レポートツール] の [デザイン] タブの [レポート] の [レポートのコピー] をクリックする。

③ PowerPointなどのOfficeアプリケーションを起動する。

④ [ホーム] タブの [クリップボード] の [貼り付け] の▼をクリックし、貼り付ける形式を選択する。
　▶ レポートが貼り付けられる。

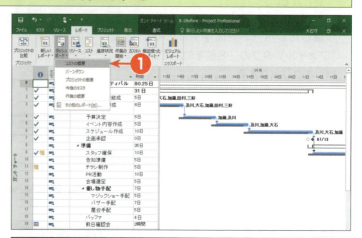
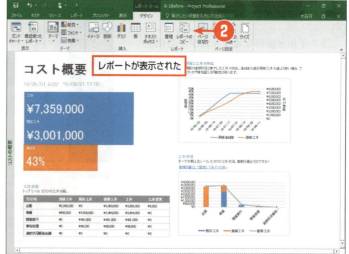
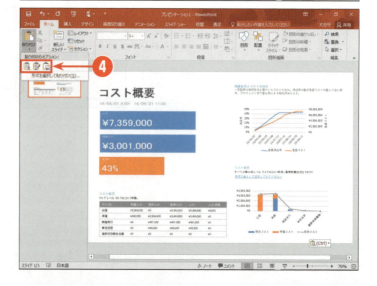

2 タスクの進捗状況のレポートを Visio で作成するには

Visio でタスク進捗状況レポートを作成する

❶ [レポート] タブの [エクスポート] の [ビジュアルレポート] をクリックする。

❷ [ビジュアルレポート] ダイアログの [割り当てのサマリー] タブをクリックし、[タスク進捗状況レポート] をクリックする。

❸ [表示] をクリックする。
➡ 自動的に Visio が起動し、[タスク進捗状況レポート] が表示される。

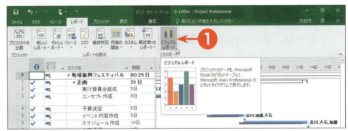

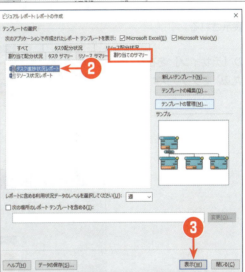

> **ヒント**
>
> **使用可能なビジュアルレポート**
>
> Project 2016 の既定のビジュアルレポートテンプレートは次のとおりです。
>
> ● [タスク配分状況]
>   [コスト表]
> ● [リソース配分状況]
>   [キャッシュフローレポート]
>   [リソースコストサマリーレポート]
>   [リソース割り当て可能作業時間レポート]
>   [リソース作業時間サマリーレポート]
>   [リソース利用可能時間レポート]
> ● [割り当てのサマリー]
>   [タスク進捗状況レポート]
>   [リソース状況レポート]
> ● [リソースサマリー]
>   [リソース残存作業時間レポート]
> ● [タスクサマリー]
>   [クリティカルタスク進捗状況レポート]
> ● [割り当て配分状況]
>   [アーンドバリューの実績レポート]
>   [基準コストレポート]
>   [基準計画レポート]
>   [基準作業時間レポート]
>   [予算コストレポート]
>   [予算作業時間レポート]

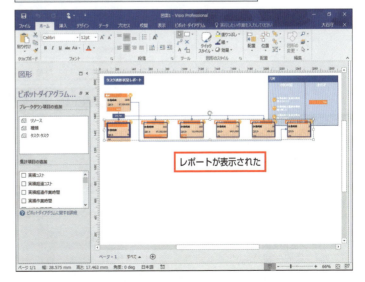

レポートが表示された

タスク進捗状況レポートを調整する

❶ 前ページで起動したVisioで[表示]タブの[表示]の[作業ウィンドウ]をクリックし、[図形データ]をクリックする。

➡ 選択した図形の詳細情報が、[図形データ]ウィンドウに表示される。

❷ サマリータスクをクリックして、[ピボットダイアグラム]ウィンドウの[ブレークダウン項目の追加]から[タスク:タスク]をクリックする。

➡ サブタスクが表示される。

❸ サマリータスクの[デザイン]を右クリックし、[折りたたみ]をクリックする。

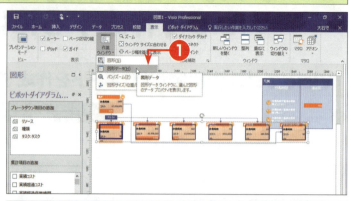

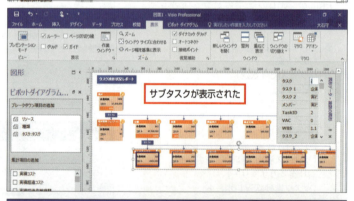

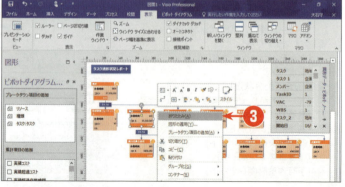

ヒント

図形の大きさを調整するには
- 図面を拡大するには
  Ctrl + Shift + クリック
  1クリックごとに拡大する。
- 図面を縮小するには
  Ctrl + Shift + 右クリック
  1クリックごとに縮小する。
- ページ全体を表示するには
  Ctrl + Shift + W

➡ サブタスクが非表示になる。

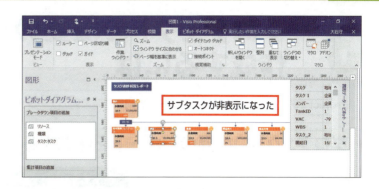

ヒント

タスクの右上のアイコンについて確認するには

❶ Visioで、[ピボットダイアグラム] タブの [書式] の [データグラフィックの編集] をクリックする。

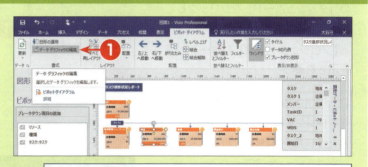

❷ [データグラフィックの編集] ダイアログで [表示形式] が [アイコンセット] となっているデータを選択し、[アイテムの編集] をクリックする。

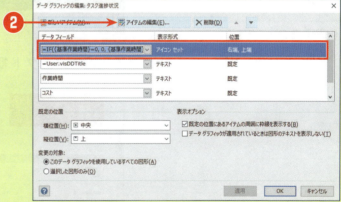

❸ [データフィールド] に計算式が表示されるので、[アイコン表示のルール] を確認する。

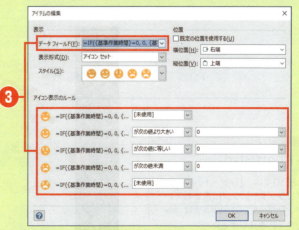

3 プロジェクトの概要のレポートを作成するには

Project 2016 では、ビジュアルレポートと同様に時系列のデータ分析が可能なクライアントレポートがあります。

プロジェクトの概要のレポートを作成する

❶ [レポート] タブの [レポートの表示] の [ダッシュボード] をクリックして [プロジェクトの概要] をクリックする。
▶ [プロジェクト概要] レポートが表示される。

❷ [ファイル] タブをクリックし、[印刷] をクリックする。
▶ [プロジェクト概要] レポートの印刷プレビューが表示される。

❸ [印刷] をクリックする。
▶ レポートが印刷される。

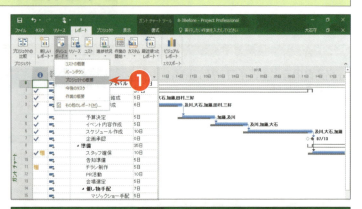

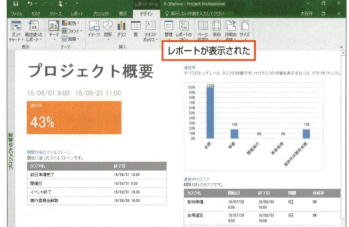

レポートが表示された

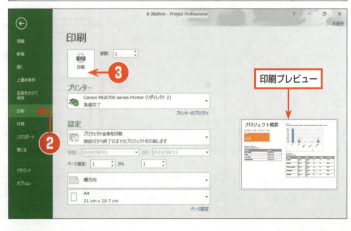

印刷プレビュー

以前のOfficeからの変更点

[レポート] タブが独立した

Project 2010 では、[レポート] コマンドは [プロジェクト] タブに含まれていましたが、Project 2013以降では [レポート] タブが独立しました。

4 リソースの概要のレポートを作成するには

Project 2016 のビジュアルレポートとクライアントレポートを使用して、それぞれリソースの概要レポートを作成する方法を説明します。

リソースの概要のクライアントレポートを作成する

❶ [レポート] タブの [レポートの表示] の [リソース] をクリックして [リソースの概要] をクリックする。

→[リソースの概要] レポートが表示される。

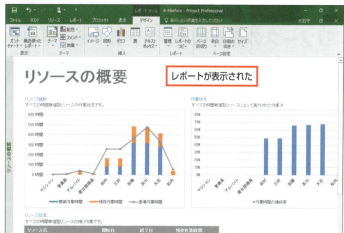

レポートが表示された

リソースの概要のクライアントレポートを調整する

❶ [リソースの概要] レポートの [作業状況] のグラフエリアをクリックしてグラフを選択し、右クリックする。

❷ [フィールドリストを表示する] をクリックする。

→[フィールドリスト] ウィンドウが表示される。

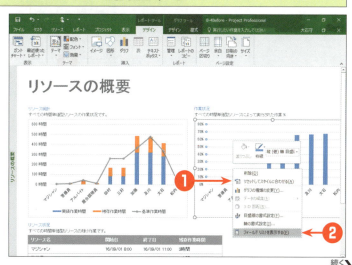

続く

❸ [フィールドの選択] で、[最大使用数] と [最大単位数] にチェックを入れ、[作業時間の達成率] のチェックを外す。

❹ [閉じる] ボタンをクリックして [フィールドリスト] ウィンドウを閉じる。
▶ グラフの内容が変更される。

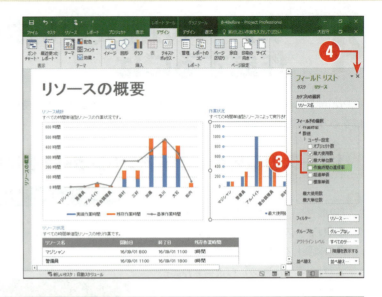

リソースの概要のビジュアルレポートを作成する

❶ [レポート] タブの [エクスポート] の [ビジュアルレポート] をクリックする。
▶ [ビジュアルレポート] ダイアログが表示される。

❷ [リソースサマリー] タブをクリックし、[リソース残存作業時間レポート] をクリックする。

❸ [表示] をクリックする。

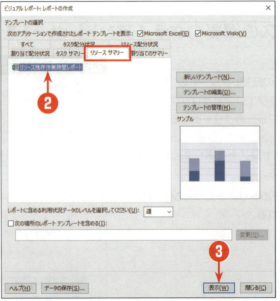

第8章 レポートの作成とプロジェクト情報の共有

▶Excelが起動し、[リソース残存作業時間レポート]が表示される。

❹ グラフエリアの空白部分を右クリックし、[フィールドリストを表示する]をクリックする。

▶[ピボットグラフのフィールド]ウィンドウが表示される。

❺ [Σ値]の[基準作業時間]にチェックを入れ、[閉じる]ボタンをクリックして[ピボットグラフのフィールド]ウィンドウを閉じる。

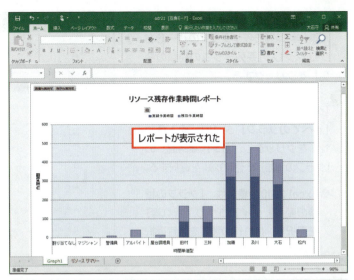

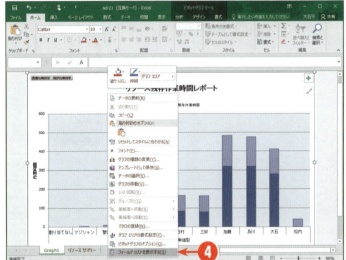

続く→

❻ 基準作業時間を表すグラフのバーを右クリックし、[系列グラフの種類の変更]をクリックする。

❼ [グラフの種類の変更]ダイアログの[すべてのグラフ]タブで[組み合わせ]をクリックし、[基準作業時間]の[グラフの種類]で[折れ線]を選択する。

● Excel 2010の場合は、[グラフの種類の変更]ダイアログの[折れ線]を選択し、折れ線の種類を適宜選択する。

❽ [OK]をクリックする。

▶ グラフの内容が変更される。

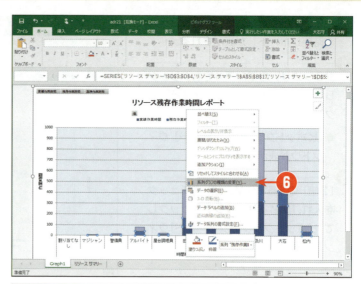

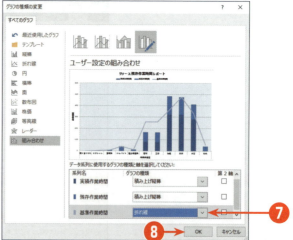

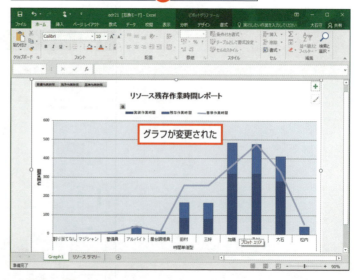

第8章 レポートの作成とプロジェクト情報の共有

5 アーンドバリュー値でプロジェクトの分析レポートを作成するには

アーンドバリュー分析は、プロジェクトの見積もりコストの総額とその消費の割合から、プロジェクトの生産性や進捗状況を定量的に分析するプロジェクトマネジメントの技法です。アーンドバリュー値を確認することで、現状の生産性のままプロジェクトが進行した場合、プロジェクトの完了までには何日かかるのか、また最終的にかかるコストはいくらになるのか、といったプロジェクトの現状の分析と今後の見通しの推測を行うことができます。ここでは、アーンドバリュー分析の結果のレポートを作成する手順を解説します。

プロジェクトのアーンドバリューの実績レポートを表示する

❶ [ファイル] タブの [オプション] をクリックする。

❷ [Project のオプション] ダイアログの [詳細設定] をクリックする。

❸ [次のプロジェクトの達成額オプション] の▼をクリックして、設定対象のファイルを選択する。

❹ [タスクの既定の達成額計算方法] の▼をクリックして、[達成率] と [実際の達成率] のいずれかを選択する。

❺ [達成額計算に使用する基準計画] の▼をクリックして、比較対象にする基準計画を選択する。

❻ [OK] をクリックする。

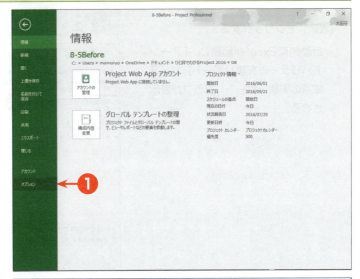

続く

❼
[レポート] タブの [エクスポート] の [ビジュアルレポート] をクリックする。

❽
[ビジュアルレポート] ダイアログの [割り当て配分状況] タブをクリックして、[アーンドバリューの実績レポート] をクリックする。

❾
[レポートに含める利用状況データのレベルを選択してください] の▼をクリックして [週] を選択する。

❿
[表示] をクリックする。

➡ 自動的にExcelが起動し、[アーンドバリューの実績レポート] で、[達成額の実績レポート] グラフが表示される。

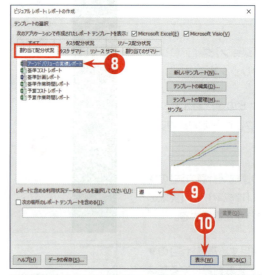

用語

アーンドバリュー

プロジェクトの状況を金銭的価値に置き換えて評価する分析方法。Projectのアーンドバリュー値は、成果をコストに換算して表す [達成額] を基に算出されます。
達成額の計算には [達成率] フィールドの値、または [実際の達成率] フィールドの値が使用できます。

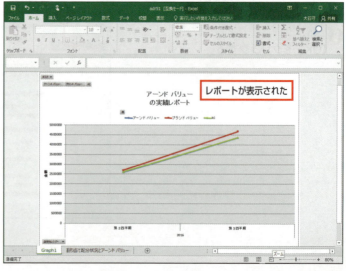

レポートが表示された

第8章　レポートの作成とプロジェクト情報の共有

アーンドバリューの実績レポートを調整する

❶ 前ページで起動したExcelで、[割り当て配分状況とアーンドバリュー] シートをクリックし、グラフの元データのピボットテーブルを表示する。

❷ [四半期] 列を展開し、週ごとのデータを表示する。

❸ [Graph1] シートをクリックする。
　➡ グラフの横軸が週単位で表示される。

❹ 作成したレポートを保存するため、[ファイル] タブをクリックし、[名前を付けて保存] をクリックする。

❺ [このPC] をクリックし、[参照] をクリックする。

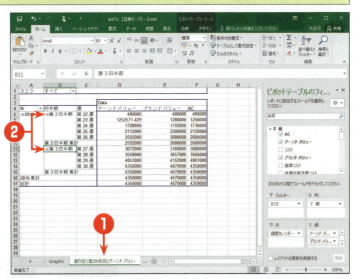

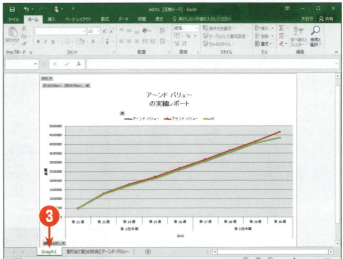

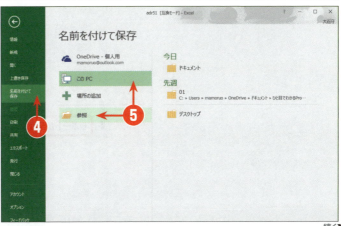

続く

❻ ［名前を付けて保存］ダイアログで、［ファイルの種類］に［Excelブック］を選択し、保存先フォルダーを指定して［ファイル名］にファイル名を入力する。

❼ ［保存］をクリックする。
　➡ アーンドバリュー実績レポートがExcelファイルとして保存される。

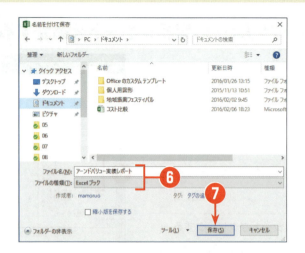

プロジェクトの達成額レポートを表示する

❶ ［レポート］タブの［レポートの表示］の［コスト］をクリックし、［達成額レポート］をクリックする。
　➡ ［達成額］レポートが表示される。

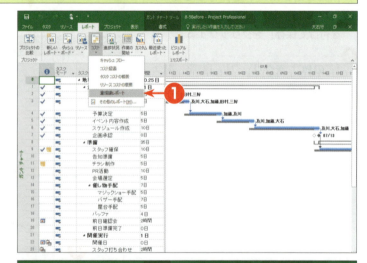

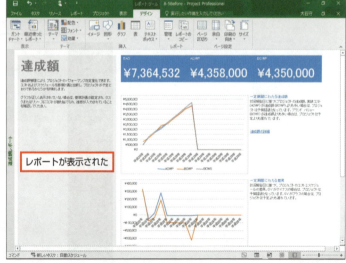

第8章　レポートの作成とプロジェクト情報の共有

プロジェクトの達成額レポートを調整する

❶ 前ページで表示した［達成額］レポート上のグラフの時間の単位（横軸）をクリックする。
- ［フィールドリスト］ウィンドウが表示される。

❷ ［カテゴリの選択］で［時間］を選択し、［編集］をクリックする。
- ［タイムスケールの編集］ダイアログが表示される。

❸ ［日付の形式］で適切な形式を選択する。

❹ ［OK］をクリックする。
- グラフの日付の形式が変更される。

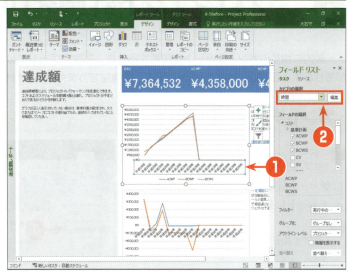

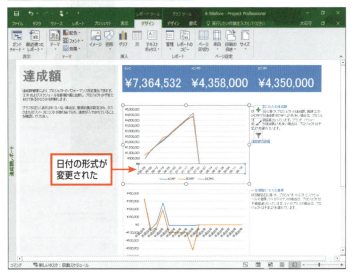

プロジェクト計画を印刷するには

一般的に横長のガントチャートを印刷するとき、多数のページに分割されたり、空白のページができてしまうことがあります。［印刷］および［ページ設定］の機能をうまく使い、見やすいガントチャートを印刷しましょう。

ガントチャートを印刷する

❶ ［タスク］タブの［表示］の［ガントチャート］の▼をクリックし、［ガントチャート］をクリックする。

❷ ［ファイル］タブの［印刷］をクリックする。

❸ ［ページ設定］をクリックする。

❹ ［ページ設定］ダイアログの［凡例］タブをクリックする。

❺ ［凡例の印刷］で［なし］をクリックする。

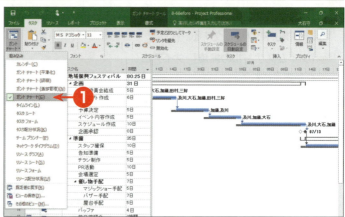

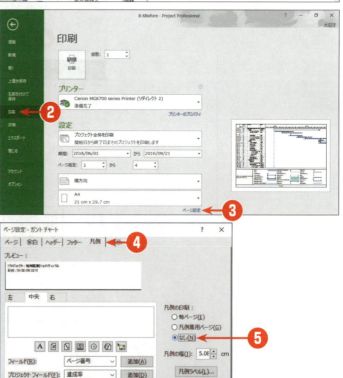

第8章 レポートの作成とプロジェクト情報の共有　203

❻ [表示] タブをクリックする。

❼ [左から＜列数＞列目までをすべてのページに印刷する]にチェックを入れ、列数を適宜変更する。

❽ [データを含まないページを印刷する]のチェックを外す。

❾ [OK] をクリックする。

▶印刷プレビューが更新される。

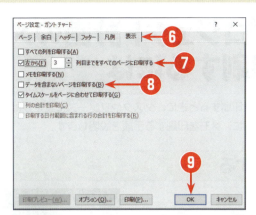

❿ [設定]の一番上の▼をクリックし、[特定の日付を印刷] を選択する。

●すべての期間を印刷するときは、[プロジェクト全体を印刷]を選択する。

⓫ [期間] の開始と終了を指定する。

▶印刷プレビューが更新される

⓬ [印刷] をクリックする。

▶ガントチャートが印刷される。

ヒント

ページ数が多すぎる場合は

[ページ設定] ダイアログの [ページ] タブの [拡大縮小印刷] で、縦横のページ数を指定します。縦横共に [1] を指定すると、1ページに収まる大きさに縮小されます。

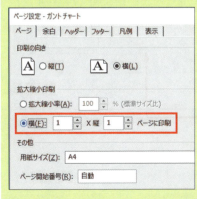

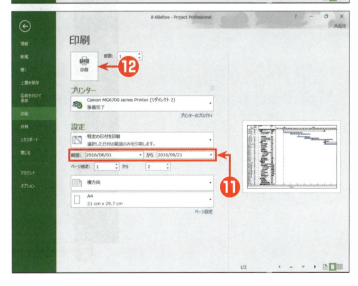

7 プロジェクト計画のメモを印刷するには

　プロジェクト計画を印刷するときに、タスクやリソースに設定したメモの内容を印刷することができます。ここではタスクシートと一緒に、メモを印刷する手順を説明します。

メモを印刷する

❶ ［タスク］タブの［表示］の［ガントチャート］の▼をクリックし、［タスクシート］をクリックする。

❷ ［ファイル］タブの［印刷］をクリックし、［ページ設定］をクリックする。

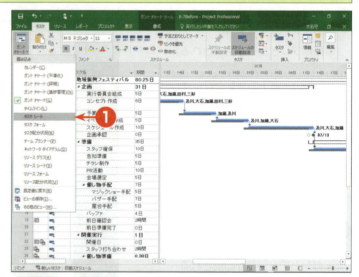

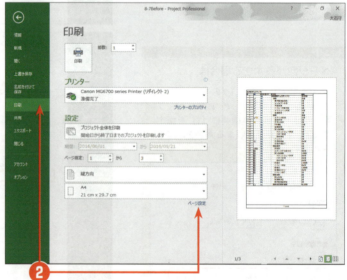

❸ ［ページ設定］ダイアログの［表示］タブをクリックし、［メモを印刷する］にチェックを入れる。

❹ ［ページ］タブをクリックし、［印刷の向き］［拡大縮小率］などを適宜調整する。

❺ ［OK］をクリックする。

▶ プレビューが更新され、最終ページに［メモ］フィールドの中身が表示される。

❻ ［印刷］をクリックする。

▶ メモを含むタスクシートが印刷される。

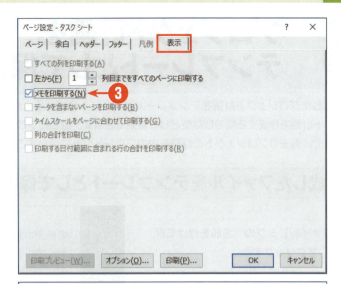

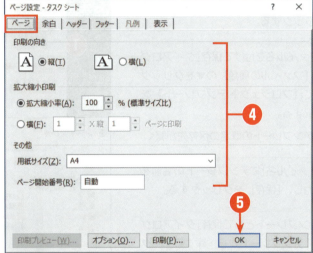

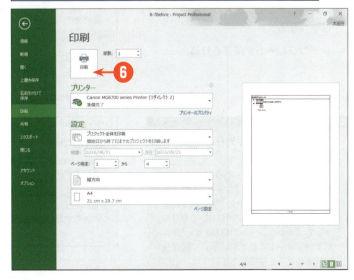

8 プロジェクト計画をテンプレートとして保存するには

　作成したプロジェクト計画をテンプレート（ファイル形式：.mpt）として保存しておくことで、次に同種のプロジェクト計画を作成する際のひな型として使用できます。過去のプロジェクトの実績データを基にテンプレートとすることで、過去のプロジェクトの経験を次のプロジェクトに活かすことができます。

作成したファイルをテンプレートとして保存する

❶ ［ファイル］タブの［名前を付けて保存］をクリックする。

❷ ［このPC］をクリックして［参照］をクリックする。

❸ ［ファイル名を付けて保存］ダイアログで、［ファイルの種類］の▼をクリックして、［プロジェクトテンプレート］を選択する。

▶テンプレートの既定の保存先が開く。

❹ ［ファイル名］にテンプレートの名前を入力し、［保存］をクリックする。

❺ ［テンプレートとして保存］ダイアログで、テンプレートから削除するデータの種類にチェックを入れ、［保存］をクリックする。

▶テンプレートが保存される。

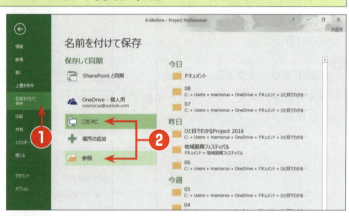

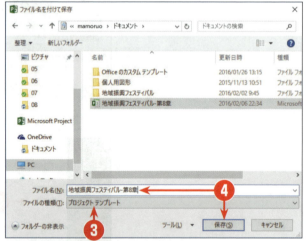

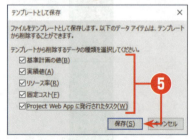

ヒント

テンプレートの保存先を指定するには

個人用のテンプレートの保存先を指定することができます。［ファイル］タブの［オプション］をクリックし、［Projectのオプション］ダイアログの［保存］をクリックして、［テンプレートの保存］の［個人用テンプレートの既定の場所］で保存先のフォルダーを指定します。

テンプレート作成のコツ

　再利用目的でプロジェクト計画をテンプレートとして保存するには、いくつか確認事項と必要作業があります。

WBSに漏れや重複、特定プロジェクト固有のタスクがないか確認する

　完了したプロジェクトのWBS作成から実行にかけて、既に十分に検討が行われているはずですが、テンプレートを保存する際には、再度、WBSに漏れや重複がないことを確認しましょう。さらに、完了したプロジェクト固有のタスクについては、削除するか名称を抽象的なものに変更しておきます。必要に応じてタスクのメモを使用し、WBSを補足する情報も添付するとよいでしょう。

リソース名は、個人名ではなく役割名に

　タスクに割り当てるリソースは、「田中さん」といった個人名ではなく、「プログラマー」のような役割の標準リソースに置き換えておくことをお勧めします。次にテンプレートを利用する際、まず「プログラマー」が何人必要なのか見積もりした後、具体的な担当者を割り当てることができます。

※以前のバージョンに存在した［リソースの切り替え］機能は、Project 2013以降では削除されました。

不要なデータの種類を削除する

　完了したプロジェクトのデータを利用してテンプレートとして保存する際に、不要なデータの種類を選択して削除しましょう。
- ［基準計画の値］：基準計画に保存されたデータ
- ［実績値］：実績として入力されたデータ
- ［リソース率］：リソースの導入コスト、標準単価、超過単価
- ［固定コスト］：タスクの固定コスト
- ［Project Web Appに発行されたタスク］：Project Serverに発行したタスクのデータ

制約タイプは解除し、定期タスクは削除する

　テンプレートを基に新しいプロジェクトを作成する際、まず［プロジェクト情報］ダイアログでプロジェクトの開始日を指定します。制約タイプが設定されているタスクは、開始日もしくは終了日に制約があるため、新しいプロジェクトでは解除する必要があります。定期タスクには自動的に［指定日以降に開始］という制約タイプが設定されるため、削除します。

9 テンプレートを基に新しいプロジェクト計画を作成するには

Projectには、ユーザーが作成するテンプレートのほかに、あらかじめ用意されているさまざまなジャンルのテンプレートがあります。これらを利用して、独自のプロジェクトを作成することができます。

ユーザーが作成したテンプレートからプロジェクトを作成する

❶ [ファイル] タブの [新規] をクリックする。

❷ [新規] 画面で [個人用] をクリックする。
→ ユーザーが保存したテンプレートファイルの一覧が表示される。

❸ テンプレートファイルのアイコンをクリックする。

❹ [開始日] にプロジェクト開始日を入力し、[作成] をクリックする。
→ テンプレートを基にして、新しいプロジェクト計画が作成される。

以前のOfficeからの変更点

個人用テンプレートを表示させるには

Project 2013以降では、[個人用テンプレートの既定の場所] の既定の設定が空白になっています。そのため、既定の設定では、[新規] 画面に [個人用] が表示されません。個人用テンプレートを表示させるためには、[Projectのオプション] ダイアログで個人用テンプレートの保存先を設定しておいてください (そのための手順は、前節のヒントを参照)。

第8章　レポートの作成とプロジェクト情報の共有

オンラインテンプレートからプロジェクトを作成する

❶ [ファイル]タブの[新規]をクリックする。

❷ [新規]画面で[お勧めのテンプレート]をクリックし、使用したいテンプレートを選択する。
  ▶選択したテンプレートの詳細が表示される。

❸ [開始日]にプロジェクト開始日を入力し、[作成]をクリックする。
  ▶テンプレートを基にして、新しいプロジェクト計画が作成される。

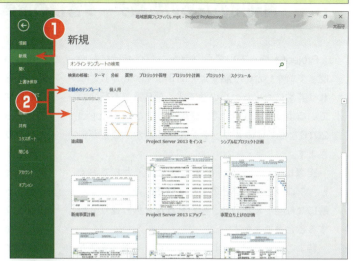

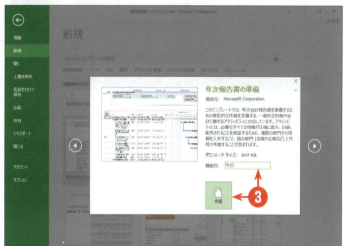

ヒント

テンプレートを検索する

オンラインのテンプレートを検索するには、インターネットに接続した状態で、[ファイル]タブの[新規]をクリックして検索ボックスにキーワードを入力します。検索の結果、Project 2016以外のOfficeアプリケーションのテンプレートも抽出されることがあります。

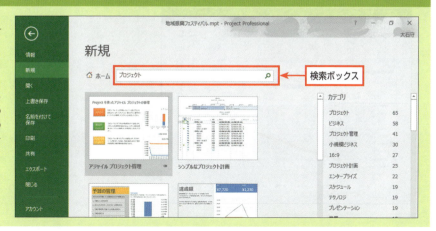

再利用のための実績データ蓄積の重要性

　Projectを使っていてもプランニングだけにしか使っていないという話をよく聞きます。しかし、これは非常にもったいない話です。第6章でも紹介しているように、進捗管理に使用することで、Project 2016ならではのメリットを大いに活かすことができます。

　実際にプロジェクトの進捗状況を入力しておくと、プロジェクトがどのような時期にどのような状態になり完了したのか、後から状況を振り返り分析することができます。

　特にこの章で紹介されているレポート機能を活かして、アーンドバリュー（達成額）のグラフを出力することで、プロジェクトの経過状況を非常によく理解することができます。

　新しい分野のプロジェクトを初めて行う場合、未知の部分が多く、当初予定していたよりもタスクそのものや工数が増えてしまうといったように、当初の見積もりと実際に大きな開きが出てきてしまうことがあります。

　そういったプロジェクトを実施した際の実績をデータとして記録しておくことで、今後同様のプロジェクトの見積もりに活かし、より確実で正確なプロジェクトマネジメントを行うための参考材料にすることができます。

　具体的には、プロジェクト実績を基に同類プロジェクトのためのテンプレートを作成し、組織内で共有することで、その後のプロジェクト計画のプランニングの手間を省くことができます。

　このようにして蓄積した実績データをPMBOKで言われている「教訓」として、今後のプロジェクトの見積もりやマネジメントに活かしましょう。

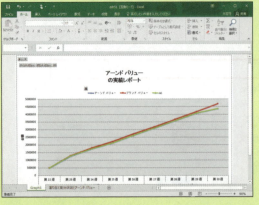

プロジェクト計画を使いやすくする機能

第 9 章

1 テーブルに列を追加するには

2 定期タスクを入力するには

3 ユーザー設定フィールドに計算式を設定しマークを表示するには

4 ユーザー設定フィールドをテーブルに追加するには

5 グループ化してタスクを見やすくするには

6 条件を設定してグループ化するには

7 フィルターを使用してタスクを見やすくするには

8 依存関係を設定していないタスクを見つけるには

9 リソースが割り当てられていないタスクを見つけるには

10 アウトライン番号を表示するには

11 WBS番号を設定するには

12 ガントバーのスタイルを変更するには

13 ガントバーにコメントを挿入するには

14 サマリータスクにガントバーを重ね合わせて表示するには

15 タスクにカレンダーを割り当てるには

16 タイムスケールに会計年度を表示するには

17 タイムスケールのカレンダーを設定するには

18 プロジェクト開始日を変更してプロジェクト全体を移動するには

19 リボンをカスタマイズするには

20 独自のビューを作成してリボンのメニューに登録するには

21 ビューを分割するには

22 カレンダーやビューを他のプロジェクトでも使用するには

23 期間や日付フィールドに文字列を入力するには

24 操作アシストを使用するには

この章では、Project 2016
をユーザーの環境に合わせ
てカスタマイズするための
方法を中心に紹介します。
Project 2016では、ユー
ザー独自のプロジェクトの
データ項目（フィールド）を
作成することができます。
Excelのように計算式を定
義して独自の加工データを
表示することもできます。
また目的に合わせて独自の
ビューを簡単に作成するこ
ともできます。さらにこれ
らのフィールドやビューを
他のProjectファイルで使
用できるようにコピーする
手順も解説します。

テーブルに列を追加するには

ビューのテーブルに必要なフィールドの列をいつでも簡単に追加することができます。

テーブルに列を追加する

❶ [表示] タブの [タスクビュー] の [ガントチャート]の▼をクリックして[ガントチャート] をクリックする。

❷ 列を追加したい位置の右側の列（ここでは [開始日]）の見出し部分をクリックして列を選択し、[書式] タブの [列] の [列の挿入] をクリックする。

➡ 選択した列の左側に列が挿入される。
● ここでは例として [作業時間] 列を追加する。

❸ [列名の入力] に「作業時間」と入力する。

➡ 文字列「作業時間」を含む既存のフィールド名が一覧に表示される。

❹ [作業時間] を選択して Enter を押す。

➡ テーブルに [作業時間] 列が追加される。

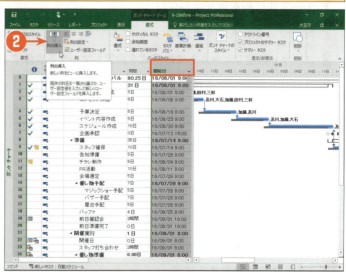

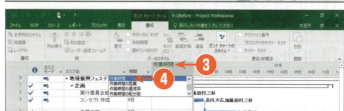

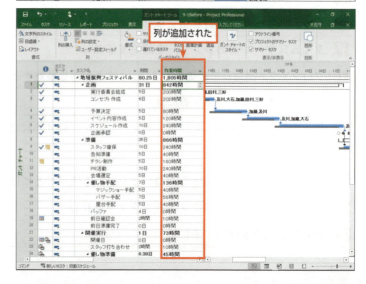

ヒント

列名を変更するには

列を右クリックして [フィールドの設定] をクリックし、[フィールドの設定] ダイアログの [タイトル] に列名を入力します。

列のフィールドを変更するには

列の見出し部分をダブルクリックし、フィールド名を入力します。

存在しないフィールド名を入力した場合

列の挿入時に列名に存在しないフィールド名を入力すると、自動的にユーザー設定フィールドが作成されます。

第9章　プロジェクト計画を使いやすくする機能　213

2 定期タスクを入力するには

タスクの中には、定期的に繰り返すタスクがあります。たとえば、毎週月曜日の午前中に行う進捗会議といったものが定期タスクに該当します。

定期タスクを入力する

❶ [タスク] タブの [挿入] の [タスク] の▼をクリックし、[定期タスク] をクリックする。

❷ [定期タスク情報] ダイアログで、[定期タスク名] [定期的パターン] [期間] を設定する。

❸ [OK] をクリックする。
▶ 定期タスクが設定される。

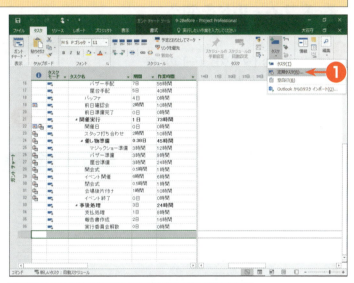

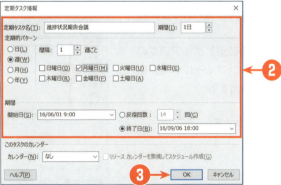

ヒント

表示されるアイコンについて

定期タスクを設定すると、テーブルの [状況説明マーク] 列に、定期タスクを示すアイコン（🔄）が表示されます。新しいタスクを作成する際に、自動/手動のどちらのスケジュール計算方法に設定しているかによって、定期タスクの設定も変わります。自動スケジュールの場合には、タスクに制約タイプが設定されます。手動スケジュールの場合は、手動スケジュールタスクとして設定されます。

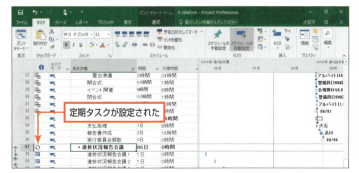

3 ユーザー設定フィールドに計算式を設定しマークを表示するには

　[ユーザー設定フィールド]には、ユーザー独自の情報が設定できます。たとえば、他のフィールドを参照し関数を使って計算したり、その結果を視覚的にマークで表示したりといった設定をすることができます。ここでは例としてタスクの進捗状況を信号機マークで表示するフィールドを作成します。

数値フィールドを使う

❶
[表示]タブの[タスクビュー]の[ガントチャート]の▼をクリックし、[ガントチャート(進捗管理)]をクリックする。

❷
[書式]タブの[列]の[ユーザー設定フィールド]をクリックする。

❸
[ユーザー設定フィールド]ダイアログの[種類]の▼をクリックし、[数値]を選択する。

❹
[フィールド]の一覧で、[数値1]を選択し、[名前の変更]をクリックする。

❺
[フィールド名の変更]ダイアログの['数値1'の新しいフィールド名]に「進捗状況」と入力する。

❻
[OK]をクリックする。

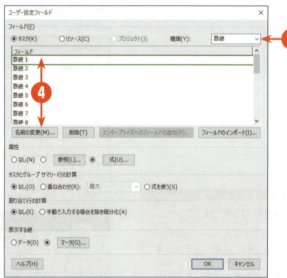

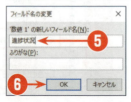

第9章 プロジェクト計画を使いやすくする機能

計算式を入力する

❶ [ユーザー設定フィールド]ダイアログで[式]をクリックする。
➡ ['進捗状況'の式]ダイアログが表示される。

❷ [進捗状況=]の下のボックスに次の計算式を改行を入れずに入力し、[OK]をクリックする。

```
IIf([達成率]<>100,IIf([実績開始日]>#2149/12/31#,ProjDateDiff([基準終了日],[終了日]),ProjDateDiff([開始日],[状況報告日])),0)/480
```

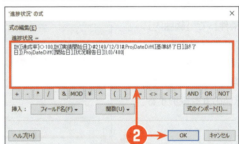

注意
IsNull式による日付の空白の判定
IsNull式では、日付フィールドの空白は判定できません。ここで紹介した方法で判定してください。
Project 2010がサポートする日付の最大値は「2049/12/31」でした。Project 2013以降では100年延長され「2149/12/31」になりました。

ヒント
計算式の意味について

IIF関数は、式の評価によって、2つの値のいずれか1つを返します。❶が真の場合は❷以降を返し、❶が真でない場合は0を返します。❷が真の場合は❸を返し、❷が真でない場合は❹を返します。
計算式全体の意味としては、遅延している期間を計算します。

❶[達成率]<>100
　タスクが完了しているかどうかを判定する。
❷[実績開始日]>#2149/12/31#
　[実績開始日]が入力されているかどうかを判定する。Projectがサポートする日付の最大値より大きければ入力されていないと判定する。

※日付フィールドの空白の判定については、このページの注意を参照
❸ProjDateDiff([基準終了日],[終了日])
　ProjDateDiff関数で、基準終了日と終了日の間の期間を取得する。
❹ProjDateDiff([開始日],[状況報告日])
　ProjDateDiff関数で、開始日と状況報告日の間の期間を取得する。
❺/480
　式から計算される値は「分」単位であるため、日数（60分×8時間）に変換する。

計算式の結果に従って信号機マークを設定する

❶ [ユーザー設定フィールド]ダイアログで [マーク] をクリックする。
  ➡ ["進捗状況" のマーク] ダイアログが表示される。

❷ [マークの条件定義] の [非サマリー行] をクリックする。

❸ グリッドの列にそれぞれ次の内容を入力する。
  ● 1行目の [値] に「2」を入力し、['進捗状況' の条件] で [より小さい]、[画像] で緑色の丸を選択する。
  ● 2行目の [値] に「2,4」を入力し、['進捗状況' の条件] で [範囲内]、[画像] で黄色の丸を選択する。
  ● 3行目の [値] に「4」を入力し、['進捗状況' の条件] で [より大きい]、[画像] で赤色の丸を選択する。

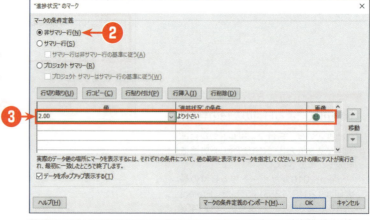

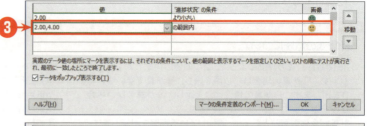

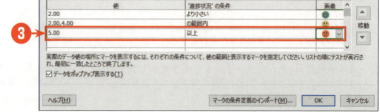

第9章　プロジェクト計画を使いやすくする機能

❹ [マークの条件定義] の [サマリー行] をクリックし、[サマリー行は非サマリー行の基準に従う] にチェックを入れる。

▶確認のダイアログが表示される。

❺ [はい] をクリックする。

❻ [マークの条件定義] の [プロジェクトサマリー] をクリックし、[プロジェクトサマリーはサマリー行の基準に従う] にチェックを入れる。

▶確認のダイアログが表示される。

❼ [はい] をクリックする。

❽ ["進捗状況" のマーク] ダイアログの [OK] をクリックする。

❾ [ユーザー設定フィールド] ダイアログの [OK] をクリックする。

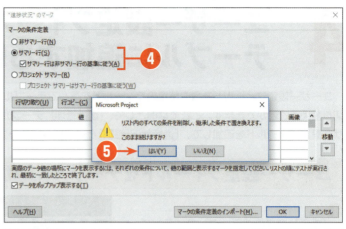

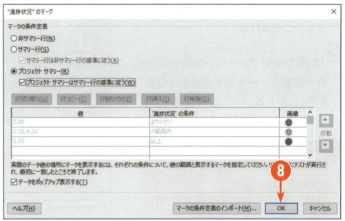

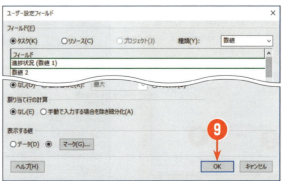

4 ユーザー設定フィールドを テーブルに追加するには

ユーザー設定フィールドを含む特定のフィールドを選んでテーブルを作成しておくと、必要なときに表示を簡単に切り替えることができます。ここでは例として、[進捗管理] テーブルのコピーを作成し、この章の3で作成したユーザー設定フィールドを追加して、「進捗状況確認」という新しいテーブルを作成します。

ユーザー設定フィールドをテーブルに追加する

❶ [表示] タブの [データ] の [テーブル] をクリックし、[その他のテーブル] をクリックする。

❷ [その他のテーブル] ダイアログで [テーブル名] の一覧から [進捗管理] を選択し、[コピー] をクリックする。

❸ [テーブルの定義] ダイアログの [テーブル名] に作成するテーブルの名前を入力し、[メニューに表示する] にチェックを入れる。

❹ [実績開始日] フィールドの左側にユーザー設定フィールドを追加するので、[フィールド名] 列の [実績開始日] をクリックし、[行挿入] をクリックする。

> **ヒント**
> **作成したテーブルを削除するには**
> 次の手順で削除します。
> ❶[その他のテーブル] ダイアログで [構成内容変更] をクリックする。
> ❷[構成内容の変更] ダイアログで、[テーブル] タブの ['Global.MPT'] の一覧から、削除するテーブル名を選択する。
> ❸[削除] をクリックする。

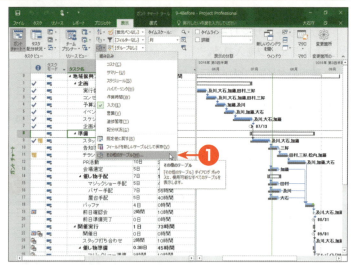

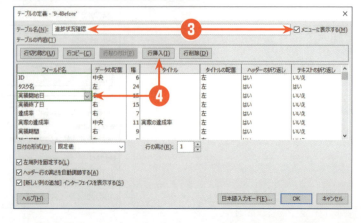

第9章　プロジェクト計画を使いやすくする機能　219

❺ 挿入した行の［フィールド名］列の▼をクリックし、ユーザー設定フィールド（ここでは［進捗状況］）を選択する。

❻ ［データの配置］［幅］［タイトル］を適宜設定し、［OK］をクリックする。

❼ ［その他のテーブル］ダイアログの［適用］をクリックする。

➥新しいテーブルが適用される。

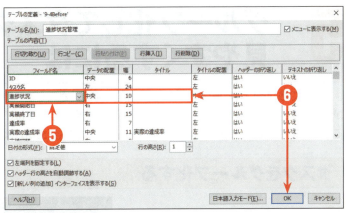

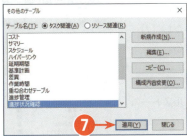

作成したテーブルを表示する

❶ ［表示］タブの［データ］の［テーブル］をクリックし、作成したテーブル名をクリックする。

➥ユーザー設定フィールドを含むテーブルが表示される。

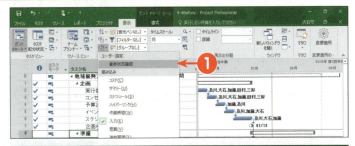

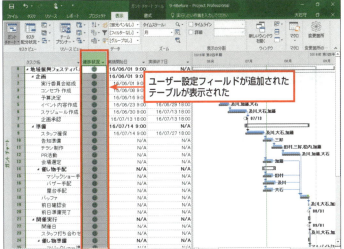

ユーザー設定フィールドが追加されたテーブルが表示された

ヒント

作成したテーブルをビューの定義に使う

ユーザーが作成したテーブルをビューの定義に使用することができます。
そのための方法は、この章の20のヒントを参照してください。

5 グループ化してタスクを見やすくするには

タスクの数が多い大規模なプロジェクト計画の場合、さまざまな切り口からプロジェクトのデータを確認する必要があります。こういった場合、グループ化の機能を利用すると便利です。ここでは、Project 2016の既定で設定されている、マイルストーンによるタスクのグループ化の方法を説明します。

タスクをグループ化する

❶ [表示] タブの [タスクビュー] の [ガントチャート] の▼をクリックし、[ガントチャート] をクリックする。

❷ [表示] タブの [データ] の [グループ化] の▼をクリックし、[マイルストーン] をクリックする。

→ マイルストーンのタスクとそれ以外のタスクにグループ化される。

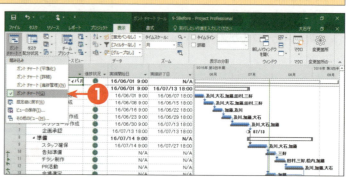

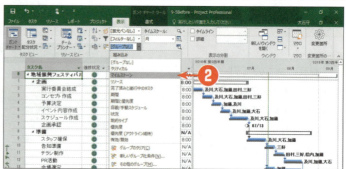

ヒント

グループ化を解除するには

現在表示しているグループ化を解除するには、[表示] タブの [データ] の [グループ化] の▼をクリックし、[グループなし] または [グループのクリア] をクリックします。

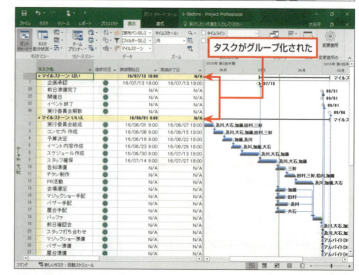

第9章　プロジェクト計画を使いやすくする機能　221

条件を設定してグループ化するには

　ユーザーが設定した独自の条件に基づいてグループ化する手順を説明します。ここでは例として、タスクを「開始日」と「期間」でグループ化します。

開始日と期間でグループ化する

❶ ［表示］タブの［タスクビュー］の［ガントチャート］ボタンの▼をクリックし、［ガントチャート］をクリックする。

❷ ［表示］タブの［データ］の［グループ化］の▼をクリックし、［新しいグループ化条件］をクリックする。

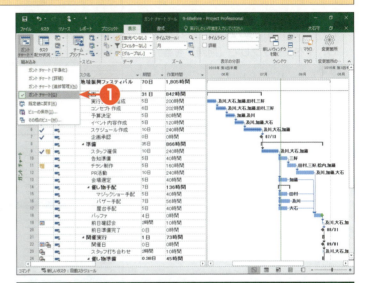

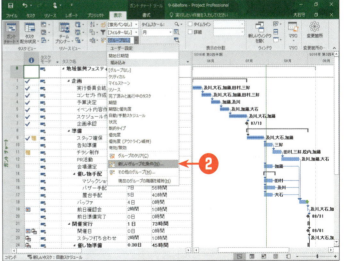

続き→

❸
[' <ファイル名> ' のグループ定義]
ダイアログで [グループ名] に「開始
日&期間」と入力し、[メニューに表示
する] にチェックを入れる。

❹
[フィールド名] 列の1行目をクリック
し、▼をクリックして [開始日] を選
択する。

❺
[フィールド名] 列の2行目をクリック
し、▼をクリックして [期間] を選択
する。

❻
[適用] をクリックする。
　▶ 開始日と期間でグループ化される。

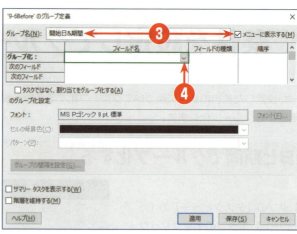

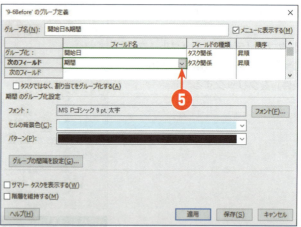

ヒント

**[' <ファイル名> ' のグループ定義]
ダイアログの内容**

グループ化では、次の設定ができます。

- [フィールド名]：▼をクリックしてグ
ループ化するフィールドを選択する
か、またはフィールド名を直接入力し
て指定します。入力する場合、たとえ
ば「開始日」と入力すると、「開始日」
で始まる一覧が表示されるので、表示
したいフィールドを選択します。
- [フィールドの種類]：フィールド名で
選択したフィールドの種類が表示さ
れます。
- [順序]：▼をクリックしてグループ
の一覧表示を昇順にするか降順にす
るかを指定します。既定値は「昇順」
です。

第9章 プロジェクト計画を使いやすくする機能　223

グループ化の表示をカスタマイズする

グループ化の表示は、背景色や日付の間隔などをカスタマイズできます。

❶ グループ化したセルを右クリックし、[グループ化] をクリックする。

❷ [グループ化のユーザー設定]ダイアログの [セルの背景色] の▼をクリックし、色（ここでは [濃い青]）を選択する。

❸ [グループの間隔を設定] をクリックする。

❹ [グループ間隔の設定] ダイアログの [グループ] の▼をクリックし、[週] を選択する。

❺ [OK] をクリックする。

❻ [グループ化のユーザー設定]ダイアログの [適用] をクリックする。

➡ グループ化の色と間隔が変更される。

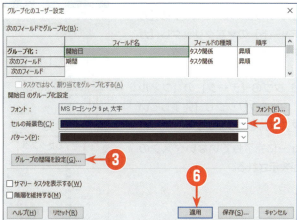

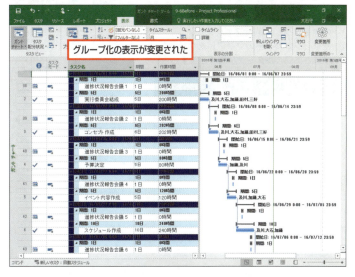

7 フィルターを使用して タスクを見やすくするには

　フィルター機能を利用すると、ある特定の条件で内容を抽出して表示することができます。ここでは、Project 2016 の既定で設定されている［完了していないタスク］フィルターと［サマリータスク］フィルターを使用する手順を説明します。

完了していないタスクのみ表示する

❶ ［表示］タブの［タスクビュー］の［ガントチャート］の▼をクリックし、［ガントチャート］をクリックする。

❷ ［表示］タブの［データ］の［フィルター］の▼をクリックし、［完了していないタスク］をクリックする。

　▶ビューに完了していないタスクのみが表示される。

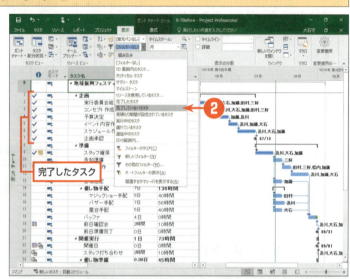

ヒント

フィルターを解除する

［表示］タブの［データ］の［フィルター］の▼をクリックし、［フィルターなし］または［フィルターのクリア］をクリックすると、フィルターが解除できます。

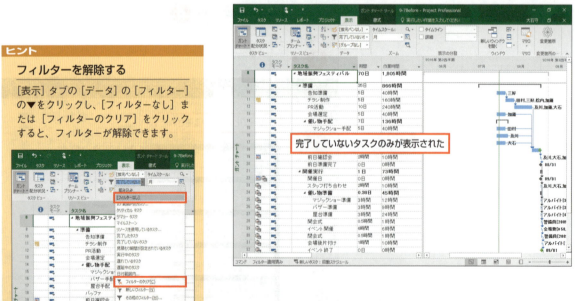

サマリータスクのみ表示する

❶ [表示] タブの [データ] の [フィルター] の▼をクリックし、[サマリータスク] をクリックする。

➡ サマリータスクのみが表示される。

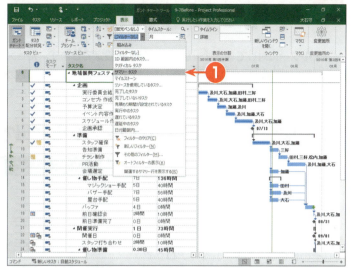

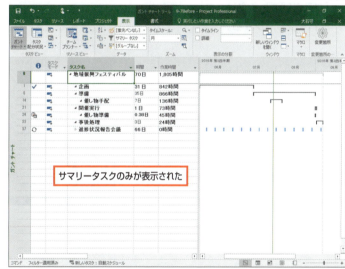

サマリータスクのみが表示された

ヒント

複数の条件を組み合わせたフィルター

フィルターは複数の条件を組み合わせて作成することができます。フィルターの条件の定義方法については、既存のフィルターを参考にするとよいでしょう。

8 依存関係を設定していないタスクを見つけるには

フィルターに対してユーザーが独自の条件を設定できます。たとえば、プロジェクト計画の作成時に依存関係の設定をしていないタスクがないか確認したいという場合、タスクの数が多いと目視で発見するのは困難です。こういった場合、依存関係が設定されていないタスクを抽出するフィルターを作成すれば、容易に発見が可能です。

依存関係を設定していないタスクを抽出するフィルターを作成する

❶ [表示] タブの [データ] の [フィルター] の▼をクリックし、[その他のフィルター] をクリックする。

❷ [その他のフィルター] ダイアログで [タスク関連] をクリックし、[新規作成] をクリックする。

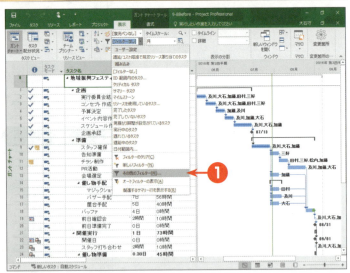

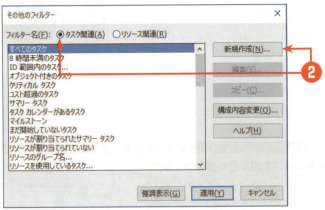

> **ヒント**
> **依存関係はすべてのタスクに設定する**
>
> 依存関係が設定されていないということは、クリティカルパスの計算から除外されることを意味します。定期タスクなどの例外を除き、依存関係はすべてのタスクに設定しましょう。

第9章　プロジェクト計画を使いやすくする機能

❸
[フィルターの定義]ダイアログで[フィルター名]に「依存関係チェック」と入力し、[メニューに表示する]にチェックを入れる。

❹
1行目の[フィールド名]の▼をクリックし、[先行タスク]を選択する。

❺
[値]は空欄のまま、[条件]の▼をクリックし、[と一致するものを含む]を選択する。

❻
2行目の[かつ/または]は[かつ]を選択し、[フィールド名]の▼をクリックし、[後続タスク]を選択する。

❼
[値]は空欄のまま、[条件]の▼をクリックし、[と一致するものを含む]を選択する。

❽
[保存]をクリックする。

❾
[その他のフィルター]ダイアログで作成したフィルター名を選択し、[適用]をクリックする。

➡フィルターが適用され、依存関係が設定されていないタスクのみが抽出される。

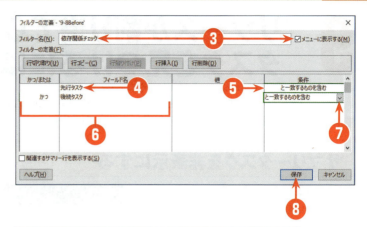

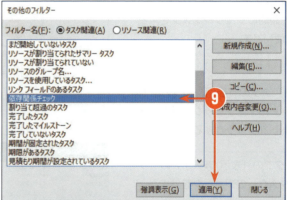

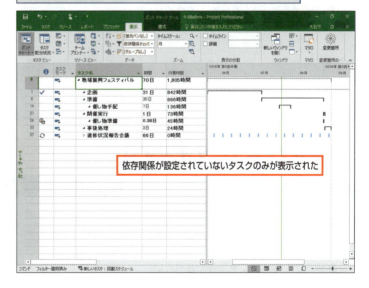

依存関係が設定されていないタスクのみが表示された

9 リソースが割り当てられていない タスクを見つけるには

オートフィルターを使用すると、現在表示されているフィールドに対して簡単にフィルターを設定できます。ここでは例として、[リソース名] 列が空欄のタスクを確認します。

サマリータスクを非表示にする

[リソース名] フィールドでフィルターすると、通常はリソースを割り当てないサマリータスクがフィルター表示されます。この場合は、一時的にサマリータスクを非表示にすると便利です。

❶ [タスク] タブの [表示] の [ガントチャート] の▼をクリックし、[ガントチャート] をクリックする。

❷ [書式] タブの [表示/非表示] の [サマリータスク] のチェックを外す。

▶ プロジェクトのサマリータスクとサマリータスクが非表示になる。

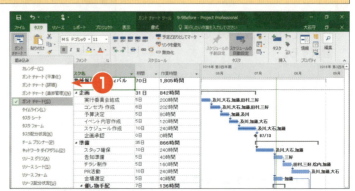

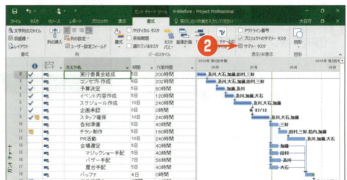

オートフィルターを使用する

❶ [表示] タブの [データ] の [フィルター] の▼をクリックし、[オートフィルターの表示] をクリックする。

● テーブルの列名に▼が表示されていれば、オートフィルターが有効になっている。

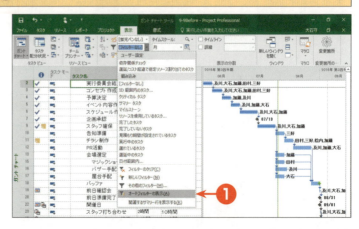

第9章　プロジェクト計画を使いやすくする機能

❷ [リソース名]フィールドの▼をクリックする。

❸ フィルターの[すべて選択]のチェックを外す。

❹ フィルターの[(空白)]にチェックを入れる。

❺ [OK]をクリックする。

➡ リソースが割り当てられていないタスクが表示される。

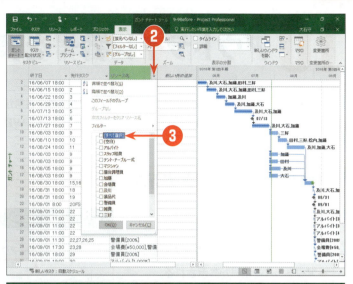

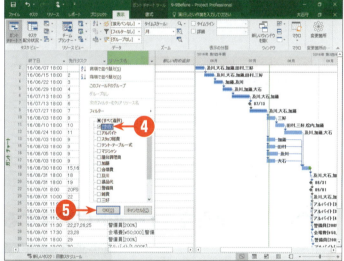

ヒント

フィルターが適用されているかどうかを確認する

フィルターが適用されているフィールドは、フィールド名の右端の▼の表示がフィルターのアイコン 🔽 に変わります。

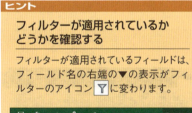

フィルターのアイコン

オートフィルターを解除する

[表示]タブの[データ]の[フィルター]の▼をクリックし、[オートフィルターの表示]をクリックします。クリックするたびに有効/無効が切り替わります。

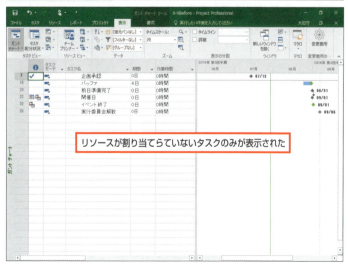

リソースが割り当てられていないタスクのみが表示された

10 アウトライン番号を表示するには

　Project 2016では、WBSの階層構造を表す目的で2種類の番号が用意されています。1つは数字のみで構成されるアウトライン番号で、もう1つはユーザーが独自に設定可能なWBS番号です。ここでは、アウトライン番号について解説します。

アウトライン番号を表示する

❶ ［書式］タブの［表示/非表示］の［アウトライン番号］にチェックを入れる。

▶ アウトライン番号が表示される。

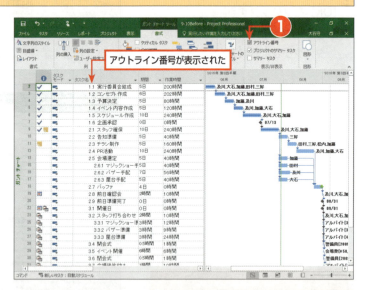

用語
アウトライン番号

アウトライン番号とは、階層構造になっているタスクの正確な位置を示す番号です。たとえば、「7.2」というアウトライン番号が付いているタスクは、7番目の最上位サマリーに含まれる2番目のサブタスクになります。

アウトライン番号をフィールドに表示する

❶ アウトライン番号を挿入する列を選択し、右クリックして［列の挿入］をクリックする。

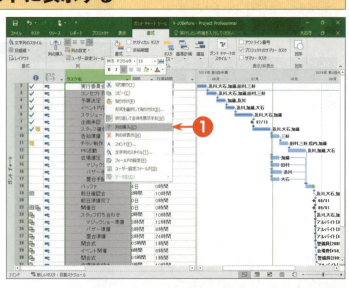

用語
WBS（Work Breakdown Structure）

スケジュール報告またはコスト管理を行うために、タスクを整理する目的で使用される階層的構造。Project 2016では、アウトライン番号、もしくはユーザーが独自に設定できるWBS番号を使用してWBSを表すことができます。

第9章 プロジェクト計画を使いやすくする機能　231

❷　[列名の入力] に「アウトライン」と入力し、Enterを押す。
　➡「アウトライン」で始まるフィールド名の一覧が表示される。

❸　一覧から[アウトライン番号]をクリックする。
　➡[アウトライン番号] フィールドが追加される。

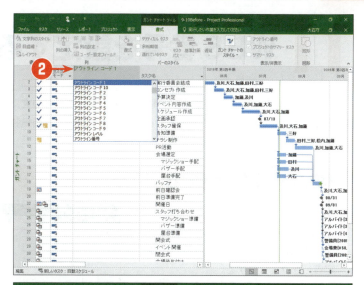

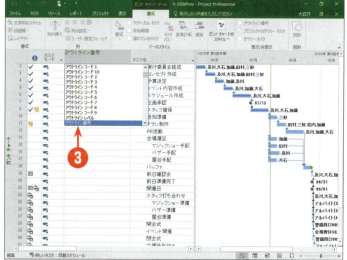

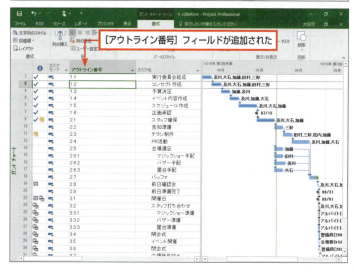

[アウトライン番号] フィールドが追加された

11 WBS番号を設定するには

　WBS番号は、アウトライン番号とは異なり、アルファベットの大文字や小文字、数字が使用できます。また、WBSのレベルを区切る文字も指定できます。この機能を使用して、組織独自のルールに則ったWBS番号を作成することが可能です。

WBS番号を設定する

❶ ［プロジェクト］タブの［プロパティ］の［WBS］をクリックし、［コードの定義］をクリックする。

▶ ［'＜ファイル名＞'のWBS番号の定義］ダイアログが表示される。

❷ ［プロジェクトのWBS番号接頭文字］を入力する。

❸ ［WBS番号の設定］で、レベルごとに［シーケンス］［長さ］［区切り］を次のように設定する。

レベル	シーケンス	長さ	区切り
1	数値（昇順）	すべて	．
2	数値（昇順）	すべて	．
3	数値（昇順）	すべて	．
4	アルファベット（小文字）（abc順）	すべて	．

❹ ［OK］をクリックする。

ヒント
タスク固有のID

プロジェクト情報を他のアプリケーションと連携させる場合、タスクに一度振られたらずっと変更されない一意のインデックスが必要となる場合があります。Project 2016では［固有ID］フィールドの値がこれに該当します。固有IDは、プロジェクト計画内での位置とは関係なく、作成された順番で振られる番号です。

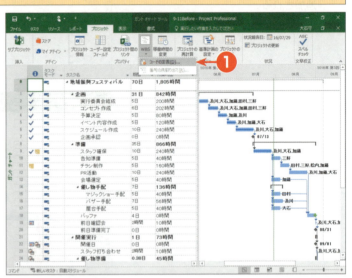

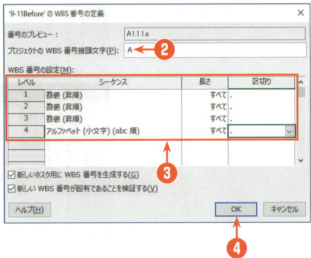

第9章 プロジェクト計画を使いやすくする機能　**233**

❺ WBS番号を挿入する列を選択し、右クリックして［列の挿入］をクリックする。

❻ ［列名の入力］に「WBS」と入力する。

❼ 一覧から［WBS番号］をクリックする。
▶［WBS番号］フィールドが追加される。

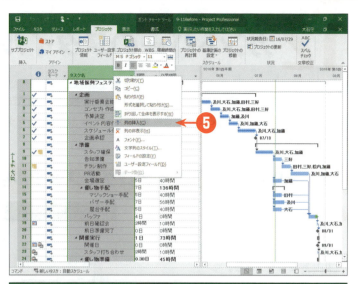

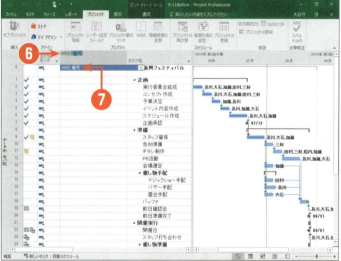

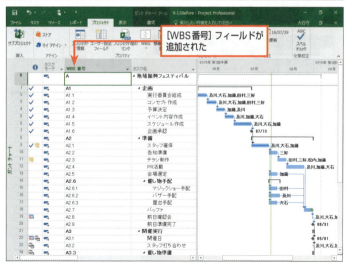

［WBS番号］フィールドが追加された

ヒント

WBS番号を振り直す

タスクの移動、削除、並べ替えを行うと、ユーザー設定のWBS番号が連続的なものではなくなる場合があります。このような場合、次の手順でWBS番号を振り直すことができます。

❶［プロジェクト］タブの［プロパティ］の［WBS］をクリックし、［番号の再割り当て］をクリックする。

❷［WBS番号の再割り当て］ダイアログで［WBS番号再割り当ての対象］の［選択したタスク］または［プロジェクト全体］をクリックする。

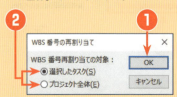

❸［OK］をクリックする。
❹ 警告のダイアログが表示された場合は［はい］をクリックする。
▶ WBS番号が振り直される。

12 ガントバーのスタイルを変更するには

ガントバーの形状、色、パターンなどはユーザーが独自に設定できます。また、ガントバーの文字列に表示するフィールドや表示する位置も指定できます。ここでは、[バーのスタイル] ダイアログを使う方法と、ガントチャートのスタイルを使う方法について解説します。

[バーのスタイル] ダイアログでスタイルを変更する

❶ [書式] タブの [バーのスタイル] の [書式] をクリックし、[バーのスタイル] をクリックする。

➡ [バーのスタイル] ダイアログが表示される。

❷ [バーの形] タブの [バー] で、[形状] [パターン] [色] を変更する。

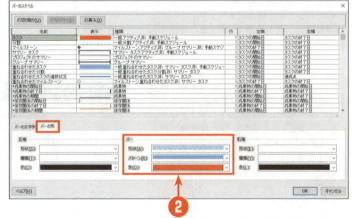

ヒント

その他の [バーのスタイル] ダイアログの表示方法

[バーのスタイル] ダイアログを表示するには、ほかにもいくつかの方法があります。

- [書式] タブの [ガントチャートのスタイル] をクリックして、[ガントチャートのスタイル] の右下のダイアログ起動ツールをクリックする。

- ガントバーの空白部分をダブルクリックする。
- ガントバーの空白部分を右クリックし、[バーのスタイル] をクリックする。

第9章　プロジェクト計画を使いやすくする機能

❸ [バーの文字列] タブに切り替え、[下側] のボックスをクリックして▼をクリックし、[タスク名] を選択する。

❹ [OK] をクリックする。

➡ガントバーのスタイルが変更され、タスク名が表示される。

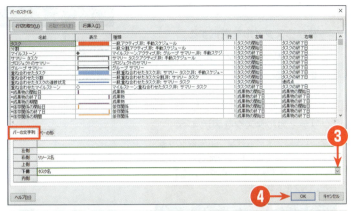

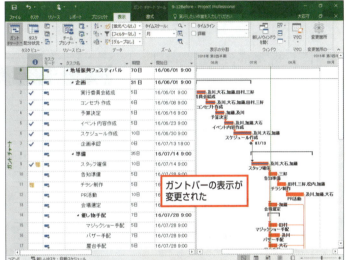

ガントチャートのスタイルを使う

ガントチャートのスタイルを使うと、[バーのスタイル] ダイアログよりも簡単にバーのスタイルを変更することができます。

❶ [書式] タブの [ガントチャートのスタイル] をクリックする。

❷ [ガントチャートのスタイル] の [その他] をクリックする。

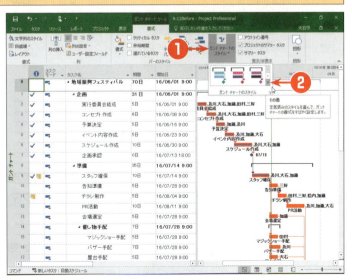

続く

❸ 一覧からスタイルを選択する。

➡ ガントバーのスタイルが一括で変更される。

ヒント

クリティカルタスクを表示する

ガントチャートにクリティカルタスクを表示するには、[書式] タブの [バーのスタイル] の [クリティカルタスク] にチェックを入れます。

ガントチャートウィザードを使用するには

従来のガントチャートウィザードを使ってバーのスタイルを変更することもできます。ガントチャートウィザードを使用したい場合は、リボンに追加するか、操作アシストのテキストボックスで検索することで利用できます。

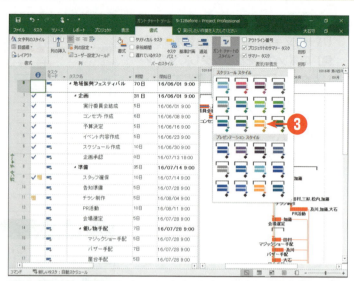

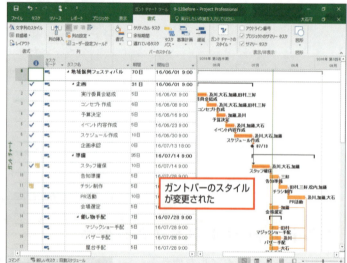

ガントバーのスタイルが変更された

参照

リボンをカスタマイズするには
　　　　　　　　　　この章の **19**

操作アシストを使用するには
　　　　　　　　　　この章の **24**

第9章　プロジェクト計画を使いやすくする機能

バーのスタイルの応用設定

ガントチャートのバーのスタイルの設定方法については、この章の12で触れていますので、ここではもう少し応用的なガントバーの設定、特に［バーのスタイル］ダイアログの詳細について解説します。

［バーのスタイル］ダイアログの設定

バーの形状、パターン、色などについてはこの章の12で説明したとおりですので、ここでは主に［種類］列の設定について解説します。この［種類］列に条件を入力することによってガントバーの性質を定義します。［種類］列に定義できる主な条件を次に示します。これらをカンマ（,）で区切って、複数の条件を組み合わせることができます。

種類（条件）	説明
一般	通常のサブタスク
アクティブ	無効化されていないタスク
分割	タスクの分割された部分
手動スケジュール	手動スケジュールのタスク
サマリータスク	階層下にサブタスクを持つサマリータスク
プロジェクトのサマリー	プロジェクト全体を表すプロジェクトのサマリータスク
マイルストーン	マイルストーンに設定されているタスク
成果物	Project Server使用時の成果物タスク
依存関係	成果物タスクに使用する
プレースホルダー	開始日/終了日の設定がされていないタスク
クリティカルタスク	クリティカルと判定されたタスク
外部タスク	別のプロジェクトファイルに存在するタスク
重ね合わせたタスク	サマリータスクに重ね合わせ表示するタスク
遅延中のタスク	状況報告日を基準にして遅れているタスク
フラグ1～20	フラグフィールド
非：（コロンは全角）	上記の条件の否定に使用する演算子

［左端］はバーの左端の開始点となる日付、［右端］はバーの右端の終了点となる日付を指定します。

フラグフィールドについて

フラグフィールドは、9種類のユーザー設定フィールドのうちの一つです。フラグフィールドは、「はい」と「いいえ」の2種類の値のどちらかを選択することができ、オン/オフを表す目的に使用します。このフィールドを［バーのスタイル］ダイアログのバーの定義で使用することができます。フラグが「はい」の場合、バーの定義が有効になります。

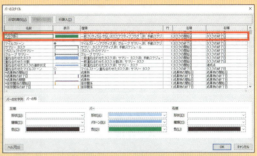

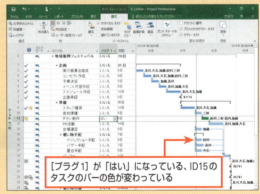

［フラグ1］が「はい」になっている、ID15のタスクのバーの色が変わっている

強調表示フィルターとの違い

強調表示フィルターを使用すると、特定の条件を持ったタスクを強調表示することができます。フラグフィールドを使用して、ガントバーのスタイルを切り替えるのも、これと性質的によく似ています。両者の違いは、強調表示フィルターはテーブルの書式を変更するものだという点です。［バーのスタイル］ダイアログで、ガントバーのスタイルの条件を指定して定義することができますが、ここでは強調表示フィルターほど複雑な条件を定義することはできません。したがって、条件はフラグフィールドの式で定義し、その結果をフラグフィールドの値として設定するとよいでしょう。

13 ガントバーにコメントを挿入するには

ガントチャート上にテキストボックスを挿入し、タスクに関連する情報をテキストで表示することができます。たとえば中断したタスクに対して、その理由をコメントとして記入することができます。テキストボックスは、タイムスケールに対して添付することも、タスクに添付することも可能です。

テキストボックスを挿入する

❶ [書式] タブの [図形] の [図形] をクリックし、[テキストボックス] をクリックする。

❷ ガントチャート上でマウスをドラッグし、テキストボックスを作成する。

❸ テキストボックスにコメントを入力する。

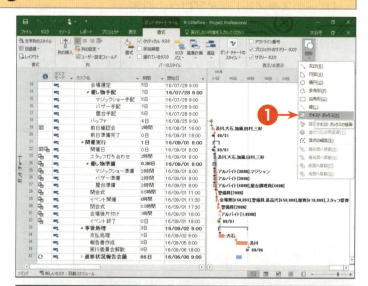

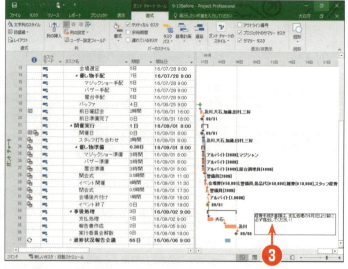

第9章 プロジェクト計画を使いやすくする機能　**239**

❹ テキストボックスを右クリックし、［書式設定］をクリックする。

❺ ［図形の書式設定］ダイアログで［サイズと配置］タブをクリックする。

❻ ［配置］の［タスクに添付］をクリックし、添付するタスクのIDを入力する。

● 基点からの配置場所を設定できるので、必要に応じてそれぞれの設定をする。

❼ ［OK］をクリックする。

▶ガントバーにコメントが表示される。

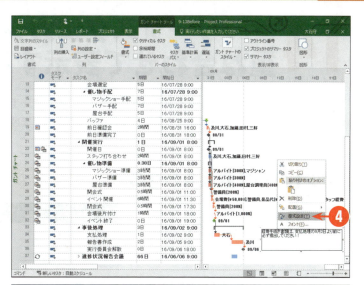

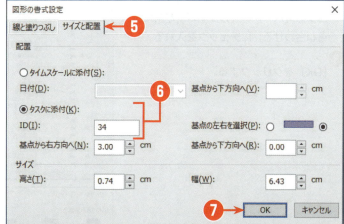

ヒント

テキストボックスを添付する位置

●［タイムスケールに添付］
指定した日付を基点にオフセットの値を指定します。

●［タスクに添付］
タスクの開始日もしくは終了日を基点にしてオフセットの値を指定します。

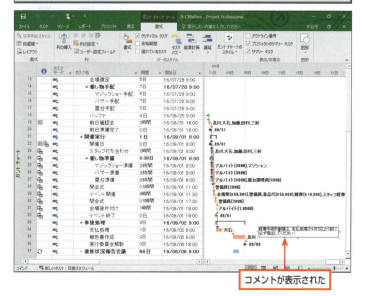

コメントが表示された

14 サマリータスクにガントバーを重ね合わせて表示するには

サマリータスクにガントバーを重ね合わせて表示することができます。ガントバーを重ね合わせることにより、マイルストーンもサマリータスク上に表示されるので、サブタスクを展開せずにサマリータスク上で重要な日付を確認できます。

ガントバーを重ね合わせる

❶ [書式]タブの[書式]の[レイアウト]をクリックする。

❷ [ガントチャートのレイアウト]ダイアログの[バー]の[ガントバーを常に重ね合わせる]にチェックを入れる。

❸ [OK]をクリックする。

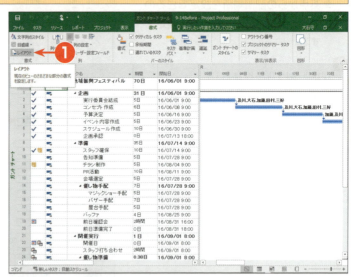

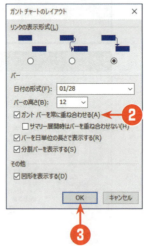

> **ヒント**
> **サマリー展開時に重ね合わせないようにするには**
> サマリー展開時に、バーを重ね合わせないように設定する場合は、[ガントチャートのレイアウト]ダイアログの[バー]の[サマリー展開時はバーを重ね合わせない]にチェックを入れます。

第9章 プロジェクト計画を使いやすくする機能　241

➡サマリータスクにガントバーが表示される。

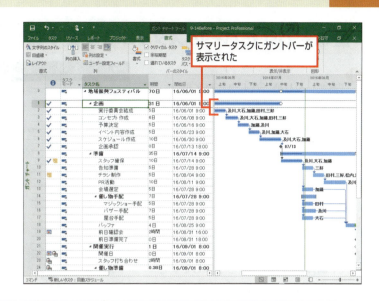

サマリータスクにガントバーが表示された

特定のタスクを重ねる

特定のタスクを選択し、サマリータスクにガントバーを重ね合わせることができます。

❶ サマリータスクに重ね合わせるタスクの［タスク名］をダブルクリックする。

❷ ［タスク情報］ダイアログで、［全般］タブをクリックする。

❸ ［重ね合わせ］にチェックを入れる。

❹ ［OK］をクリックする。

➡選択したタスクのガントバーがサマリータスクに表示される。

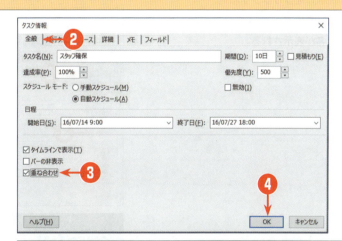

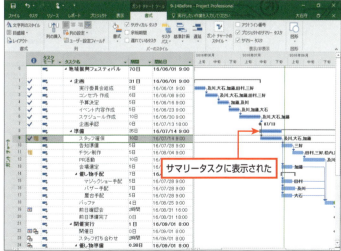

サマリータスクに表示された

重ね合わせたバーのスタイルを変更する

❶ ［書式］タブの［バーのスタイル］の［書式］をクリックし、［バーのスタイル］をクリックする。

❷ ［バーのスタイル］ダイアログの［名前］から［重ね合わせたタスク］をクリックする。

❸ ［バーの文字列］タブをクリックする。

❹ ［下側］のボックスをクリックして▼をクリックし、［タスク名］を選択する。

❺ ［OK］をクリックする。

▶重ね合わせたバーの下側にタスク名が表示される。

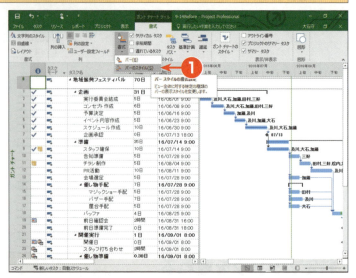

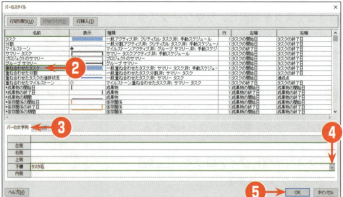

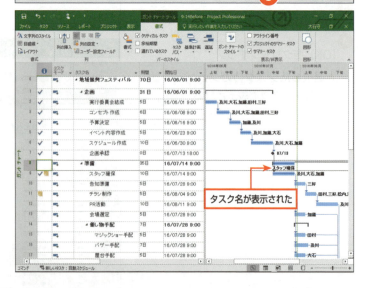

第9章 プロジェクト計画を使いやすくする機能　243

15 タスクにカレンダーを割り当てるには

　Projectでは3種類のカレンダーを設定できます。第1章の11では「プロジェクトカレンダー」、第2章の6では「リソースカレンダー」について解説しました。ここでは残りの「タスクカレンダー」について解説します。例として、本書のサンプルファイルに含まれている[イベント当日]カレンダーをタスクカレンダーに割り当てる手順を説明します。

タスクカレンダーを使う

❶ タスクカレンダーを設定するタスクを選択して右クリックし、[情報]をクリックして[タスク情報]ダイアログを開く(ここでは複数のタスクを選択して[複数タスクの情報]ダイアログを開いている。以降の手順は同じ)。

❷ [詳細]タブをクリックする。

❸ [カレンダー]の▼をクリックして[イベント当日]を選択する。

❹ [リソースカレンダーを無視してスケジュール作成]にチェックを入れる。

❺ [OK]をクリックする。

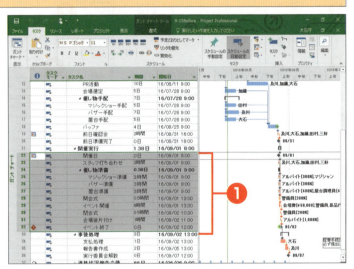

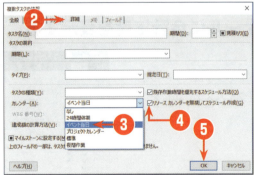

注意
稼働時間に注意する
タスクカレンダーの稼働時間が極端に少なく設定されていると、リソースの稼働時間との兼ね合いでタスクの実施時間が確保できずエラーが発生する場合がありますので注意してください。

ヒント
タスクカレンダーについて
既定では、タスクのスケジュールはプロジェクトカレンダーを基に作成されます。たとえば、組織内の既存システムを更新するために勤務時間外に新しいシステムのテストを行うような場合、タスクカレンダーを作成すると例外的な稼働時間を設定できます。

ヒント
プロジェクトカレンダー、リソースカレンダー、タスクカレンダーの参照順序
Projectのリソースとタスクの稼働スケジュールは、プロジェクトカレンダー、リソースカレンダー、タスクカレンダーの順に参照して決定します。3つのカレンダーが設定されているタスクの場合、タスクカレンダー、リソースカレンダー、プロジェクトカレンダーという優先順位でスケジュールが計算されます。タスクのスケジュールをリソースの非稼働時間内に設定する必要がある場合は、[リソースカレンダーを無視してスケジュール作成]にチェックを入れます。

16 タイムスケールに会計年度を表示するには

企業独自の会計年度をタイムスケールに設定することができます。たとえば、会計年度を4月スタートとし、四半期を表示することが可能です。

会計年度を設定する

❶ [ファイル] タブの [オプション] をクリックする。

❷ [Projectのオプション] ダイアログの [スケジュール] をクリックする。

❸ [次のプロジェクトのカレンダーオプション] の [年の開始月] の▼をクリックし、[4月] を選択する。

❹ [日本式の会計年度を適用する] にチェックを入れる。

❺ [OK] をクリックする。

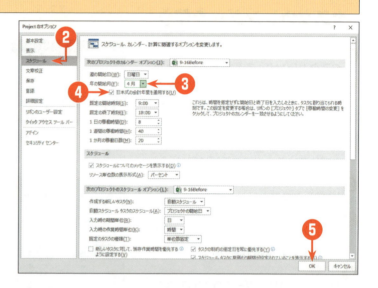

タイムスケールに会計年度を表示する

❶ ガントチャート上のタイムスケールを右クリックし、[タイムスケール] をクリックする。

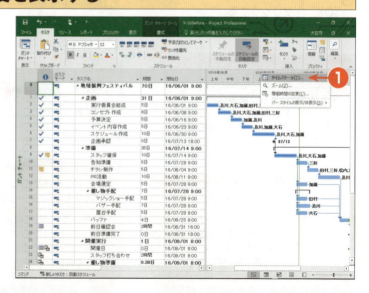

第9章 プロジェクト計画を使いやすくする機能

❷ [タイムスケール] ダイアログの [大区分] タブをクリックする。

❸ [表示] の▼をクリックし、[3タイムスケール（大区分、中区分、小区分）] を選択する。

❹ [単位] の▼をクリックし、[四半期] を選択する。

❺ [会計年度を使用]にチェックを入れる。

❻ [OK] をクリックする。

▶タイムスケールに会計年度の四半期が表示される。

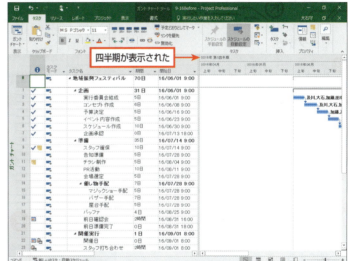

ヒント
タイムスケールの表示サイズ

ズームスライダーの ［縮小］ や ［拡大］ ボタンを使うと、現在表示されているタイムスケールの表示サイズが変更され、もともとの区分ごとの設定は保持されません。現在のタイムスケールの設定のまま、タイムスケールを伸ばしたり縮めたりするには、［タイムスケール］ ダイアログの ［サイズ］ の値（％）を調整してください。

ヒント
タイムスケールの3段表示

タイムスケールは、[大区分］[中区分］[小区分］の3段まで表示することができます。常に大きい区分の時間の単位を下の区分より大きく設定する必要があります。正しく設定されていない場合、エラーメッセージが表示されます。

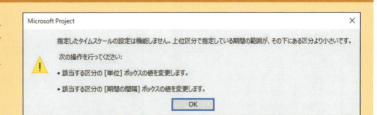

17 タイムスケールのカレンダーを設定するには

タイムスケールには、プロジェクトのカレンダーとは異なるカレンダーを使用することができます。［プロジェクト情報］ダイアログでカレンダーを指定しても、タイムスケール用のカレンダーは自動的に更新されないので注意してください。ここでは例として、非稼働時間をタイムスケールに表示する方法を解説します。

タイムスケールに異なるカレンダーを設定して非稼働時間を表示する

❶ ガントチャート上のタイムスケールを右クリックし、［タイムスケール］をクリックする。

❷ ［タイムスケール］ダイアログの［小区分］タブをクリックする。

❸ ［単位］の▼をクリックし、［日］を選択する

❹ ［非稼働時間］タブをクリックする。

❺ ［カレンダー名］の▼をクリックし、タイムスケールに使用するカレンダーを選択する。

❻ ［OK］をクリックする。

ヒント
タイムスケールの時間単位を簡単に変更する方法

［表示］タブの［タイムスケール］の一覧から小区分に適用したい時間単位を選択します。

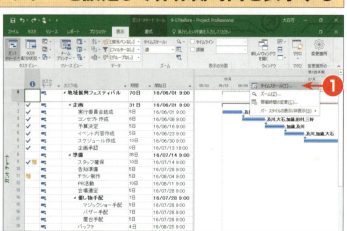

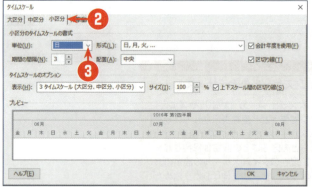

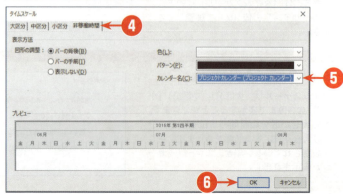

第9章　プロジェクト計画を使いやすくする機能

➡タイムスケールに非稼働時間が表示される。

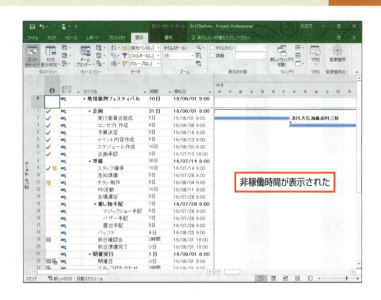

非稼働時間が表示された

ヒント

非稼働時間の表示位置

[タイムスケール] ダイアログの [非稼働時間] タブでは、非稼働時間を表す図形の位置を調整することができます。[バーの手前] を選択すると、非稼働時間の部分ではガントバーが隠れます。[バーの背後] を選択すると、非稼働時間がガントバーの背後に隠れます。

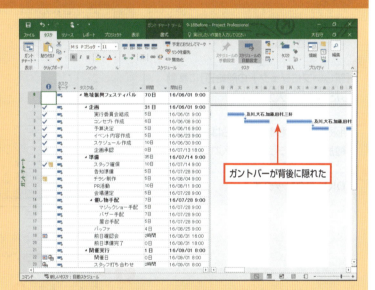

ガントバーが背後に隠れた

[タイムスケール] ダイアログを表示するその他の方法

[タイムスケール] ダイアログは、次のいずれかの方法でも表示することができます。

- タイムスケール上でダブルクリックする。
- [表示] タブの [ズーム] の [タイムスケール] の▼をクリックし、[タイムスケール] を選択する。

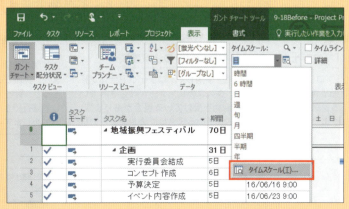

18 プロジェクト開始日を変更して プロジェクト全体を移動するには

完了したプロジェクトのファイルを利用して、新たにプロジェクト計画を作成するということはよくあります。その場合、完了したプロジェクトに特有の期限や制約がタスクに設定されていることがあります。プロジェクト開始日を変更しただけでは、それらの設定は変更されません。こういった場合、「プロジェクトの移動」機能を使用すると、新たなプロジェクト開始日を指定するだけで、期限などによって日付が指定されているタスクをプロジェクト開始日から相対的に時間差を加味して自動的に移動してくれるので便利です。

プロジェクトを移動する

❶ [プロジェクト] タブの [スケジュール] の [プロジェクトの移動] をクリックする。
  ▶ [プロジェクトの移動] ダイアログが表示される。

❷ [新しいプロジェクトの開始日] に移動したい日付を入力する。

❸ 期限も一緒に移動する場合は、[期限を移動する] にチェックを入れる。

❹ [OK] をクリックする。

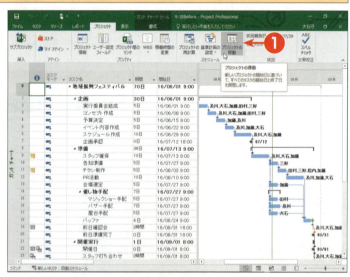

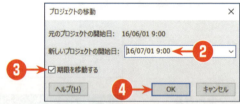

注意

「プロジェクトの移動」機能使用時の注意事項

「プロジェクトの移動」機能を使用してプロジェクト全体が移動できたように見えても、タスクカレンダーが設定されているタスクは特定の期間に制約を受けている場合があります。タスクカレンダーが設定されている場合は、カレンダーの稼働時間を確認することも忘れないようにしましょう。
また、実績が入っている状態で「プロジェクトの移動」を実行すると、警告メッセージが表示されます。[はい] をクリックして続行できますが、実績値を削除してから実行することをお勧めします。

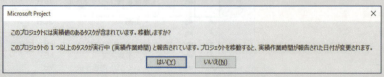

第9章　プロジェクト計画を使いやすくする機能　249

➡ 指定したプロジェクト開始日に従って、プロジェクト全体が移動する。

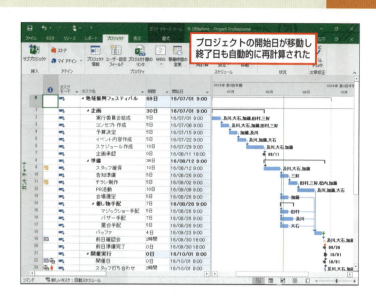

ヒント

[プロジェクト情報]でプロジェクト開始日を変更した場合

[プロジェクト情報]でプロジェクト開始日を変更しても、期限や制約が設定されていない場合は、タスクの依存関係に従ってスケジュールが再計算され、[プロジェクトの移動]機能を使用した場合と同様にプロジェクト全体が移動します。しかし、タスクに制約が設定されているとスケジュール計算に矛盾が発生したり、期限が設定されている場合は期限超過の警告が発生することがあります。

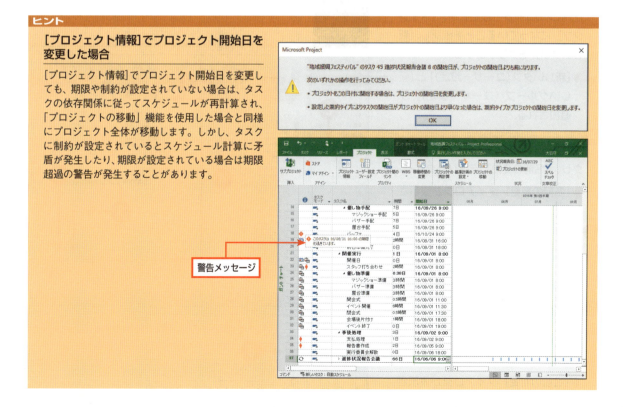

19 リボンをカスタマイズするには

Project 2016では、リボンインターフェイスにより、初めて使うユーザーでも必要な機能を見つけやすくなっています。リボンはカスタマイズすることができ、既定ではリボンに表示されていない機能でも、ユーザー独自のグループを新たに作成し、よく使うコマンドを配置することができます。

リボンに新しいタブを追加する

❶ [ファイル] タブの [オプション] をクリックする。
- [Projectのオプション] ダイアログが表示される。

❷ [リボンのユーザー設定] をクリックする。

❸ [コマンドの選択] の▼をクリックし、[リボンにないコマンド] をクリックする。

❹ [リボンのユーザー設定] が、[メインタブ] になっていることを確認し、[新しいタブ] をクリックする。
- [新しいタブ（ユーザー設定）] と [新しいグループ（ユーザー設定）] が追加される。

❺ [新しいタブ（ユーザー設定）] をクリックし、[名前の変更] をクリックする。
- [名前の変更] ダイアログが表示される。

❻ [表示名] にタブの名前を入力し、[OK] をクリックする。
- 入力した名前がタブに設定される。

❼ [新しいグループ（ユーザー設定）] をクリックし、[名前の変更] をクリックする。
- [名前の変更] ダイアログが表示される。

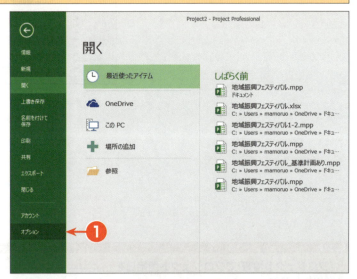

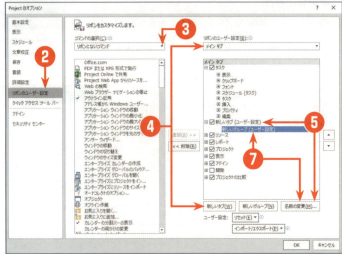

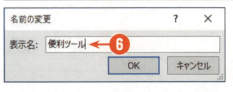

第9章　プロジェクト計画を使いやすくする機能　251

❽ [表示名]にグループ名を入力し、[OK]をクリックする。

　➡入力した名前がグループに設定される。

❾ [コマンドの選択]の下の一覧から、グループに追加するコマンドを選択する。

❿ 作成したグループを選択し、[追加]をクリックする。

　➡グループにコマンドが追加される。

⓫ [Projectのオプション]ダイアログの[OK]をクリックする。

　➡Project画面に戻ると、作成したタブが表示され、タブ内のグループにコマンドが追加されている。

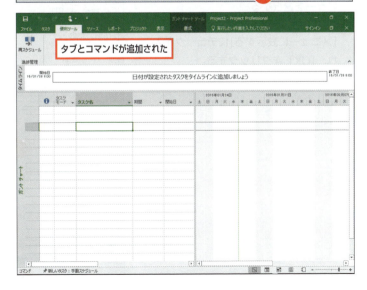

ヒント
追加したタブやグループを削除する

追加したタブやグループを削除するには、[Projectのオプション]ダイアログの[リボンのユーザー設定]で、削除したいタブもしくはグループを選択して[削除]をクリックします。

20 独自のビューを作成して リボンのメニューに登録するには

よく使用するビューを［ビューバー］に登録しておくと、すばやく切り替えられて便利です。ここでは、新しいビューを作成して登録する方法と、登録したビューを削除する方法を説明します。

ビューを新規作成する

❶ ［タスク］タブの［表示］の［ガントチャート］の▼をクリックし、［その他のビュー］をクリックする。

❷ ［その他のビュー］ダイアログの［新規作成］をクリックする。

❸ ［新しいビューの定義］ダイアログの［分割ビュー］をクリックし、［OK］をクリックする。

❹ ［ビューの定義］ダイアログの［ビュー名］に任意の名前を入力する。

❺ ［主要ビュー］と［詳細ウィンドウ］の▼をそれぞれクリックし、表示するビューを選択する。

❻ ［メニューに表示する］にチェックを入れ、［OK］をクリックする。

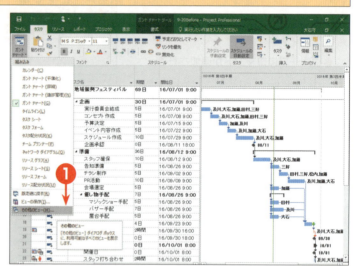

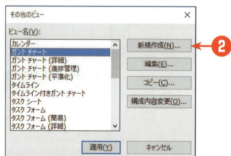

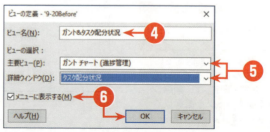

第9章 プロジェクト計画を使いやすくする機能

❼ [その他のビュー] ダイアログで、作成したビューが選択されていることを確認して [適用] をクリックする。

➡ 作成したビューが適用され、[タスク] タブの [表示] の [ガントチャート] ボタンの▼をクリックすると、作成したビューの名前が表示される。

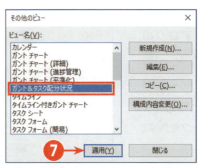

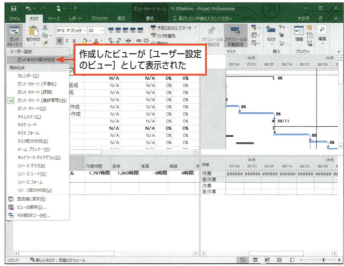

ヒント

単一ビューの作成

単一ビューを作成する際には、[テーブル名] [グループ名] [フィルター名] も合わせて設定できます。

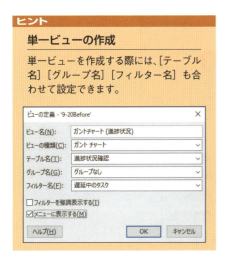

リボンのメニューへの表示を解除する

❶ [タスク] タブの [表示] の [ガントチャート] の▼をクリックし、[その他のビュー] をクリックする。

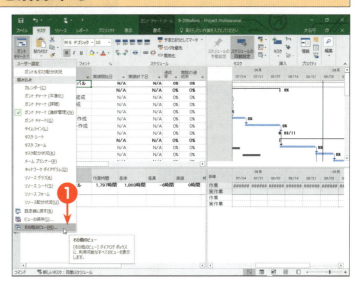

続く➡

❷
［その他のビュー］ダイアログの［ビュー名］からビューを選択し、［編集］をクリックする。

❸
［ビューの定義］ダイアログの［メニューに表示する］のチェックを外す。

❹
［OK］をクリックする。

❺
［その他のビュー］ダイアログの［閉じる］をクリックする。

❻
［タスク］タブの［表示］の［ガントチャート］の▼をクリックする。
→メニューへの登録がキャンセルされている。

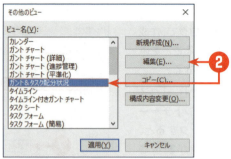

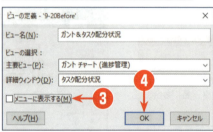

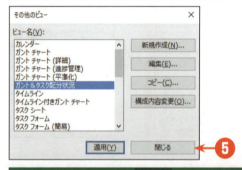

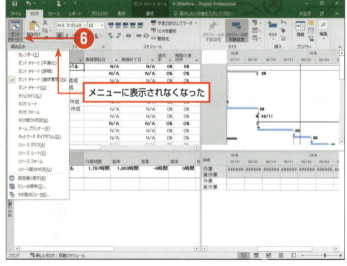

ヒント

ビューを切り替える別の方法

画面左側に表示されているビュー名をクリックするとビューの一覧が表示され、表示したいビューを選択することができます。

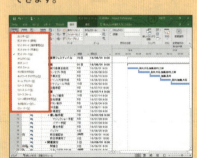

独自のビューを削除する

❶ [タスク] タブの [表示] の [ガントチャート] の▼をクリックし、Projectの標準のビューを選択する。

❷ [タスク] タブの [表示] の [ガントチャート] の▼をクリックし、[その他のビュー] をクリックする。

❸ [その他のビュー] ダイアログの [ビュー名] から削除するビュー名を選択し、[構成内容変更] をクリックする。

❹ [構成内容の変更] ダイアログの [ビュー] タブを選択し、右側の現在開いているプロジェクト名の一覧の中から削除するビュー名を選択して [削除] をクリックする。

▶ 確認のダイアログが表示される。

❺ [はい] をクリックする。

▶ 選択したビューが削除される。

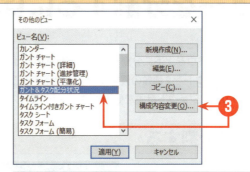

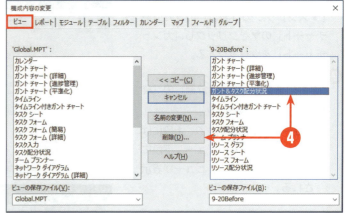

ヒント
使用中のビューは削除できない

現在使用中のビューを削除しようとすると、警告のダイアログが表示されます。使用中のビューは削除できないためです。一度他のビューを適用した後、削除します。

注意
Projectが標準で用意しているビューは削除しない

[構成内容の変更] ダイアログを使って、Global.MPT から Project の標準ビューを削除するのは、特別な理由がない限り避けてください。
一度 Global.MPT からビューを削除してしまうと、Project がインストールされた環境自体から削除されてしまうため使用できなくなります。このため本書では、使用しないビューは削除ではなくメニューに表示しないことをお勧めします。
万が一、標準ビューを削除してしまった場合は、別の環境で作成したプロジェクトファイル (.mpp) から [構成内容の変更] でコピーして復元してください (この章の22のコラムを参照)。

21 ビューを分割するには

　Project 2016では、ウィンドウを上下に分割してそれぞれ別のビューを表示することができます。ビューを分割することにより、1つのプロジェクトを2種類の異なる形式で確認することができ、効率良く作業できます。また、ビューの分割だけでなく、1つのプロジェクト計画を個別のウィンドウとして上下に表示することもできます。

ビューを上下に分割する

❶ [タスク] タブの [表示] の [ガントチャート] の▼をクリックし、[ガントチャート] をクリックする。

❷ [表示] タブの [表示の分割] の [詳細] にチェックを入れる。

　➡ビューが上下に分割され、上段には [ガントチャート] ビュー、下段には [タスクフォーム] ビューが表示される。

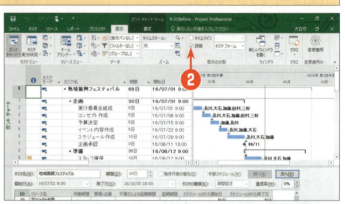

❸ 画面下段のビューを切り替えるには、[表示] タブの [表示の分割] の [詳細] の▼をクリックし [タスク配分状況] をクリックする。

　➡下段に [タスク配分状況] ビューが表示され、上段で選択したタスクの詳細を確認できる。

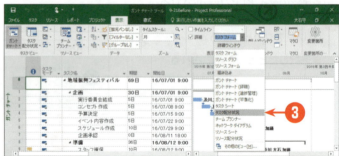

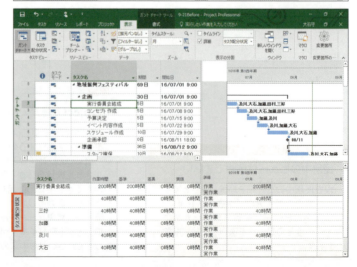

第9章　プロジェクト計画を使いやすくする機能

マウスを使用してビューを分割する

❶ ［タスク］タブの［表示］の［ガントチャート］の▼をクリックし、［ガントチャート］をクリックする。

❷ 垂直スクロールバーの下端にマウスポインターを合わせる。

❸ マウスポインターが、二重線に上下または左右に矢印が付いた形に変わったら、任意の位置までドラッグする。

● マウスポインターが二重線に上下または左右に矢印が付いた形に変わったら、ダブルクリックしてもよい。

➡ ビューが分割される。

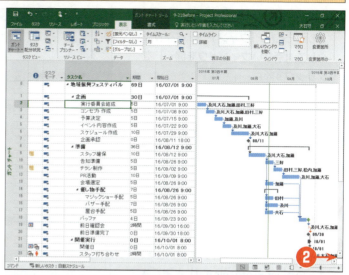

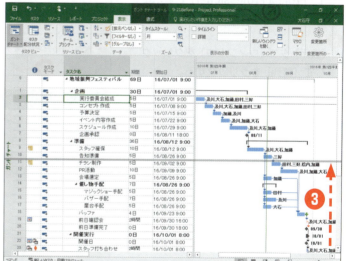

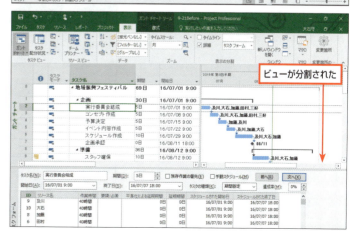

ヒント

分割したビューを元に戻すには

分割したビューを元に戻すには、次の2つの方法があります。

● ［表示］タブの［表示の分割］の［詳細］のチェックを外す。
● 分割バーをポイントし、マウスポインターが二重線の上下矢印に変わったら、ダブルクリックする。

個別のウィンドウを上下に表示する

❶ [表示] タブの [ウィンドウ] をクリックして [新しいウィンドウを開く] をクリックする。

❷ [新しいウィンドウを開く]ダイアログで、プロジェクト名を選択し、[ビュー名] の▼をクリックして、もう1つのウィンドウで使用するビューを選択する。

❸ [OK] をクリックする。

❹ タイトルバーに「＜プロジェクト名＞：1 - Project Professional」と表示されたことを確認する。

❺ [表示] タブ [ウィンドウ] をクリックして [整列] をクリックする。

　▶ 上下に個別のウィンドウが表示される。

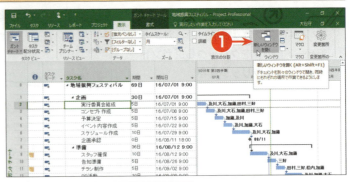

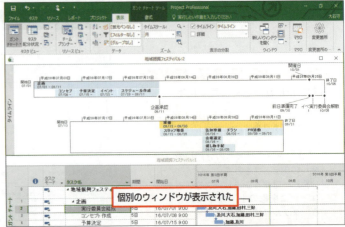

コラム ビューの使い方

上段と下段の関係

　ビューを分割して使用する場合、上段で選択したタスクやリソースの情報のみが下段に表示されるので注意してください。たとえば、上段と下段で同じ［ガントチャート］を表示し、上段で「実行委員会結成」というタスクを選択すると、下段には「実行委員会結成」のみが表示されます。

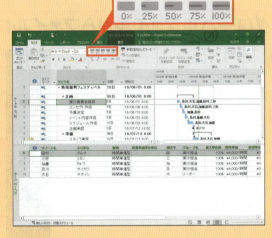

シート］を選択しているときには、［タスク］タブの［スケジュール］の［達成率］のボタンは無効になり使用できません。

　1つのプロジェクト計画を2種類のビューで画面に表示しているため、上段のビューでプロジェクト計画の変更を行うと下段に反映され、下段のビューでプロジェクト計画の変更を行うと上段に反映されます。

アクティブ画面による使用できるコマンドの制限

　Project 2016に限らずOffice製品共通の特徴として、選択した項目によって、使用できるコマンドが変わります。たとえば、上段に［ガントチャート］、下段に［リソースシート］を表示して、［リソー

　Project 2016を使用中に、目的のボタンなどが使用できない場合は、まずは上段と下段どちらのビューを選択しているのか確認してください。
　また選択中のビューによって、そのビューに固有のツールがリボンとして表示されます。［ガントチャート］選択時には［ガントチャートツール］、［リソースシート］選択時には［リソースシートツール］と表示され、現在どのビューのコマンドが有効になっているのかがわかるようになっています。

組み合わせに制限のあるビュー

　一部のビューは組み合わせに制限があります。［チームプランナー］は、タイムスケールを持たないビューのみと組み合わせることができます。［タイムライン］は、上段にのみ表示することができます。

22 カレンダーやビューを他のプロジェクトでも使用するには

　カレンダーやビューを作成すると、グローバルファイル（Global.MPT）とその際に使用していたファイルの両方に保存されます。アイテムを作成した環境とは異なる環境でも使用する場合は、それらのアイテムが含まれるファイルを経由して、別の環境のグローバルファイルにコピーすることで使用できるようになります。

グローバルファイルからファイルにアイテムをコピーする

❶ ［ファイル］タブの［情報］画面で［構成内容変更］をクリックする。

❷ ［構成内容の変更］ダイアログの［ビュー］タブをクリックする。
　▶画面の左側にGlobal.MPT、画面の右側に現在開いているプロジェクトのファイル名が表示される。

❸ 左側の一覧から作成したビューのビュー名を選択する。

❹ ［コピー］をクリックする。
　▶使用中のファイルにコピーされる。

❺ ［カレンダー］タブをクリックする。

❻ 右側の一覧から作成したカレンダーのカレンダー名を選択する。

❼ ［コピー］をクリックする。
　▶使用中のファイルにコピーされる。

❽ ［閉じる］をクリックする。

❾ ［ファイル］タブの［上書き保存］をクリックし、［閉じる］をクリックする。
　▶作業中のプロジェクトファイルが閉じる。

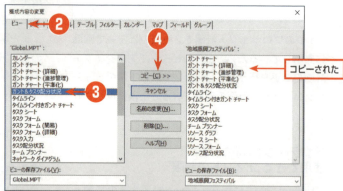

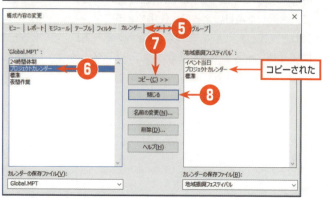

ファイルからグローバルファイルにアイテムをコピーする

❶ [ファイル]タブの[開く]をクリックし、アイテムが含まれるファイルを開く。

❷ [ファイル]タブの[情報]をクリックし、[構成内容変更]をクリックする。

❸ [構成内容の変更]ダイアログの[ビュー]タブをクリックする。

▶画面の左側にGlobal.MPT、画面の右側に現在開いているプロジェクトのファイル名が表示される。

❹ 右側の一覧からビュー名を選択し、[コピー]をクリックする。

▶Global.MPTにコピーされる。

❺ [カレンダー]タブをクリックする。

❻ 右側の一覧からカレンダー名を選択し、[コピー]をクリックする。

▶Global.MPTにコピーされる。

❼ [閉じる]をクリックする。

❽ [ファイル]タブの[閉じる]をクリックする。

▶ファイルが閉じる。

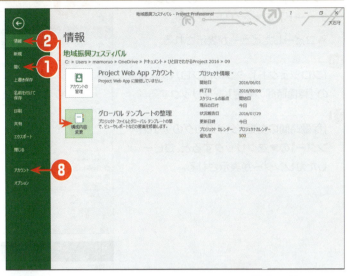

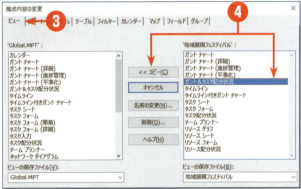

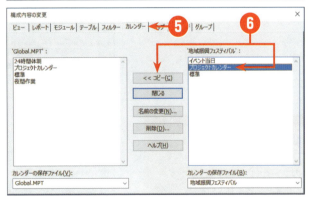

用語

Global.MPT

Global.MPTとは、Microsoft Projectの既定の設定を保存するグローバルテンプレートファイルのことです。Microsoft WordのNormal.dotのような位置付けのファイルです。Global.mptには[構成内容の変更]ダイアログにある要素の他に、オプションの設定も含まれています。

続⇨

❾ [タスク]タブの[表示]の[ガントチャート]の▼をクリックする。

▶ コピーしたビューが表示される。

❿ [プロジェクト]タブの[プロパティ]の[稼働時間の変更]をクリックする。

⓫ [稼働時間の変更]ダイアログの[カレンダー]の▼をクリックすると、コピーしたカレンダーが表示される。

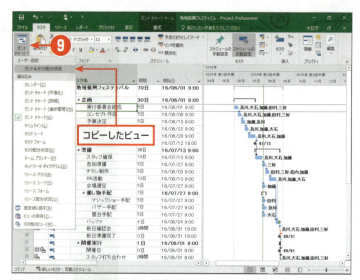

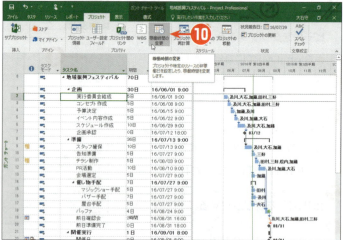

ヒント

Global.MPTにアイテムをコピーする意味

使用中のファイルにビューやカレンダーなどのアイテムが含まれていれば、別のProject 2016の環境でも使用することはできます。しかし、そのままではそれを含むプロジェクトファイルでしか該当のアイテムを使用できません。Global.MPTにアイテムが含まれていることで、別のプロジェクトでも使用できるようになります。

別のプロジェクトファイルにカレンダーやビューをコピーする

[構成内容の変更]ダイアログを使用して、Global.MPTを介さずに、プロジェクトファイル間でカレンダーやビューをコピーすることもできます。

❶
コピー元のプロジェクトファイルと、コピー先のプロジェクトファイルを開く。

❷
コピー元のプロジェクトファイルの[ファイル]タブの[情報]をクリックする。

❸
[構成内容変更]をクリックする。

❹
[構成内容の変更]ダイアログの[カレンダー]タブをクリックする。

❺
左側の[カレンダーの保存ファイル]で、コピー先のファイルを選択する。

● 右側の[カレンダーの保存ファイル]には、コピー元のファイル名が表示されている。

❻
右側の一覧からコピーするカレンダーを選択し、[コピー]をクリックする。

➡ コピー先ファイルにコピーされる。

● Global.MPTを介さずにプロジェクトファイル間でカレンダーが流用できる。

❼
[閉じる]をクリックする。

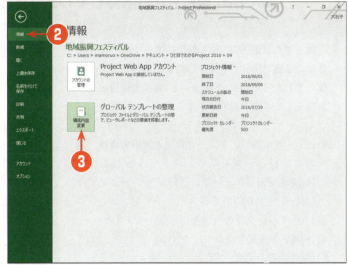

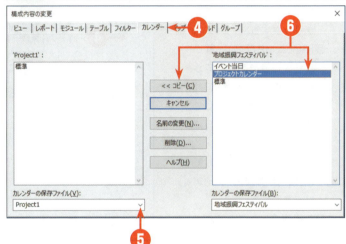

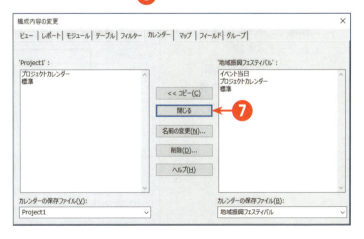

Global.MPTから削除してしまったビューを復元する方法

誤ってGlobal.MPTから削除してしまったビューは次の手順で復元できます。ここでは例として、削除してしまった[ガントチャート(進捗管理)]ビューを復元する手順を説明します。

❶ビューを削除してしまった環境とは別の環境(別のコンピューターにインストールされているProject 2016など)で、プロジェクトファイル(.mpp)を新規作成する。

❷[ファイル]タブの[情報]をクリックする。

❸[構成内容変更]をクリックする。

❹[構成内容の変更]ダイアログの[ビュー]タブをクリックする。

❺[Global.MPT]の一覧から別の環境で削除してしまったビューを選択し、[コピー]をクリックして新規作成したファイルにコピーする。

❻[閉じる]をクリックして[構成内容の変更]ダイアログを閉じる。

❼新規作成したファイルに名前を付けて保存する。

❽ビューを削除してしまった環境で、手順❼で保存したファイルを開く。

❾[ファイル]タブの[情報]をクリックし、[構成内容変更]をクリックする。

❿[構成内容の変更]ダイアログの[ビュー]タブをクリックする。

⓫保存したファイルから復元するビューを選択し、[コピー]をクリックする
　▶Global.MPTにコピーされる。

⓬[閉じる]をクリックして[構成内容の変更]ダイアログを閉じる。

⓭いったんProjectを終了し、再び起動する。
　▶[ガントチャート(進捗管理)]ビューが復元されている。

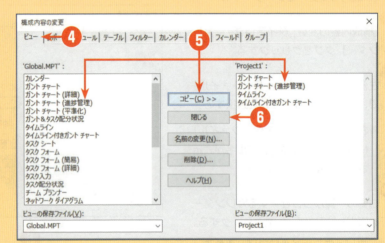

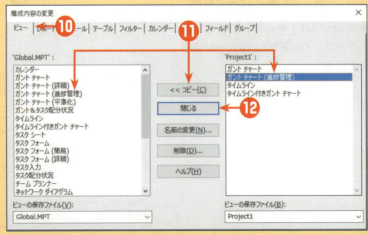

第9章　プロジェクト計画を使いやすくする機能　**265**

23 期間や日付フィールドに文字列を入力するには

タスクの［開始日］［終了日］［期間］など、はっきりとした日程や期間が決定していない場合でも、［開始日］［終了日］［期間］フィールドにメモ書きのように文字列を入力しておくことができます。

［期間］や［日付］フィールドに文字列を入力する

❶
日程や期間が決定していない場合、現在の状況がわかっていれば、［開始日］［終了日］［期間］フィールドに入力する。

❷
入力するフィールドを選択し、たとえば「6月中旬」と入力する。

ヒント

［期間］や［日付］フィールドに文字列が入力できるタスク

タスクモードが「手動スケジュール」のタスクのみ、文字列を入力することができます。タスクモードを「自動スケジュール」に変更すると、入力したデータはリセットされ自動的に計算が行われます。

注意

日付データと文字列データ

入力したデータは文字列データとして扱われ、斜体で表示されます。日付データにする場合は数字や日付を入力します。［期間］［開始日］［終了日］フィールドが対応しています。［期間］［開始日］［終了日］形式のユーザー設定フィールドは対応していません。

24 操作アシストを使用するには

　Project 2016のリボンには、電球のアイコンと共に「実行したい作業を入力してください」と表示されたテキストボックスが配置されています。これは「操作アシスト」という新機能で、ここに使用したい機能や操作に関する語句を入力することで、関連する機能や操作にすばやくアクセスすることができます。

操作アシストを使用する

❶ リボンの「実行したい作業を入力してください」と表示されたテキストボックスをクリックする。
　▶ 機能や操作を含むドロップダウンが表示される。

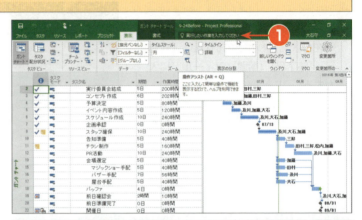

❷ テキストボックスに使用したい機能や操作の語句を入力する。
　▶ 関連する機能や操作のメニューやヘルプが表示される。

❸ 使用したい機能のメニューをクリックする。
　▶ 機能が実行される。

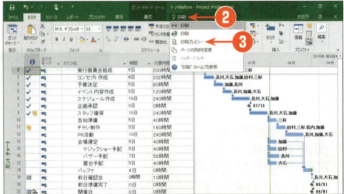

以前のOfficeからの変更点
操作アシスト
Office 2016では「操作アシスト」という機能が新たに追加されました。機能や操作に関する語句を入力し、表示された候補をクリックするだけで、目的の機能や操作をすばやく実行することができます。Project 2016のほか、WordやExcelなど、他のOffice 2016アプリケーションでも同様の操作が可能です。

ヒント
操作アシストの検索結果
テキストボックスに語句を入力すると表示される検索結果には、メニュー項目とヘルプの2種類があります。ヘルプ項目をクリックすると、ヘルプウィンドウが表示されます。

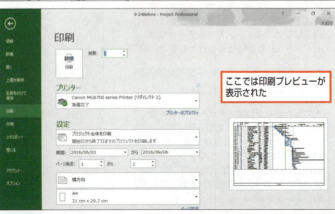

ここでは印刷プレビューが表示された

他のアプリケーション との連携

第 **10** 章

1 Project で作成したプロジェクト計画を
Excel にエクスポートするには

2 Project のデータをコピーし
他のアプリケーションに貼り付けるには

3 Outlook のタスクリストからタスクを追加するには

4 Project ファイルを PDF ファイル形式に変換するには

5 Visio でガントチャートを表示するには

Project 2016は、Microsoft Office 2016製品群の一つです。そのため、Office製品との親和性が優れています。この章では、Excelにプロジェクト計画をエクスポートする方法やVisioにガントチャートをインポートする方法など、各種アプリケーションとの連係機能について解説します。

1 Projectで作成したプロジェクト計画をExcelにエクスポートするには

Projectで作成したプロジェクト計画を、Excelなどの他のアプリケーションにエクスポートすることができます。プロジェクトの実績データを会計システムと連携させ、詳細なコストを計算するといった目的に使用することもできます。

Excelにプロジェクト計画をエクスポートする

❶ ［ファイル］タブの［名前を付けて保存］をクリックする。

❷ ［このPC］をクリックして［参照］をクリックする。
  ▶ ［ファイル名を付けて保存］ダイアログが表示される。

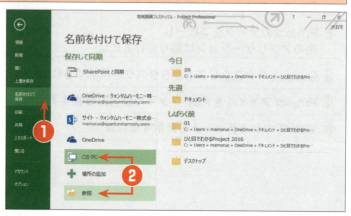

❸ ［ファイルの種類］で［Excelブック］を選択する。

❹ エクスポート先のフォルダーを指定する。

❺ ［ファイル名］にExcelブックのファイル名を入力する。

❻ ［保存］をクリックする。
  ▶ ［エクスポートウィザード］が表示される。

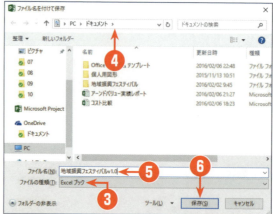

❼ ［次へ］をクリックする。
  ▶ ［データ］画面が表示される。

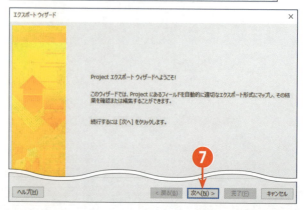

第10章　他のアプリケーションとの連携　　269

⑧ ［選択したデータ］を選択し、［次へ］
をクリックする。
▶［マップ］画面が表示される。

⑨ ［新しいマップ］を選択し、［次へ］を
クリックする。
▶［マップオプション］画面が表示さ
れる。

⑩ ［エクスポートするデータの種類の選
択］の［タスク］と、［Microsoft Excel
オプション］の［ヘッダーを含めてエ
クスポートする］にチェックを入れる。

⑪ ［次へ］をクリックする。
▶［タスクマップ］画面が表示される。

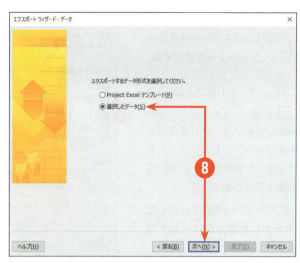
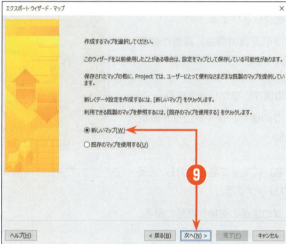
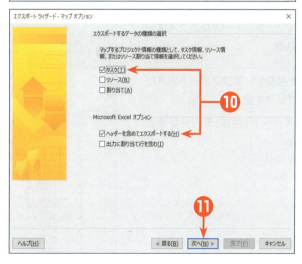

ヒント

ExcelファイルからデータをProjectにインポートするには

Projectから直接Excelファイルを開くと、［インポートウィザード］が起動します。エクスポートと同様にマップを使用し、Projectデータをインポートすることができます。
別の方法として、Projectの起動直後の画面で［Excelブックから新規作成］を選択し、Excelファイルを選択しても、［インポートウィザード］が起動します。

続⇨

⓬ 必要に応じて［エクスポートするフィルター名］で、フィルターを選択する。

⓭ ［データのマップ方法の確認と編集］の［マップ元］列の［(フィールドをマップするにはここをクリック)］をクリックし、▼をクリックしてエクスポートするフィールドを選択する。必要に応じてこの操作を繰り返す。

▶ ［Excelフィールド］列にExcelにエクスポートした際のフィールド名が表示される。

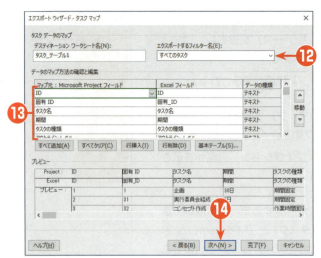

⓮ ［次へ］をクリックする。

▶ ［マップの定義の最後］画面が表示される。

⓯ ［マップの保存］をクリックする。

▶ ［マップの保存］ダイアログが表示される。

⓰ ［マップ名］にマップ名を入力し、［保存］をクリックする。

▶ ［マップの定義の最後］画面に戻る。

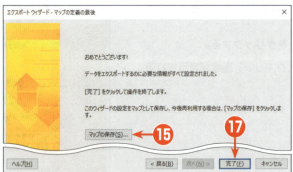

⓱ ［完了］をクリックする。

▶ Excelブックにデータがエクスポートされる。

⓲ Excelを起動し、エクスポートされたExcelブックを開く。

▶ エクスポートされたデータが確認できる。

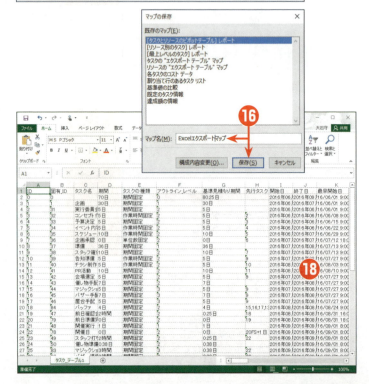

第10章 他のアプリケーションとの連携

2 Projectのデータをコピーし他のアプリケーションに貼り付けるには

　Projectのデータをコピーして、他のOfficeアプリケーションに貼り付ける機能がProject 2010以降では強化されています。テーブルのデータに加えて、タイムラインやクライアントレポートも、Excel、PowerPoint、WordなどのOfficeアプリケーションに、元の体裁を保ったまま貼り付けることができます。

テーブルのデータをExcelに貼り付ける

❶ Projectでテーブルの左上隅をクリックし、テーブル全体を選択する。

❷ [タスク] タブの [クリップボード] の [コピー] をクリックする。

▶テーブルがコピーされる。

❸ Excelを起動し、空白のブックを新規作成する。

❹ Excelで [ホーム] タブの [クリップボード] の [貼り付け] をクリックする。

▶列名やインデントなどの書式を保った状態で、テーブルのデータが貼り付けられる。

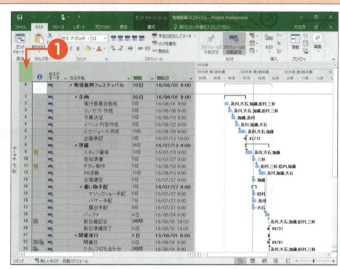

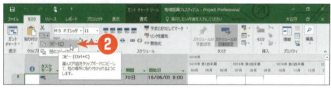

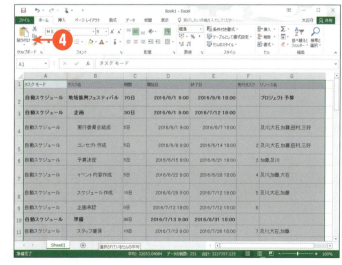

以前のOfficeからの変更点

Project 2007の貼り付けとの違い

Project 2007では、テーブルのデータは主にテキストの情報だけがコピーされていました。Project 2010以降では、タスクの階層構造を表すインデント情報や書式の情報も含めてコピーを行うように強化され、Excelに貼り付けを行ってからの整形の手間が軽減されています。

クライアントレポートをExcelに貼り付ける

① Projectで[レポート]タブの[レポートの表示]の[ダッシュボード]をクリックし、[作業の概要]をクリックする。
▶ [作業概要]レポートが表示される。

② [デザイン]タブの[レポート]の[レポートのコピー]をクリックする。
▶ レポートがコピーされる。

③ Excelを起動し、空白のブックを新規作成する。

④ Excelで[ホーム]タブの[クリップボード]の[貼り付け]をクリックする。
▶ レポートが貼り付けられる。

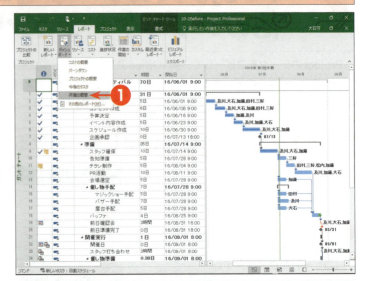

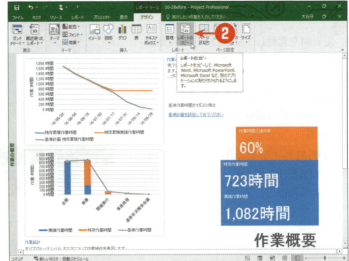

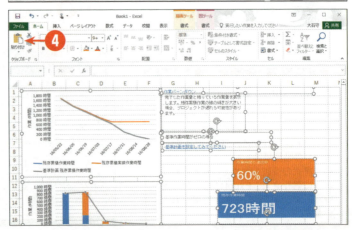

第10章 他のアプリケーションとの連携

タイムラインをPowerPointに貼り付ける

❶ Projectで［表示］タブの［表示の分割］の［タイムライン］にチェックを入れる。

➡［タイムライン］ビューが表示される。

❷［タイムライン］ビューを右クリックし、［タイムラインのコピー］の［プレゼンテーション用］をクリックする。

➡タイムラインがコピーされる。

❸ PowerPointを起動し、空白のプレゼンテーションを新規作成する。

❹ PowerPointで［ホーム］タブの［クリップボード］の［貼り付け］の▼をクリックし、［貼り付け先のテーマを使用］のアイコンをクリックする。

➡タイムラインが貼り付けられる。

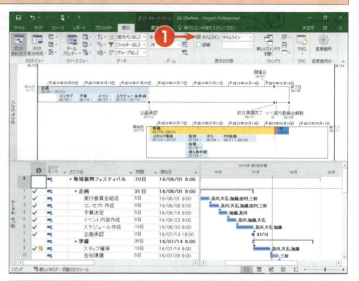

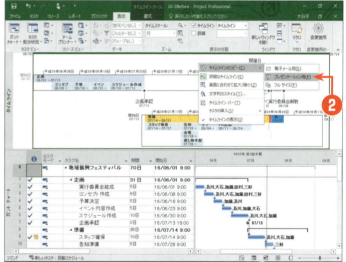

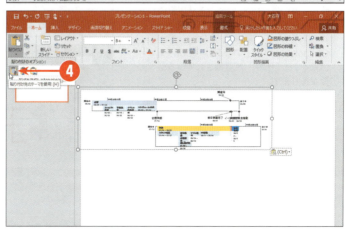

ヒント
タイムラインは図形として編集できる

タイムラインをPowerPointに［貼り付け先のテーマを使用］を使用して貼り付けると、図形として編集することができます。

3 Outlookのタスクリストから タスクを追加するには

　ProjectでタスクをするにはIIつずつ手で入力する方法以外に、テンプレートを基に作成する方法などいくつか紹介しました。ここでは、Outlookのタスクリストからタスクをインポートする手順を紹介します。

Outlookからタスクを追加する

❶ [タスク] タブの [表示] の [ガントチャート] の▼をクリックし、[ガントチャート] をクリックする。

❷ [タスク] タブの [挿入] の [タスク] の▼をクリックし、[Outlookからのタスクインポート] をクリックする。
　▶ [Outlookからのタスクインポート] ダイアログが表示され、Outlookに登録済みのタスクが表示される。

❸ Projectにインポートするアイテムにチェックを入れ、[OK] をクリックする。
　▶ Projectにタスクが追加される。

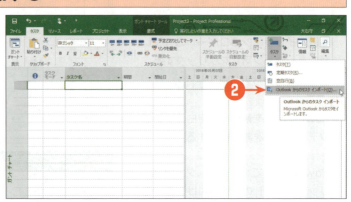

注意
Outlookからタスクを インポートするには

Outlookからのタスクインポート機能を使用するには、バージョン2007以降のOutlookがコンピューターにインストールされている必要があります。また、Outlookに1つ以上のタスク（Outlook 2007では「仕事」）が登録されている必要があります。

ヒント
カテゴリとは分類項目

[Outlookからのタスクインポート] ダイアログに表示される [カテゴリ] は、Outlookのタスクの [分類項目] が使用されます。[分類項目] はOutlookが既定で用意しているもの以外に、ユーザーが独自に作成することも可能です。

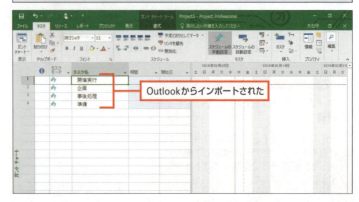

第10章 他のアプリケーションとの連携

4 ProjectファイルをPDFファイル形式に変換するには

Project 2016で作成したプロジェクト計画をPDFファイル形式で保存することができます。

ProjectファイルをPDFファイルに変換する

❶ PDFファイルに変換するプロジェクトを開く。

❷ [ファイル] タブの [名前を付けて保存] をクリックする。

❸ [コンピューター] をクリックし、[参照] をクリックする。

❹ [ファイル名を付けて保存]ダイアログで、保存先フォルダーを選択してファイル名を入力する。

❺ [ファイルの種類] の▼をクリックし、[PDFファイル] をクリックする。

❻ [保存] をクリックする。
  ➡ [ドキュメントエクスポートのオプション] ダイアログが表示される。

❼ [発行範囲] [印刷対象外の情報を含める] [PDFのオプション] の設定をする。

❽ [OK] をクリックする。
  ➡ ProjectファイルがPDFファイル形式で保存される。

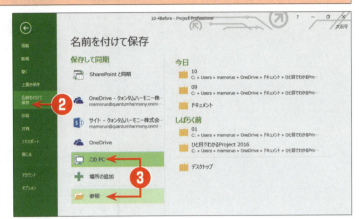

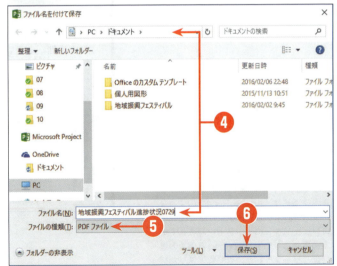

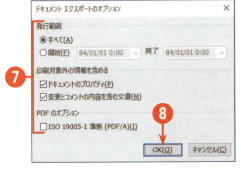

PDFファイルを表示する

❶ Windowsのエクスプローラーで、PDFを保存したフォルダーを開く。

❷ PDFファイルをダブルクリックする。
➡ PDFファイルが表示される。

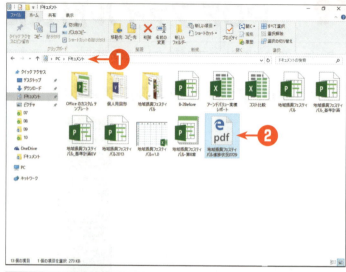

Projectファイルから作成されたPDFが表示された

注意
PDFファイルを表示するには

ここで説明する手順でPDFファイルを表示するには、Adobe ReaderのようなPDF閲覧用のソフトウェアがお使いのコンピューターにインストールされている必要があります。Windows 8/8.1の場合は「リーダー」という閲覧アプリが標準でインストールされています。Windows 10の場合はEdgeで閲覧することができます。

ヒント
PDFにはビューが保存される

PDFにはアクティブになっているビューが保存されます。タイムライン付きガントチャートを表示している状態で、タイムラインがアクティブになっているとタイムラインが保存されます。

5 Visioでガントチャートを表示するには

Projectファイルを基に、Visioでガントチャートを作成することができます。プロジェクト計画全体のガントチャートを作成できますが、図面の大きさに限りがあるので、サマリータスクのみを表示するとよいでしょう。

Visioからガントチャートを表示する

❶ Visioを起動し、[カテゴリ] をクリックして [スケジュール] をクリックする。

❷ [ガントチャート] を選択する。

❸ [作成] をクリックする。

続く→

❹ [ガントチャートオプション]ダイアログが表示されたら、[キャンセル]をクリックして閉じる。

❺ [ガントチャート]タブをクリックし、[管理]の[データのインポート]をクリックする。
　▶[プロジェクトデータインポートウィザード]が起動する。

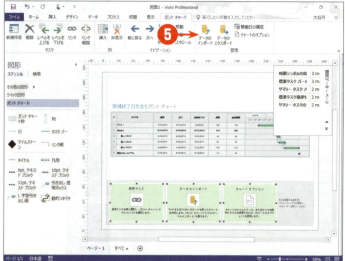

❻ [ファイルに既に保存されている情報を使用する]をクリックし、[次へ]をクリックする。

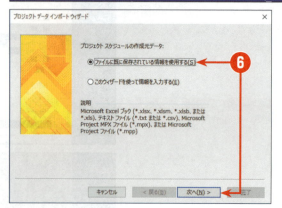

第10章　他のアプリケーションとの連携　279

❼ [プロジェクトデータの形式を選択]で[Microsoft Projectファイル]をクリックし、[次へ]をクリックする。

❽ [参照]をクリックし、インポートするProjectファイルを選択して[開く]をクリックする。

❾ [次へ]をクリックする。

❿ [大区分]の▼をクリックし、[月]を選択する。

⓫ 同様の手順で[小区分]と[書式]の設定をする。

⓬ 設定後、[次へ]をクリックする。

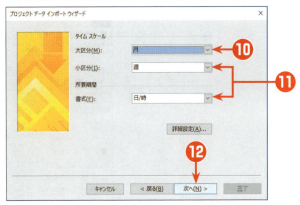

⓭
［含むタスクの種類を選択］で［サマリータスクのみ］をクリックし、［次へ］をクリックする。

⓮
［完了］をクリックする。
➡Visioにサマリータスクのガントチャートが表示される。

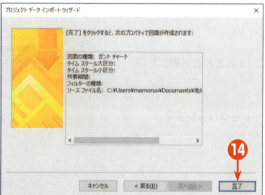

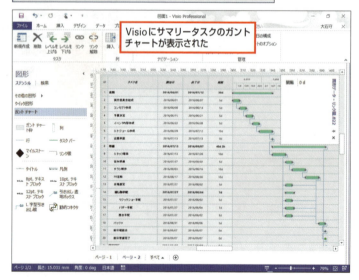

Visioにサマリータスクのガントチャートが表示された

複数プロジェクトの統合とリソースの共有

第11章

1 マスタープロジェクトにサブプロジェクトを挿入するには

2 サブプロジェクトに依存関係を設定するには

3 マスタープロジェクトで作業実績を入力するには

4 複数のプロジェクトでリソースを共有するには

5 共有リソースの負荷状況を確認するには

Project 2016では、プロジェクトに階層構造を持たせることができるプロジェクトの統合機能があります。これにより複数のプロジェクトの情報を一元管理できます。複数のプロジェクト間でリソースを共有すると、プロジェクトを横断するリソースの負荷状況を確認することができます。この章では、統合プロジェクトの使い方を解説します。

1 マスタープロジェクトにサブプロジェクトを挿入するには

　タスクの数が数千個に及ぶような大規模プロジェクトの場合、1人のプロジェクトマネージャーが単一のプロジェクト計画を使ってプロジェクト全体をマネジメントするのは現実的ではありません。このような場合、プロジェクトを意味のあるまとまりに分割し、それぞれを1つのプロジェクトとして扱い、それらのプロジェクトを改めて複数のプロジェクトの集合体として統合し全体をマネジメントするという方法が用いられます。

　分割されたプロジェクトを「サブプロジェクト」、それらのサブプロジェクトを統合し、1つにまとめたプロジェクトを「マスタープロジェクト」、サブプロジェクトとマスタープロジェクトで構成されるプロジェクトを「統合プロジェクト」と呼びます。ここでは、マスタープロジェクトにサブプロジェクトを挿入する手順を解説します。

サブプロジェクトを挿入する

❶ [ファイル] タブの [新規] をクリックし、[空のプロジェクト] をクリックして、新しいプロジェクトを作成する。

● このプロジェクトをマスタープロジェクトとして使用する。

❷ マスタープロジェクト上で、サブプロジェクトを挿入する位置のセルをクリックする。

❸ [プロジェクト] タブの [挿入] の [サブプロジェクト] をクリックする。

➡ [プロジェクトの挿入] ダイアログが表示される。

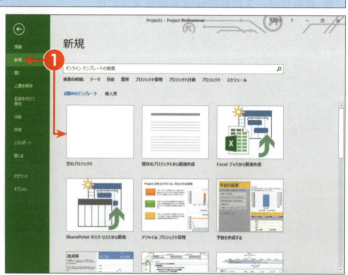

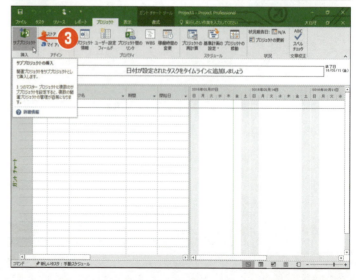

ヒント
マスタープロジェクトへのサブプロジェクトの挿入位置

サブプロジェクトはマスタープロジェクトで選択した行に挿入されます。複数のサブプロジェクトを同時に挿入する場合、[サブプロジェクトの挿入] ダイアログに表示される順番とは逆の順番で挿入されます。また挿入する直前の行と同じアウトラインの階層に設定されます。

第11章 複数プロジェクトの統合とリソースの共有

❹ サブプロジェクトとして挿入するプロジェクトファイルを選択する。
- 複数のファイルを選択してもよい。
- [リンクする] オプションについては、このページのヒントを参照。

❺ [挿入] をクリックする。
➡ マスタープロジェクトにサブプロジェクトが挿入される。

❻ サブプロジェクトのタスク名の左側のアウトライン記号をクリックする。
➡ サブプロジェクトが展開される。

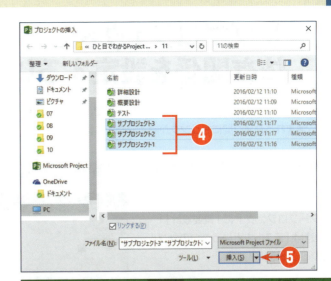

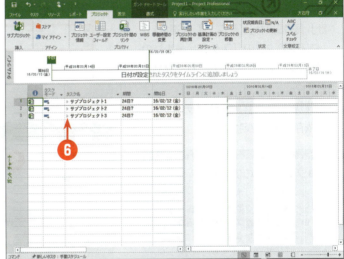

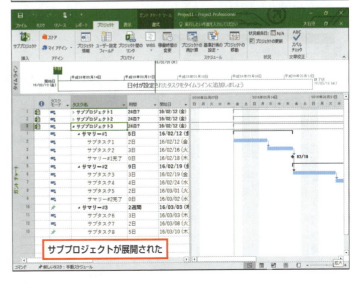

ヒント

[プロジェクトの挿入] ダイアログの [リンクする] オプションについて

- **[リンクする] にチェックを入れる**
 サブプロジェクトはプロジェクトとして挿入されます。マスタープロジェクト側でサブプロジェクトを編集した場合、元のサブプロジェクトに変更内容が反映されます。
- **[リンクする] のチェックを外す**
 サブプロジェクトはタスクとして挿入されます。マスタープロジェクト側でサブプロジェクトを編集しても、元のサブプロジェクトに変更内容は反映されません。

2 サブプロジェクトに依存関係を設定するには

通常のプロジェクトのサマリータスクと同様の手順で、サブプロジェクト間にリンクが設定できます。また、サブプロジェクトに含まれるタスク間にもリンクが設定できます。

サブプロジェクト間に依存関係を設定する

❶ マスタープロジェクトに「概要設計」「詳細設計」「テスト」という3つのサブプロジェクトを挿入する。

❷ 挿入したサブプロジェクトの「概要設計」「詳細設計」「テスト」を選択し、[タスク]タブの[スケジュール]の[選択したタスク間をリンク]をクリックする。

▶「概要設計」「詳細設計」「テスト」に依存関係が設定される。

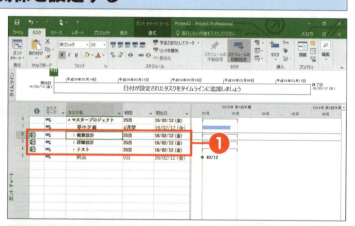

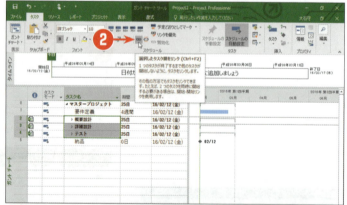

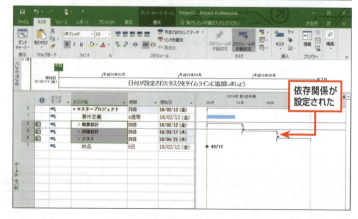

依存関係が設定された

ヒント

プロジェクト間の依存関係

マスタープロジェクトのタスクとサブプロジェクトのタスク間、さらに異なるサブプロジェクトのタスク間にも依存関係を設定することができます。プロジェクト間の依存関係を確認するには、[プロジェクト]タブの[プロジェクト間のリンク]をクリックします。

第11章 複数プロジェクトの統合とリソースの共有　285

マスタープロジェクトのタスクとサブプロジェクトに依存関係を設定する

❶ サブプロジェクトの「テスト」とマスタープロジェクトの「納品」を選択し、[タスク] タブの [スケジュール] の [選択したタスク間をリンク]をクリックする。

▶「テスト」と「納品」に依存関係が設定される。

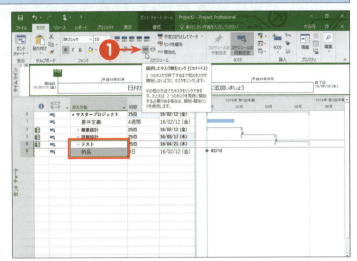

❷ マスタープロジェクトの「要件定義」とサブプロジェクトの「概要設計」を選択し、[タスク] タブの [スケジュール] の [選択したタスク間をリンク] をクリックする。

▶ 後続タスクのサブプロジェクトのスケジュールも変更される。

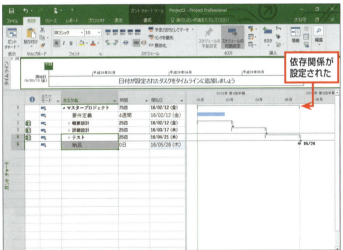

ヒント

サブプロジェクトのタスク間の依存関係は最小限に

サブプロジェクトのタスク間の依存関係は最小限にとどめることをお勧めします。特に、各プロジェクトを別のプロジェクトマネージャーが管理している場合、サブプロジェクトの外で発生した遅延が自分のプロジェクトのスケジュールに影響するため、管理が非常に難しくなります。タスクに依存関係を設定する場合は、個別のタスクに対してではなく、サブタスク内にマイルストーンを設定し、マイルストーンに対して依存関係を設定してください。

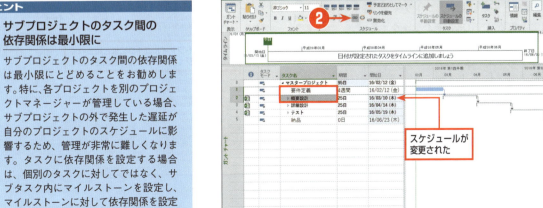

簡単に統合プロジェクトを作成する方法

この章の1では、現在開いているプロジェクトファイルにサブプロジェクトを挿入することにより、プロジェクトを階層化して統合プロジェクトを作成する方法を紹介しました。計画的に統合プロジェクトを作成するには、この方法が最適です。

一方、とりあえず複数のプロジェクトをまとめて一覧表示したいという目的の場合、もう少し手軽な方法があります。操作方法は次のとおりです。

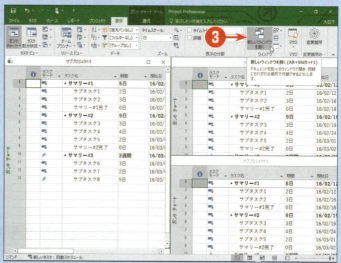

❶ 1つにまとめたいすべてのプロジェクトファイルを開く。
❷ [表示] タブの [ウィンドウ] の [整列] をクリックし、すべてのプロジェクトファイルを並べて表示する。
❸ [表示] タブの [ウィンドウ] の [新しいウィンドウを開く] をクリックする。
　➡ [新しいウィンドウを開く] ダイアログが表示される。
❹ [プロジェクト名] ですべてのプロジェクト名を選択する。
❺ [ビュー名] で [ガントチャート] を選択し、[OK] をクリックする。
　➡ 選択したプロジェクトファイルがすべて挿入されたマスタープロジェクトファイルが作成される。

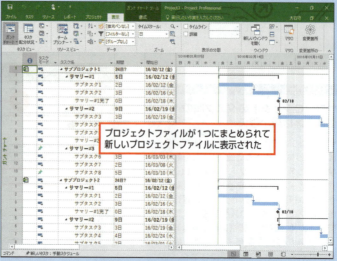

プロジェクトファイルが1つにまとめられて新しいプロジェクトファイルに表示された

第11章 複数プロジェクトの統合とリソースの共有　287

3 マスタープロジェクトで作業実績を入力するには

マスタープロジェクトでも、作業実績を入力してプロジェクト計画に反映させることができます。ここでは例として、［タスク］タブの［スケジュール］の［達成率50％］ボタンを使用して作業実績を入力する方法を説明します。

マスタープロジェクトで作業実績を入力する

❶ ［タスク］タブの［表示］の［ガントチャート］の▼をクリックし、［ガントチャート（進捗管理）］をクリックする。

❷ 作業実績を入力するタスクをクリックする。

❸ ［タスク］の［スケジュール］の［達成率50％］をクリックする。

▶ 進捗状況が反映される。

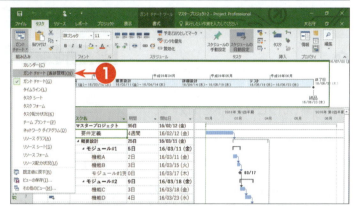

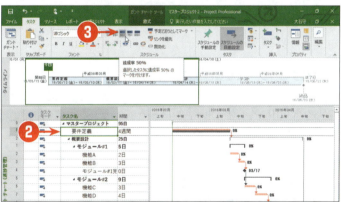

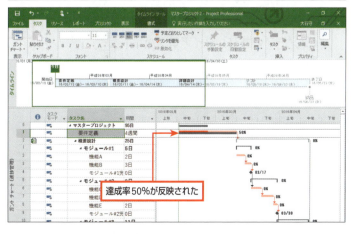

ヒント

サブプロジェクトの編集をさせたくないときは

サブプロジェクトを挿入する際に、［プロジェクトの挿入］ダイアログで［リンクする］にチェックを入れた場合、マスタープロジェクトでサブプロジェクトを編集すると、自動的に元のサブプロジェクトに反映されます。マスタープロジェクトからサブプロジェクトの編集をさせたくない場合には、［プロジェクトの挿入］ダイアログで［挿入］の▼をクリックして［読み取り専用として挿入］を選択します。

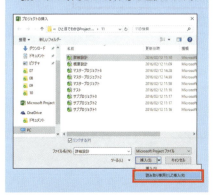

4 複数のプロジェクトでリソースを共有するには

　プロジェクトのタスクに割り当てるリソース（担当者など）は、通常、プロジェクトファイルごとにリソースシートで管理します。しかし、1人の担当者が複数のプロジェクトに参加してタスクを割り当てられているケースは少なくありません。Projectでは、「リソースの共有」機能を使用して複数のプロジェクトに使用するリソースを共有することができます。共有するリソースを登録するファイルを「リソース共有元」と呼びます。

複数のプロジェクトでリソースを共有する

❶ [ファイル] タブの [新規] をクリックし、[空のプロジェクト] をクリックして、新しいプロジェクトを作成する。

　●このプロジェクトをリソース共有元ファイルとして使用する。

❷ リソース共有元ファイルで [タスク] タブの [表示] の [ガントチャート] の▼をクリックし、[リソースシート] をクリックする。

❸ 共有するリソースを登録する。

❹ [ファイル] タブの [名前を付けて保存] をクリックし、リソース共有元ファイルを保存する。

❺ [リソース] タブの [割り当て] の [リソース共有元] の▼をクリックし、[リソースの共有] をクリックする。

　▶[リソースの共有] ダイアログが開く。

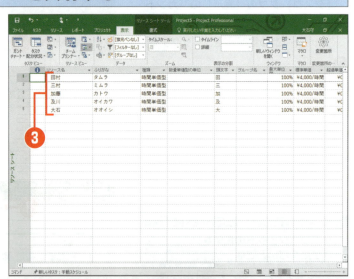

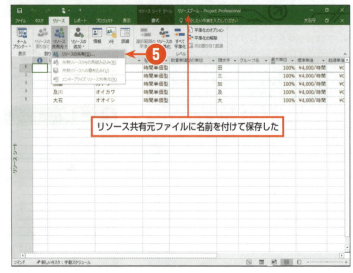

リソース共有元ファイルに名前を付けて保存した

第11章 複数プロジェクトの統合とリソースの共有

❻ [現在のプロジェクトのリソースを使用する] が選択されていることを確認して、[OK]をクリックする。リソース共有元のファイルは開いたままにしておく。

❼ 共有したリソースを使用するプロジェクトファイルを開き、[タスク] タブの [表示] の [ガントチャート] の▼をクリックし、[リソースシート] をクリックする。

❽ [リソース] タブの [割り当て] の [リソース共有元] をクリックし、[リソースの共有] をクリックする。

❾ [リソースの共有] ダイアログで [指定のプロジェクトからリソースを共有する] をクリックする。

❿ [共有元] の▼をクリックして、リソース共有元ファイルを選択する。

⓫ [OK] をクリックする。

▶プロジェクトファイルにリソース共有元ファイルのリソースが追加される。

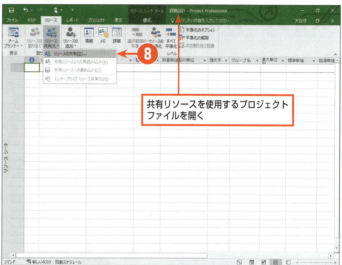

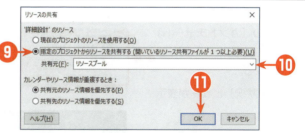

共有リソースを使用するプロジェクトファイルを開く

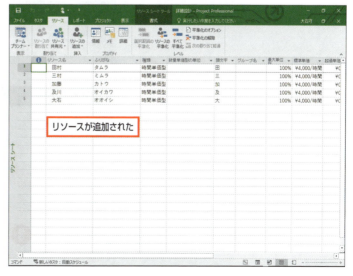

リソースが追加された

ヒント

リソースの共有を解除する

解除するプロジェクトの [リソースの共有] ダイアログで [現在のプロジェクトのリソースを使用する] をクリックします。リソース共有を解除しても、そのプロジェクトファイルでタスクに対して割り当てたリソースの情報は削除されません。

5 共有リソースの負荷状況を確認するには

リソース共有元ファイルを使用する利点は、複数のプロジェクトにまたがるリソースの負荷状況が1か所で確認できるので、リソースの調整が容易になる点です。リソースの負荷状況の確認をしてみましょう。

共有リソースの負荷状況を確認する

❶ [ファイル] タブの [開く] をクリックし、リソース共有元ファイルを開く。
▶ [リソース共有元を開く] ダイアログが開く。

❷ [リソース情報についての変更が追加できるように、リソース共有元を編集可能モードで開く] をクリックし、[OK] をクリックする。
▶ リソース共有元ファイルが開く。

❸ リソース共有元ファイルで、[タスク] タブの [表示] の [ガントチャート] の▼をクリックし、[リソース配分状況] をクリックする。
▶ [リソース配分状況] ビューが表示される。

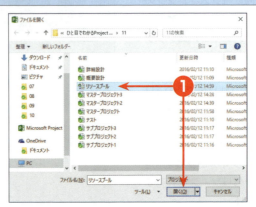

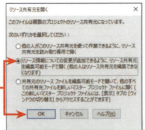

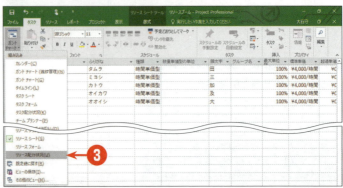

④
各タスクのプロジェクト名を表示する列を追加するため、[作業時間]の列名を右クリックし、[列の挿入]をクリックする。

⑤
[列名の入力]に「プロジェクト」と入力し、表示された[プロジェクト]をクリックする。

▶ プロジェクトファイル名を表示する[プロジェクト]フィールドが追加される。

⑥
[表示]タブの[表示の分割]の[詳細]にチェックを入れる。

▶ ビューが上下に分割される。

⑦
[詳細ビュー]の▼をクリックして[リソースグラフ]をクリックする。

⑧
上段のビューで、負荷状況を確認するリソースのリソース名をクリックする。

▶ 選択したリソースの負荷状況がリソースグラフに表示される。

ヒント

リソースグラフが表示されないときは

選択したリソースのリソースグラフが画面に表示されない場合は、[タスク]タブの[編集]の[タスクへスクロール]をクリックします。

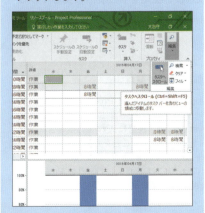

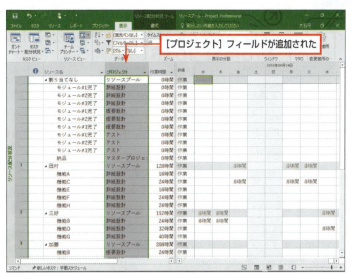

[プロジェクト]フィールドが追加された

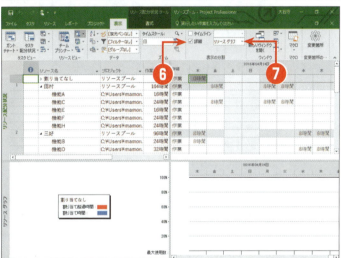

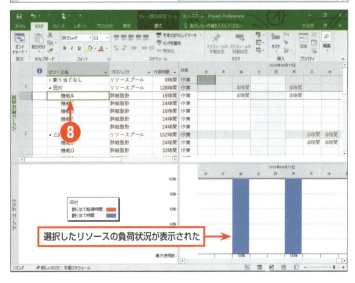

選択したリソースの負荷状況が表示された

プロジェクトを統合的にマネジメントするツールとしての Project 2016

　この章では、統合プロジェクトのマネジメント、そしてリソースの共有などを解説しました。これらはクライアントツールとして Project 2016 を使用するには大変便利で役に立つ機能です。一方で、これらの機能は、パス名によるファイルの参照で管理されているため、ファイルの場所を移動するとデータへのアクセスという点で手間が生じることがあります。

　プロジェクトマネジメントツールである以上は、プロジェクトチームだけではなくステークホルダー（利害関係者）すべてに対して、プロジェクトに関する情報を共有する必要が出てきます。プロジェクトの数やそのステークホルダーが増えてくると、どのファイルを誰が管理するか、誰が変更することができるのか、またそもそもどこにどのバージョンが保存されているのか、といった管理が煩雑になっていきます。これらはファイルの排他制御が可能な情報共有ツールを合わせて使用するといった工夫もする必要があるでしょう。

　本書では、Project 2016 のプロジェクトマネジメントのクライアントツールとしての機能を主に紹介していますが、Project 2016 の機能はそれだけではありません。第12章で紹介する、Project のクラウドサービスである Project Online のほか、オンプレミスで利用する Project Server という製品もラインナップに存在しています。

　プロジェクトのメンバーが比較的少人数で、異なるプロジェクト間の相互の関わりが少なく、またリソースが複数のプロジェクトに割り当てられることがなく、組織内のプロジェクトの数も少ないといった状況であれば、クライアントツールのみで利用してみるのもよいでしょう。一方で、プロジェクトの数が増え、プロジェクト自体の規模が大きくなり、その結果、ステークホルダーの数も多くなってくると、プロジェクトのデータを一元管理したいというニーズが出てくるはずです。そのようなときには、Project Online および Project Server を利用するとよいでしょう。

　このようにプロジェクトの数、規模、ステークホルダーの数の増加に従って、プロジェクト情報の共有方法を徐々にステップアップしていく方法を検討することをお勧めします。

　これまでは、Project Server の導入には費用面や導入そのものの手間などで少々敷居が高い部分があったことも否めませんでした。しかし、現在では Office 365 という Microsoft Office のクラウドサービスの一環として、Project Online をマイクロソフトが提供しています。これはサブスクリプション形式のため、期間限定での試用が可能です。これにより、月額課金での使用が可能となり、一定期間試験的に運用することによって、その有用性を実際に確認してから本格導入に移行することが可能になりました。本格的なプロジェクトマネジメントツールである Project Server の機能をぜひ実際に試してみることをお勧めします。

> **注意**
> **ライセンス購入時の注意点**
> Project Standard から Project Professional へのアップグレードパスは存在しません。将来的に Project Server の利用を視野に入れている場合は、Professional を導入しておくことをお勧めします。また Project Online に接続するには、既に Professional のライセンスを購入していても、Project Pro for Office 365 の契約が別途必要になります。

Project Onlineを使用する

第12章

1 Project Onlineに接続するには

2 Project Onlineにリソースを登録するには

3 Project Onlineでプロジェクトを新規作成するには

4 Project Onlineにプロジェクトを発行するには

5 Project Onlineで実績を入力するには

6 Project Onlineで実績報告を承認するには

7 Project Onlineでリソース契約を使用するには

本書ではProject 2016のクライアント機能を主に解説していますが、Microsoft Projectには、より進んだプロジェクトマネジメント、プログラムマネジメント、およびポートフォリオマネジメントを行うツールとしてProject Serverというオンプレミスで使用するサーバー製品があります。さらに、これらの製品をサブスクリプション形式で利用することができるクラウドサービスとして、Office 365と統合されたProject Onlineが提供されています。この章では、Project Onlineの利用方法について解説します。

1 Project Onlineに接続するには

　Project Onlineは、Microsoft Projectの月額制のクラウドサービスです。Project Onlineを使用するには、あらかじめクラウドサービスを契約する必要があります。ここではWebブラウザーでProject Onlineに接続する方法、およびProject Professionalから接続する方法の両方を説明します。

WebブラウザーでProject Onlineに接続する

❶ Webブラウザーを起動し、Office 365のサイトのアドレス（https://portal.office.com）を入力する。
　▶ Office 365のサインインページが表示される。

❷ アカウントとパスワードを入力し、[サインイン] をクリックする。
　▶ Office 365のホームページが表示される。

❸ [Project] タイルをクリックする。

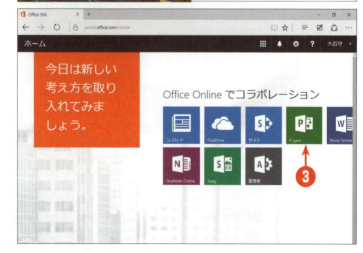

注意

Project Onlineの契約があらかじめ必要

Project Onlineのアカウントにサインインするには、あらかじめOffice 365のサイトでProject Onlineを契約し使える状態にしておく必要があります。

第12章　Project Onlineを使用する

▶Project Web Appのホームページが表示される。

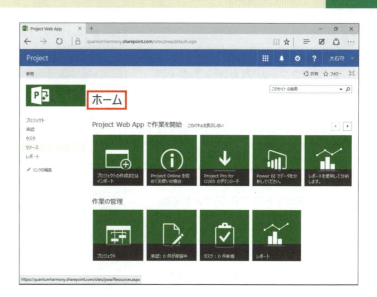

ヒント

Project Online と Project Web App

Project Onlineは、クラウドサービスの名称です。Project Web App (PWA) は、WebブラウザーでProject Onlineにアクセスするための Webアプリケーションを指します。

Project ProfessionalからProject Onlineへの接続設定を行う

❶ Project Professionalを起動する。

❷ [お勧めのテンプレート]で[空のプロジェクト]をクリックする。

▶空のプロジェクトが作成される。

❸ [ファイル]タブの[情報]の[アカウントの管理]をクリックする。

▶[Project Web App アカウント]ダイアログが表示される。

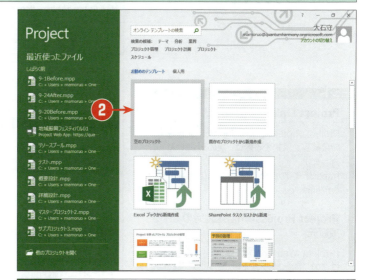

❹ [追加] ボタンをクリックする。
　▶ [アカウントのプロパティ] ダイアログが表示される。

❺ [アカウント名]にアカウントを表す任意の名前を入力する。

❻ [Project ServerのURL] にProject Onlineのサイトのアドレスを入力する。
　　　　　　　　　　　　　　　ヒント参照

❼ [OK] をクリックする。
　▶ [利用可能なアカウント] にアカウントが追加される。

❽ [OK] をクリックする。

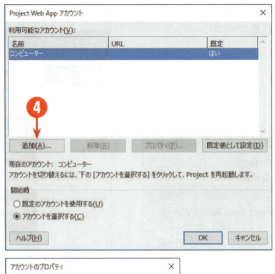

ヒント

Project Onlineの接続先URL

Project ProfessionalにProject Onlineの接続先を設定する際は、次の形式で入力します。
https://＜アカウント名＞.sharepoint.com/sites/pwa

Project Professional起動時の接続先

[Project Web Appアカウント] ダイアログの [開始時] で、[アカウントを選択する] を選択すると起動時に接続先を選択することができます。

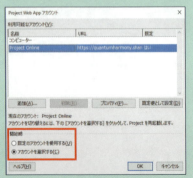

❾ Projectを再起動する。
▶ [ログイン] ダイアログが表示される。

❿ [プロファイル] の▼をクリックして、Project Onlineのアカウントを選択する。

⓫ [OK] をクリックする。
▶ Project Web Appにログインされる。

⓬ [ファイル] タブの [情報] をクリックする。
▶ [Project Web Appアカウント] に [＜アカウント名＞として接続済み] と表示されている。

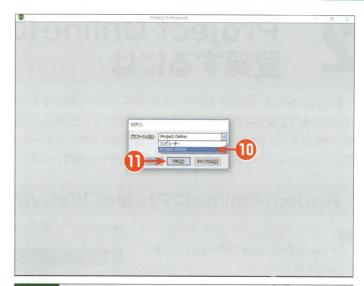

2 Project Onlineにリソースを登録するには

　Project Onlineを使用するとすべてのリソースを一元管理することができます。Project Onlineに登録されているリソースを「エンタープライズリソース」と呼びます。エンタープライズリソースを使用することで、リソースの情報が集約され、さまざまなプロジェクトに割り当てられたリソースの稼働状況を横断して管理することができます。ここではProject Onlineにリソースを登録する方法を説明します。

Project OnlineにProject Web Appでリソースを登録する

❶ Project Web Appのホームページを表示する。

❷ サイドリンクバーの［リソース］をクリックする。
▶ リソースセンターが表示される。

❸ ［リソース］タブをクリックし、［新規］をクリックする。
▶ ［新しいリソース］ページが表示される。

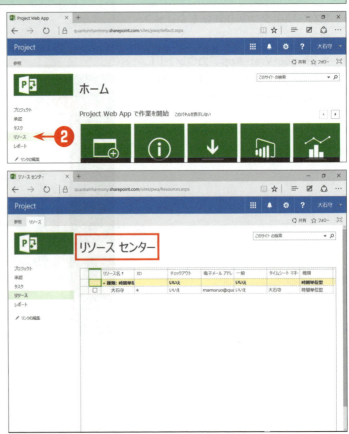

第12章 Project Onlineを使用する

❹ Project Onlineにサインインするリソースの場合は、[リソースをユーザーアカウントに関連付けます]にチェックを入れ、[ユーザー認証]の[ユーザーのログオンアカウント]にProject Onlineにサインインするアカウントを入力する。

❺ Project Onlineへのサインインが不要な場合は、[ID情報]の[表示名]にリソース名を入力する。

❻ [保存]をクリックする。
  ▶リソースセンターにリソースが追加される。

Project OnlineにProject Professionalからリソースを登録する

❶ Project Web Appのホームページでサイドリンクバーの [リソース] をクリックして、リソースセンターを表示する。

❷ [リソース] タブの [開く] をクリックする。

▶ Project Professionalが起動し、[リソースシート] ビューが表示される。

❸ 空白行の [リソース名] に追加するリソースの名前を入力する。

▶ 新しいリソースが表示される。

❹ [ファイル] タブの [閉じる] をクリックする。

▶ 保存確認のメッセージが表示される。

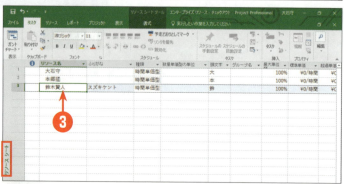

ヒント
セキュリティ確認のダイアログが表示されたら

手順❷で次のようなセキュリティ確認のダイアログが表示されたときは、[はい] をクリックして続けてください。

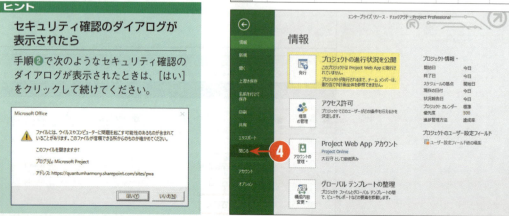

第12章　Project Onlineを使用する

❺ [はい]をクリックし、Project Professionalを終了する。

❻ Project Web Appのリソースセンターを表示する。
➡ 新しいリソースが追加されている。

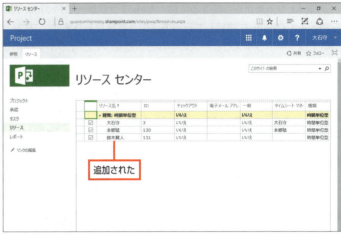

用語

エンタープライズリソース

Project Web Appで使用するリソースを「エンタープライズリソース」と呼びます。プロジェクトファイル（.mpp）内で定義したリソースは、「ローカルリソース」と呼ばれ区別されます。ローカルリソースが存在するプロジェクトをProject Onlineに保存しようとすると、エンタープライズリソースと照合を行い、存在しない場合はメッセージが表示されます。

ヒント

リソースとユーザーアカウントの違い

ユーザーアカウントは、Project Onlineにサインインするユーザーのアカウントを指し、Office 365管理センターの[ユーザー]－[アクティブなユーザー]で登録できます。リソースは、Project Web Appのリソースセンターに表示されるものを指し、プロジェクトのタスクに割り当てることができます。リソースとユーザーアカウントは、[新しいリソース]ページの[リソースをユーザーアカウントに関連付けます]にチェックを入れることで関連付けることができます。Project Onlineの情報を閲覧するのみのユーザーは、リソースとして登録する必要はありません。

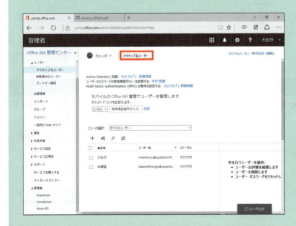

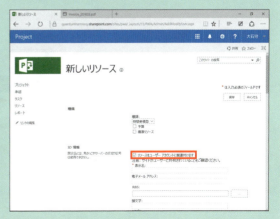

3 Project Onlineでプロジェクトを新規作成するには

　プロジェクトを新規作成するには、WebブラウザーでProject Web Appで行う方法と、Project ProfessionalからProject Onlineに接続して行う方法の2種類があります。プロジェクトを作成後、Project Onlineに登録されているエンタープライズリソースの中から、そのプロジェクトで使用するリソースをチームとして追加します。これによって、リソースをプロジェクトのタスクに割り当てることができます。ここではProject Web Appでプロジェクトを新規作成し、エンタープライズリソースをチームとしてプロジェクトに追加する方法を説明します。

Project Onlineでプロジェクトを新規作成する

❶ Project Web Appのホームページを表示する。

❷ ［プロジェクト］タイルをクリックする。
▶プロジェクトセンターが表示される。

❸ ［プロジェクト］タブをクリックする。
▶［プロジェクト］リボンが表示される。

❹ [新規]の▼をクリックし、[エンタープライズプロジェクト]をクリックする。

➡ [新しいプロジェクトの作成]ページが表示される。

❺ [名前]と[開始日]など必要事項を入力し、[完了]をクリックする。

➡ [スケジュール]ページが表示される。

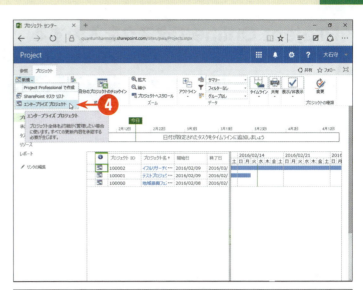

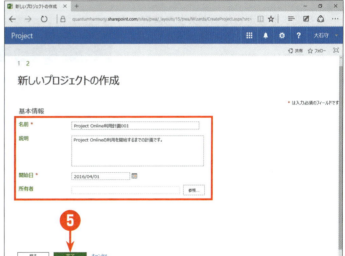

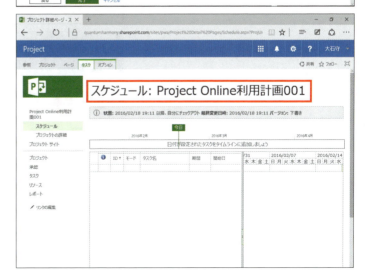

Project Onlineでタスクを入力する

❶ [スケジュール] ページで [タスク] タブをクリックし、ビューの一覧から[タスクサマリー] を選択する。

❷ テーブルの空白行の [タスク名] 列をクリックし、F2を押してからタスク名を入力する。
▶ タスクが作成される。

❸ [期間] 列にタスクの期間を入力する。
▶ タスクに期間が設定される。

❹ 依存関係を設定したいタスクを選択し、[タスク] タブの [タスクのリンク] をクリックする。
▶ タスクの依存関係が設定される。

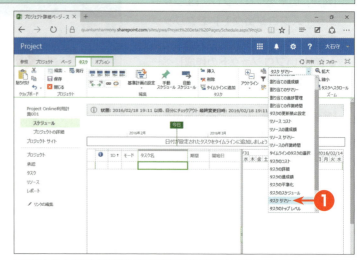

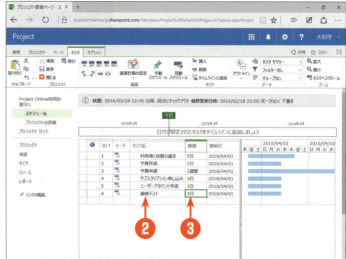

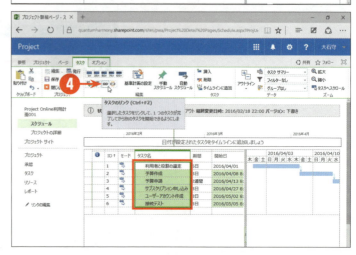

Project Onlineでプロジェクトのチームを作成する

❶ [スケジュール] ページで [プロジェクト] タブをクリックし、[チームの作成] をクリックする。
　▶[チームの作成] ページが表示される。

❷ 左側のリソースの一覧で追加するリソースにチェックを入れ、[追加] をクリックする。
　▶右側の一覧にリソースが追加される。

❸ [チーム] タブの [保存して閉じる] をクリックする。

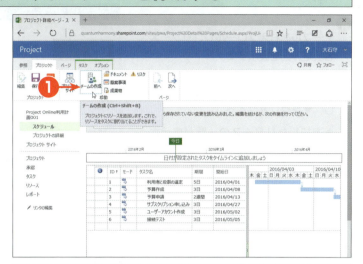

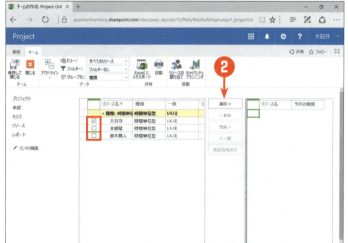

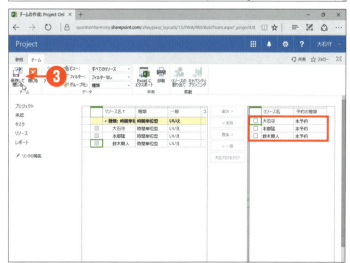

➡ [スケジュール] ページが表示される。

❹ テーブルを右スクロールし、[リソース名設定] 列を表示する。

❺ [リソース名設定]列のセルをクリックし、▼をクリックする。

➡ 追加したリソースの一覧が表示される。

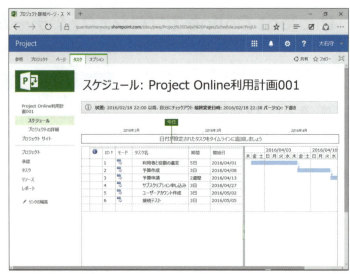

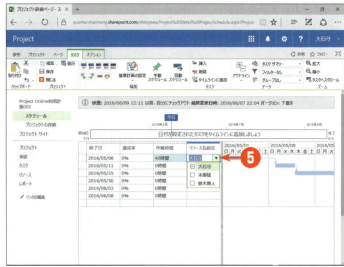

ヒント

チームの作成でプロジェクトへのリソースの追加が可能になる

[チームの作成] ページでプロジェクトにリソースを追加することにより、プロジェクトのタスクにリソースを割り当てることができるようになります。

プロジェクトマネージャーをチームに追加する

プロジェクトマネージャーをリソースとしてタスクに割り当てる場合は、チームの作成で追加する必要があります。

注意

[スケジュール] ページにタスクが表示されないとき

発行していないプロジェクトの場合、プロジェクトのタスクは表示されません。タスクを表示するにはプロジェクトをチェックアウトして編集モードにする必要があります。チェックアウトについて詳しくは、この章の7のコラムを参照してください。

Project Onlineでプロジェクトを保存する

❶ [タスク] タブをクリックし、[保存] をクリックする。

▶ プロジェクトが保存され、[保存が正常に完了しました] というメッセージが表示される。

❷ [タスク] タブの [閉じる] をクリックする。

▶ [閉じる] ダイアログが表示される。

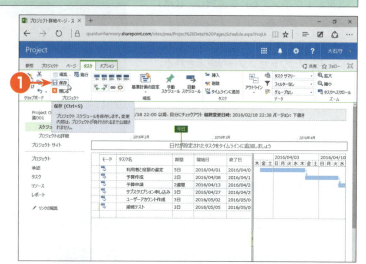

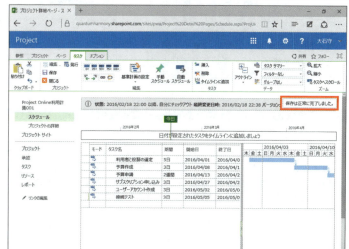

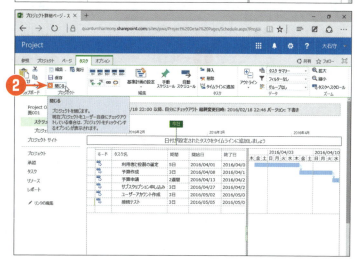

ヒント

プロジェクトの保存と発行

Project Web Appにプロジェクトを保存しただけでは、プロジェクトのデータは公開されません。プロジェクトのステークホルダーが閲覧できるようにするには、プロジェクトを発行する必要があります。発行についてはこの章の4で説明しています。

❸
[チェックインする] を選択し、[OK] をクリックする。

→ プロジェクトがチェックインされ、プロジェクトセンターが表示される。

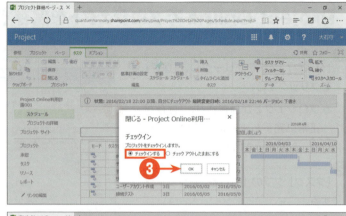

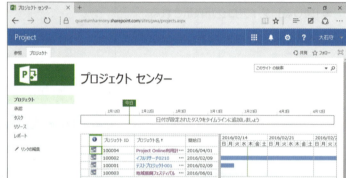

ヒント

チェックインとチェックアウト

プロジェクトを新規作成するとプロジェクトは自動的に編集モードになっています。編集モード時は、プロジェクトがチェックアウト状態となり、編集中のユーザー以外は編集不可となります。プロジェクトを閉じる際には特別な理由がない限り、必ずチェックインを行って編集モードを終了しておく必要があります。詳しくはこの章の7のコラムを参照してください。

ヒント

エンタープライズ標準カレンダー

ファイルとして作成したプロジェクトを Project Online に保存するとき、そのプロジェクトで指定したカレンダーが Project Online 側に存在していない場合は、一時的に Project Online のエンタープライズ標準カレンダーに置き換える必要があります。

❶ 置き換えを促すダイアログが表示されたら、[はい] をクリックする。

❷ [プロジェクトをエンタープライズに保存] ダイアログで、[基本カレンダー] に Project Online

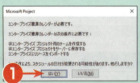

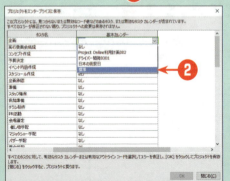

のエンタープライズ標準カレンダーを指定して、[OK] をクリックする。
改めて元のカレンダーを Project Online にコピーし、プロジェクトカレンダーとして適用することで使用できるようになります。

❶ Project Online の歯車のアイコンをクリックし、[PWA設定] をクリックする。

❷ [エンタープライズデータ] の [エンタープライズカレンダー] をクリックする。

❸ [新しいカレンダー] をクリックし、Project Professional を起動する。

❹ 起動を確認するダイアログが表示されたら、[はい] をクリックする。

❺ [稼働時間の変更] ダイアログが表示されたら、[キャンセル] をクリックする。

❻ [ファイル] タブの [情報] をクリックする。

❼ [構成内容の変更] の▼をクリックし、[エンタープライズグローバルを開く] をクリックする。

❽ 再度 [構成内容の変更] の▼をクリックし、[構成内容変更] をクリックする。

❾ [カレンダー] タブをクリックする。

❿ カレンダーをエンタープライズグローバルにコピーし、エンタープライズグローバルを閉じる。

※ Project Online にカレンダーを追加するにはシステム管理者の権限が必要です。

第12章 Project Onlineを使用する

4 Project Onlineにプロジェクトを発行するには

　Project Onlineでプロジェクトを作成すると、クラウドのサーバーにプロジェクトのデータが保存されます。この時点では作成者のみが閲覧できる状態になっています。プロジェクトの情報を必要とする関係者に公開するには「発行」という手続きが必要です。ここではプロジェクトの発行について説明します。

Project Onlineにプロジェクトを発行する

❶ プロジェクトセンターで、プロジェクト名をクリックする。
　▶[スケジュール]ページが表示される。

❷ [タスク]タブの[編集]の▼をクリックし、[ブラウザー]をクリックする。
　▶保存したプロジェクトのタスクが表示される。

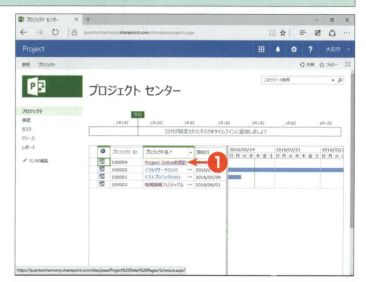

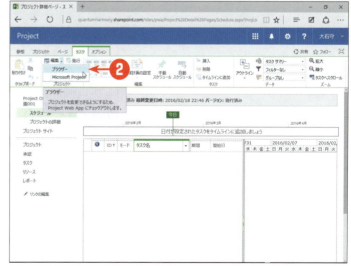

❸ [タスク] タブの [発行] をクリックする。

➡ プロジェクトが発行され、[発行は正常に完了しました] というメッセージが表示される。

❹ [タスク] タブの [閉じる] をクリックする。

➡ [閉じる] ダイアログが表示される。

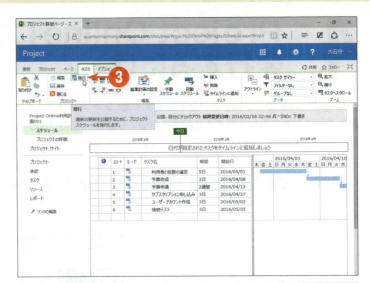

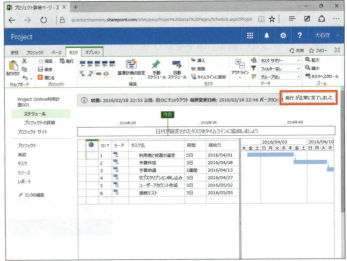

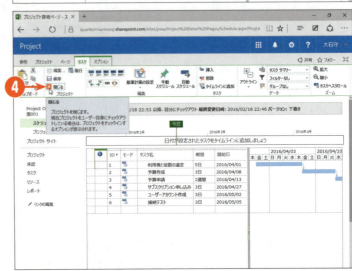

❺ ［チェックイン］を選択し、［OK］を
クリックする。

▶プロジェクトセンターに発行した
プロジェクトが表示される。

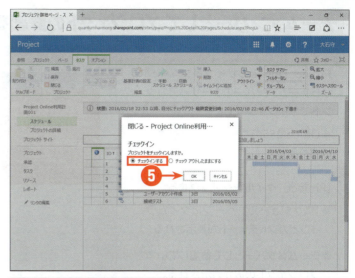

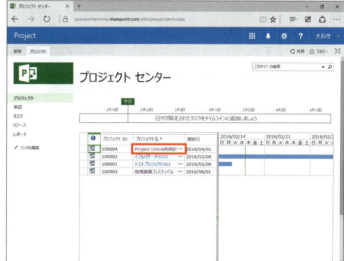

チームメンバーとしてプロジェクトの詳細を表示する

❶ Project Onlineのサインインページからチームメンバーのユーザーアカウントでサインインする。
   ▶ Office 365のホームページが表示される。

❷ [Project] タイルをクリックする。
   ▶ [スケジュール] ページにタイムラインとガントチャートが表示される。
   ● チームメンバーとして参加しているプロジェクトのみが表示される。

❸ [プロジェクト名]列のプロジェクト名をクリックする。
   ▶ [スケジュール] ページが表示される。

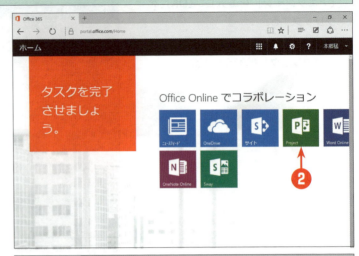

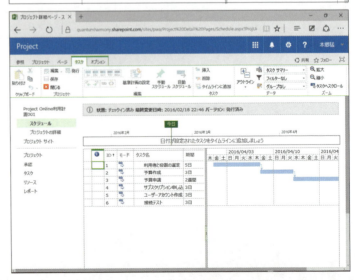

注意

Project Web App に表示される情報

Project Web App で表示できる情報は、ユーザーの持つ権限によって異なります。

5 Project Onlineで実績を入力するには

　Project Onlineでは、プロジェクトのチームにメンバーとして参加しているリソースにタスクを割り当てることができます。さらにチームメンバー自身が各自に割り当てられたタスクの実績を入力し、プロジェクトマネージャーに報告することができます。ここではタスクの実績の入力および報告の方法について解説します。

プロジェクトマネージャーとして実績を入力する

❶ プロジェクトマネージャーとしてProject Web Appにサインインし、ホームページで［タスク］タイルをクリックする。

▶［タスク］ページが表示される。

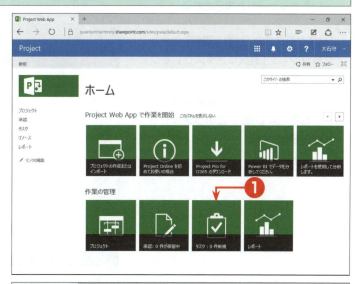

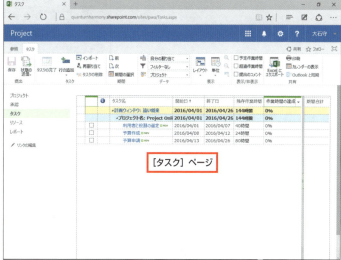

［タスク］ページ

ヒント

［タスク］ページのテーブルでの実績入力

　［タスク］ページのテーブル列に実績を入力するとき、予定作業時間の範囲内の場合は予定どおりに実施されたことになります。予定作業時間を超える値を入力したり、残存作業時間を増加させると、その作業時間分がタスクの作業時間に追加され、終了日が延期されます。

❷ 実績を入力するタスクにチェックを入れ、[タスク] タブの [タスクの完了] をクリックする。

◆ [作業時間の達成率] が「100%」、[残存作業時間] が「0時間」、[実績作業時間] が [作業時間] と同じ値に設定され、「状態： 保存されていない更新データがあります。」というメッセージが表示される。

❸ [タスク] タブの [状態の送信] の▼をクリックし、[選択したタスク] をクリックする。

◆ 「状態： 更新内容は承認のために送信されました。」というメッセージが表示される。

> **ヒント**
> **[プロジェクト詳細] ページでガントチャートが表示されないとき**
> サイドリンクバーでプロジェクト名の下の [スケジュール] をクリックします。

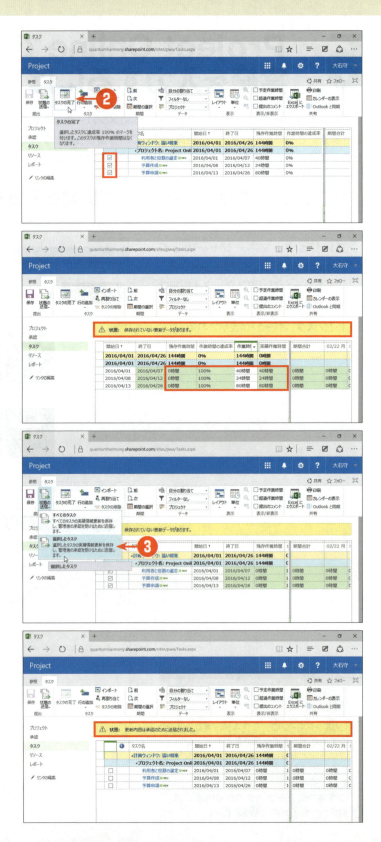

第12章 Project Onlineを使用する

チームメンバーとして実績を入力する

❶ チームメンバーとしてProject Web Appにサインインする。
   ▶ Project Web Appのホームページが表示される。

❷ [タスク] タイルをクリックする。
   ▶ [タスク] ページが表示される。

❸ [タスク] タブの [予定作業時間] にチェックを入れる。
   ▶ [予定作業時間] 行が表示される。

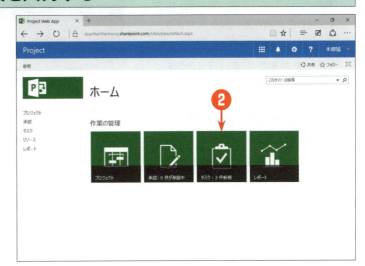

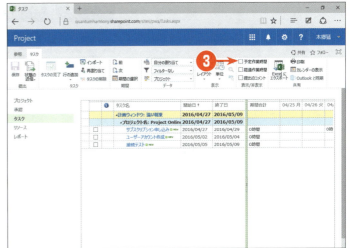

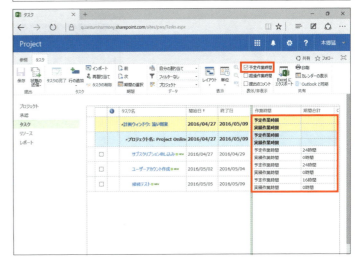

❹
[期間合計] 列の [実績作業時間] にタスク全体の実績作業時間を入力する。
➡「状態： 保存されていない更新データがあります。」というメッセージが表示される。

❺
期間ごとの実績作業時間を [実績作業時間] 行に入力する。
➡テーブルの [実績作業時間] 列にも値が設定される。

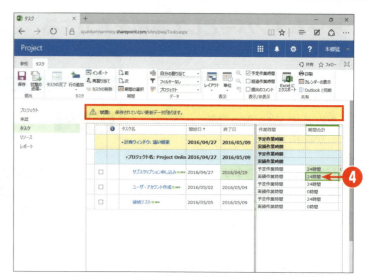

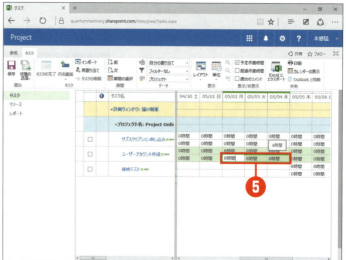

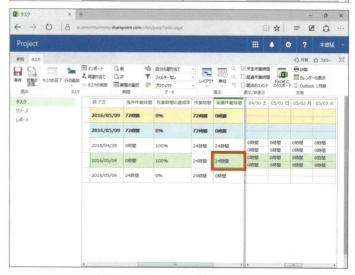

第12章　Project Onlineを使用する

❻ 進捗の報告を行うタスクの行にチェックを入れる。

❼ [タスク] タブの [状態の送信] の▼をクリックし、[選択したタスク] をクリックする。

➡ 「状態：　更新内容は承認のために送信されました。」というメッセージが表示される。

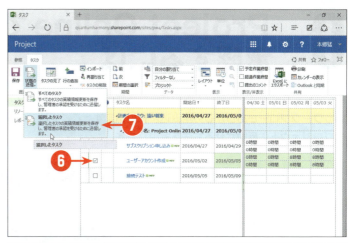

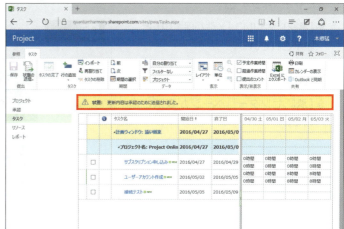

ヒント

進捗が予定どおりではない場合

当初予定していた作業時間を超過する場合は、その時点で必要となる残りの作業時間を [残存作業時間] に入力します。

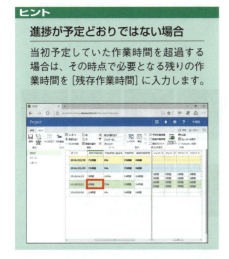

ヒント

進捗管理方法について

進捗管理を行うには、次の4種類の方法があります。

- ●作業時間の達成率
- ●実績作業時間と残存作業時間
- ●期間ごとの実績作業時間
- ●自由形式

どの方法を使用するかはあらかじめ管理者が設定しておく必要があります。この設定は、[PWA設定] ページの [タスクの設定および表示] で行います。

実績報告の期間を選択するには

タスクの実績入力の対象期間を変更するには、[タスク] タブの [期間の選択] をクリックし、[開始日] と [終了日] を指定します。

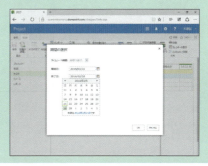

6 Project Onlineで実績報告を承認するには

　Project Onlineには、チームメンバーから報告されてきたタスクの実績をプロジェクトマネージャーが承認するというワークフローがあらかじめ組み込まれています。ここではプロジェクトマネージャーが実績報告を承認し、実際にプロジェクトに反映させる方法を解説します。

プロジェクトマネージャーとして実績を承認する

❶ プロジェクトマネージャーとしてPWAにサインインする。
　▶ [承認] タイルに「X件が保留中」と表示されている。

❷ [承認] タイルをクリックする。
　▶ [承認センター] ページが表示される。

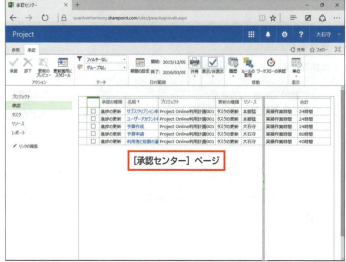

第12章　Project Onlineを使用する

❸ 承認するタスク行にチェックを入れ、[承認] タブの [承諾] をクリックする。
  ▶ [承認の確認] ダイアログが表示される。

❹ コメントを入力して [OK] をクリックする。
  ▶ 承諾したタスクの更新の表示が消える。

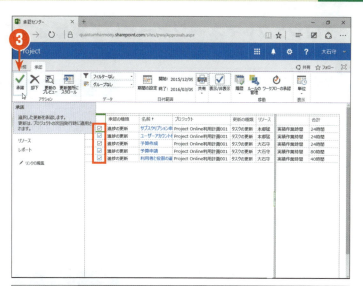

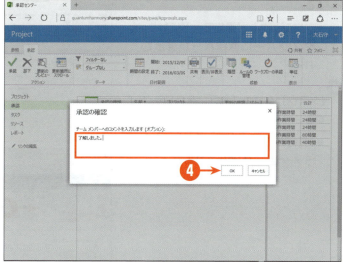

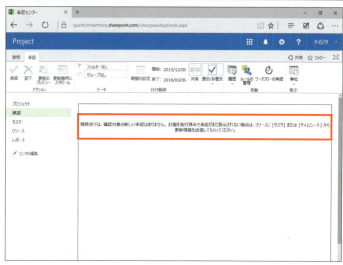

プロジェクトマネージャーとして実績をプロジェクトに反映する

❶ サイドリンクバーの［プロジェクト］をクリックする。
　▶プロジェクトセンターが表示される。

❷ 実績を反映するプロジェクトのプロジェクト名をクリックする。
　▶［スケジュール］ページが表示される。

❸ ［タスク］タブの［編集］をクリックする。
　▶プロジェクトが編集モードになり、タスクバーに進捗バーが表示される。

❹ ［タスク］タブの［発行］をクリックする。
　▶「発行が正常に完了しました」というメッセージが表示される。

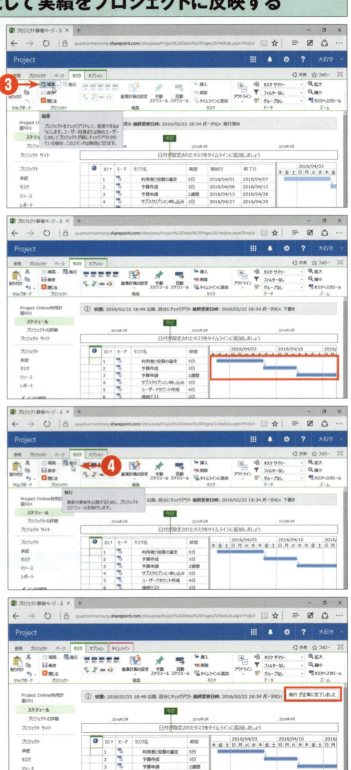

第12章　Project Onlineを使用する　321

❺　［閉じる］をクリックする。
　▶［閉じる］ダイアログが表示される。

❻　［チェックインする］を選択し、[OK]
　をクリックする。
　▶プロジェクトセンターが表示され、
　　プロジェクトバーに進捗が反映さ
　　れる。

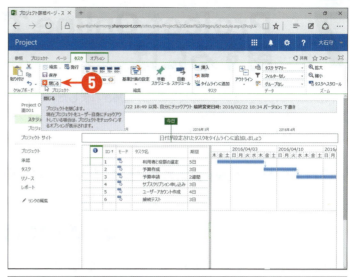

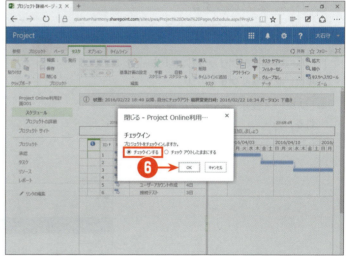

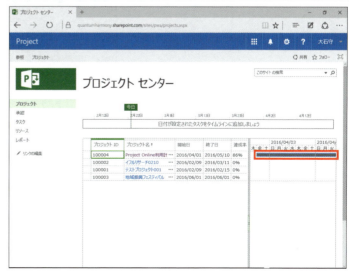

ヒント

承認した実績をプロジェクトに反映するには

プロジェクトマネージャーが実績を承認しただけでは、プロジェクトに実績は反映されません。必ず発行を行う必要があります。発行についてはこの章の4で説明しています。

7 Project Onlineでリソース契約を使用するには

Project 2016からリソースの契約機能が追加されました。プロジェクトマネージャーは、リソースマネージャーに対して、プロジェクトに必要なリソースの利用を申請します。リソースマネージャーから承諾を得ると、プロジェクトで正式にリソースを使用することができます。

Project Web Appからリソース契約を追加する

❶ プロジェクトマネージャーとしてProject Web Appにサインインし、ホームページのサイドリンクバーで[リソース]をクリックする。
 ▶リソースセンターが表示される。

❷ [リソース]タブをクリックし、[リソース要求]をクリックする。
 ▶[リソース要求]ページが表示される。

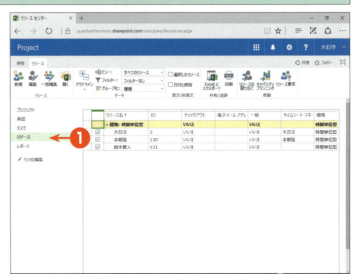

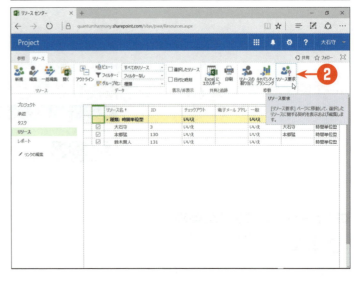

❸ [契約] タブをクリックし、[契約の追加] をクリックする。
　▶[新規契約] ダイアログが表示される。

❹ [リソース]の一覧から契約を追加したいリソースを選択する。

❺ [説明]にこの契約に関する説明を入力する。

❻ リソースを利用したい期間の範囲を [開始日] と [終了日] に入力する。

❼ [リソースの割り当て基準] で、[単位] または [作業時間] を選択し、値を入力する。

❽ [コメント]にリソースマネージャーへのコメントを入力する。

❾ [承諾] をクリックする。

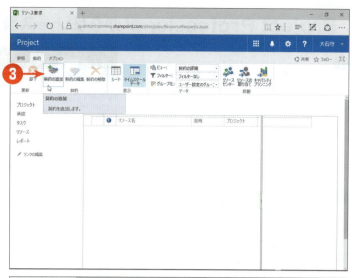

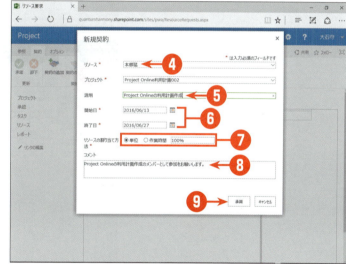

ヒント

リソースマネージャーとは

組織によっては、プロジェクトマネージャーがプロジェクトチームにリソースを直接配置する権限がない場合があります。ここで言うリソースマネージャーとは、特定の機能で分類された組織（例：実験部など）において、そこに所属するリソースをマネジメントするマネージャーを意味します。Project Onlineには、このように組織ごとにリソースを分類し権限を管理する機能があります。この機能を使用するには、あらかじめ組織に合わせた権限の設定を行う必要があります。

Project Professionalからリソース契約を追加する

❶ Project Professionalの［リソース］タブで［チームプランナー］の▼をクリックし、［リソース計画］をクリックする。

▶［リソース計画］ビューが表示される。

❷［リソース］タブの［契約の追加］をクリックする。

▶［契約情報］ダイアログが表示される。

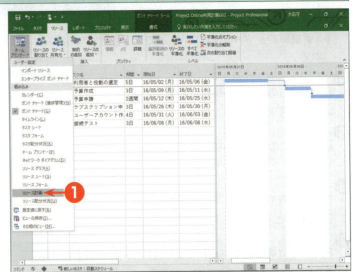

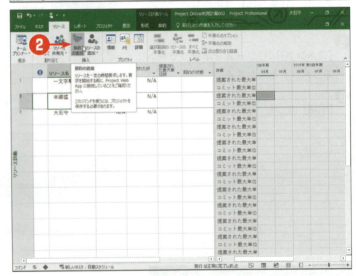

注意

［リソース計画］ビューがメニューに表示されない場合

［リソース計画］ビューは、Project Online接続時のみメニューに表示されます。

［契約の追加］ボタンが使用できない場合

［エンタープライズからチームを作成］で、プロジェクトにリソースを追加することで使用できます。

第12章　Project Onlineを使用する　325

❸ [リソース]の一覧から契約を追加したいリソースを選択し、[説明]にこの契約に関する説明を入力する。

❹ リソースを利用したい期間の範囲を[開始日]と[終了日]に入力する。

❺ [リソースの割り当て基準]で、[単位]または[作業時間]を選択し、値を入力する。

❻ [コメント]にリソースマネージャーへのコメントを入力し、[OK]をクリックする。

→ 契約の行が追加される。

❼ 追加した契約の行を選択する。

❽ [契約]タブで、[送信]の▼をクリックし、[選択した契約を送信]をクリックする。

→ ステータスバーに[送信が正常に完了しました]と表示される。

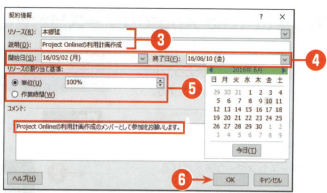

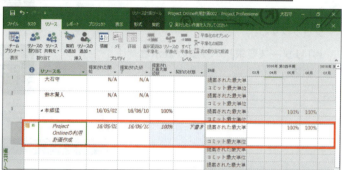

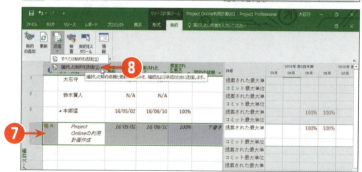

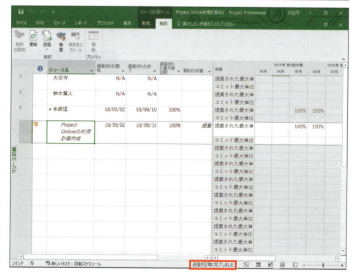

Project Web Appでリソース契約を確認する

❶ リソースマネージャーのアカウントでProject Onlineにサインインする。

❷ サイドリンクバーの［リソース］をクリックする。
   ➡ リソースセンターが表示される。

❸ ［リソース］タブの［リソース要求］をクリックする。
   ➡ ［リソース要求］ページが表示される。

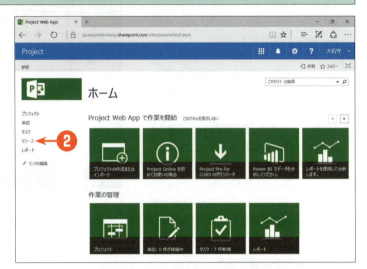

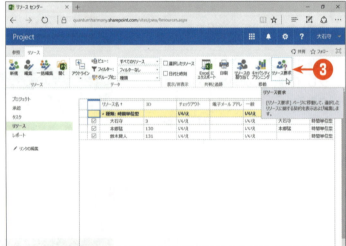

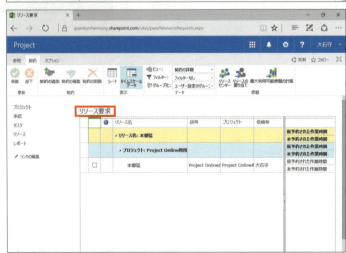

第12章　Project Onlineを使用する　327

④ テーブルを横スクロールし、内容を確認する。

⑤ リソース行の先頭にチェックを入れ、[契約] タブの [承諾] をクリックする。

⑥ [承諾の確認]ダイアログでコメントを入力し、[OK] をクリックする。

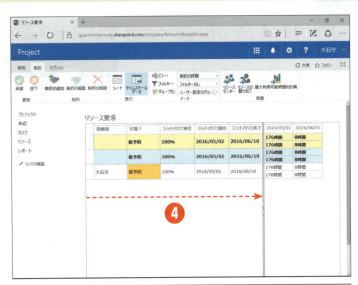

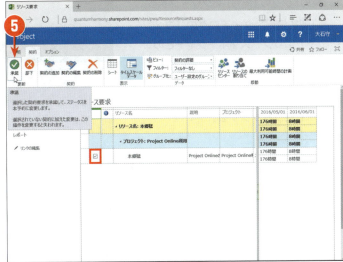

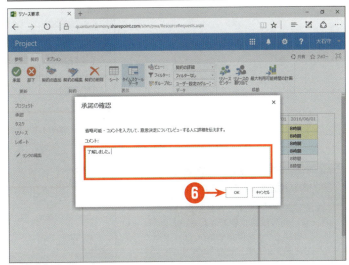

Project Professionalでリソース契約を確認する

❶ Project Professionalの［リソース］タブで［チームプランナー］の▼をクリックし、［リソース計画］をクリックする。

▶［リソース計画］ビューが表示される。

❷ 契約の行を選択し、［契約の状態］列が「仮予約」から「本予約」になっていることを確認する。

❸［契約］タブの［情報］をクリックする。

▶［契約情報］ダイアログの［コメント］にリソースマネージャーとのコメントのやり取りが表示されている。

❹［OK］をクリックする。

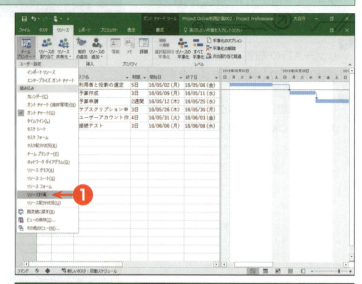

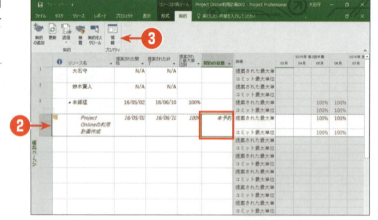

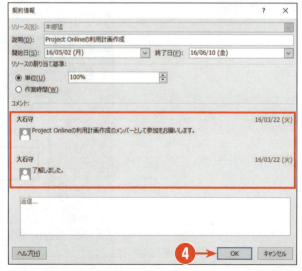

ヒント
契約の状態が更新されない場合

契約が承諾されたにもかかわらず、［契約の状態］列の情報が更新されないときは、プロジェクトを保存するか、いったん閉じて開きなおすと更新されます。

第12章　Project Onlineを使用する　329

Project Onlineへの保存と発行の違いとチェックインとチェックアウトについて

Project Onlineを使用するにあたっては、プロジェクトの保存と発行の違い、さらにチェックインとチェックアウトについて正しく理解しておく必要があります。これらについては、この章の3と4でも少し触れましたが、ここでさらに図を使って詳しく解説します。

プロジェクトデータを編集する際、通常は次の図が示す順序で進みます。

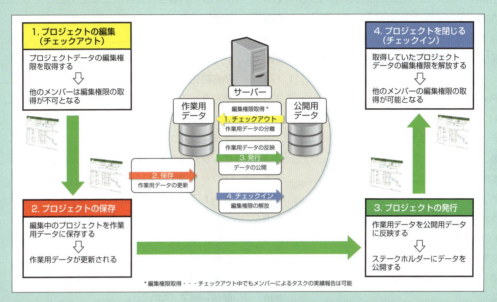

1. チェックアウト

プロジェクトデータの編集は、Project ProfessionalとProject Web Appのどちらでも可能です。編集を行う際には、プロジェクトデータをチェックアウトすることによって、他のメンバーがそのプロジェクトのデータを編集できないよう排他制御を行います。

2. 保存

プロジェクトデータを編集したら、サーバーの作業用データベースに保存します。この時点では、保存されたデータを閲覧できるのは編集中のメンバーのみです。他のメンバーは編集前の発行済みデータを閲覧できます。

3. 発行

発行によって、作業用データベースに保存したプロジェクトデータを公開用データベースに反映させます。こうすることで、プロジェクトをステークホルダーに公開することができます。

4. チェックイン

チェックインによって、編集用に行っていたプロジェクトデータの排他制御を解除します。こうすることで、そのプロジェクトを編集する権限を持つメンバーは新たにプロジェクトをチェックアウトして編集することができます。

> **注意**
>
> **Project Web Appでのチェックインとチェックアウト**
>
> プロジェクトをチェックアウトした状態でWebブラウザーを終了すると、プロジェクトがチェックアウトされたままの状態となります。Webブラウザーを終了する前に、必ずプロジェクトをチェックインするようにしてください。

索引

英数字

1日の稼働時間	27
1か月の稼働時間	27
1週間の稼働時間	27
Excel	6, 8, 184
エクスポート	268
貼り付け	271
Global.MPT	261, 264
Office 365	7, 294
Outlookからタスクを追加	274
PMBOK（Project Management Body of Knowledge）	11, 177
PowerPointに貼り付け	273
Project	
エディションによる機能の違い	12
起動	13
基本機能	5
終了	34
使うメリット	8
Project Online	7, 292, 294
実績を承認	318
実績を入力	313
接続	294
タスクを入力	304
チェックインとチェックアウト	308, 329
プロジェクトのチームを作成	305
プロジェクトを新規作成	302
プロジェクトを発行	309, 329
プロジェクトを保存	307, 329
リソースを登録	298
Project Server	7, 292
Project Web App	295
Projectファイル	
PDFファイルに変換	275
閉じる	34
開く	16
保存	32
SPI（Schedule Performance Index）	182
Visio	6, 184, 189, 277
WBS（Work Breakdown Structure）	5, 84, 230

WBS作成	36
WBS番号	230, 232

あ

アーンドバリュー	180, 198
アーンドバリュー値	197
アーンドバリューの実績レポート	197
アーンドバリュー分析	197
アウトライン	68
アウトライン番号	230
アウトラインレベル	68
依存関係調整	37
依存タイプ	77
イナズマ線	151
エディションによる機能の違い	12
エンタープライズ標準カレンダー	308
エンタープライズリソース	301
オートフィルター	228

か

会計年度	244
開始－開始（SS）	77, 128
開始－終了（SF）	77
開始日	73
書き込みパスワード	33
［頭文字］フィールド	42
稼働時間	25
カレンダーオプションを設定	27
カレンダー設定	36
ガントチャート	
印刷	202
ウィザード	236
スタイル	235
ガントチャート（進捗管理）	160
ガントバー	176, 240
期間	21, 180
期間固定	21
［期間］フィールドの入力方法	71
期限	80
基準計画	130, 135, 173

コピー 130, 173	サブタスク 68
削除 131	サブプロジェクト 282, 284, 287
保存 37, 130	サマリータスク 68, 72, 124, 225, 228, 240
基準コストレポート 184	残存作業時間 148
既定の開始時刻 27, 40	残存作業時間を優先するスケジュール方法 21, 129
既定の計算モード 28	［時間単価型］リソース 45
既定の終了時刻 27, 40	実績作業時間 143, 144, 147
既定のタスクの種類を設定 19	実績入力の方法 141
起動時のビューを変更 18	実績の入力 38
休暇 51	指定日以後に開始 79
計算モード 28	指定日以後に終了 79
強調表示 158, 161	指定日に開始 79
強調表示フィルター 237	指定日に終了 79
クライアントレポート 184, 188, 192	指定日までに開始 79
クラッシング 128	指定日までに終了 79
クリティカルタスク 106, 236	自動スケジュール 28, 71, 123
クリティカルパス 106	終了－開始（FS） 77, 128
グループ化 220	終了－終了（FF） 77
グループ名 49	終了日 73
グローバルファイル（Global.MPT） 260	手動スケジュール 28, 62, 123
現行計画 173	状況報告日 139, 181
現在計画 136	状況報告日線 140
現在の日付線 138	［数量単価型］リソース 45
後続タスク 75, 114	スケジュールの基点 31
個人用テンプレートの既定の場所 208	スコープ 177
個人用テンプレートの保存先 206	図面を拡大 190
［コスト概要］レポート 188	図面を縮小 190
［コスト型］リソース 45	制約タイプ 78
コスト計上の時期 53	先行タスク 75, 114
コスト単価表 56	操作アシスト 266
コストの既定値 55	
固定コスト 73	

た

タイムスケール 244, 247

さ

最大使用数 103	［タイムライン］ビュー 7, 124
最大単位数 103	タスク
作業時間 21, 179	依存関係 36, 75, 84, 109, 111, 163
作業時間固定 21, 129	移動 65
［作業時間］テーブル 146	開始日 63
作業実績を自動で入力 149	期間 71
	期限を設定 80

計算式 21	できるだけ早く 79
計算モード 123	テンプレート 206, 207
検査 108	統合プロジェクト 282, 286
固有 ID 232	導入コスト 53
削除 65	トップダウン方式 64
種類 21, 40	

は

順番 75	バーのスタイル 234, 237
資料を添付 82	ハイライト表示 157
進捗率 142	非稼働時間 247
挿入 63	ビジュアルレポート 6, 184, 189
遅延を表示 175	ビジュアルレポートテンプレート 189
定義 64	日付データ 265
分割 115, 128	ビュー 18
分割を解除 116	削除 255
見積もり値 128	新規作成 252
無効化 171	使い方 259
メモを追加 81	復元 264
リソースを割り当てる 86	分割 144, 256
タスクカレンダー 243	元に戻す 257
タスク進捗状況レポート 189	ビューバー 252
タスクの計算モード 29, 40	標準単価 53
タスクバーのロールアップ 93	ビルトインのレポート機能 6
タスクパス 113	ファストトラッキング 128
タスク未完了分の再見積もりと入力 38	フィルター 87, 158, 224, 226
タスク見積もり 36	複数のタイムラインバー 7, 126
タスクモード 29	フラグフィールド 237
達成額レポート 200	［ふりがな］フィールド 42
達成率 141, 143	プロジェクト
達成率に比例 73	移動 248
単位数 21, 103	コスト 101
単位数固定 21	サマリータスク 60
チームプランナー 92	主要なタスク 62
［チームプランナー］ビュー 7, 92	新規作成 14
中間計画 133, 173	［プロジェクト概要］レポート 192
超過作業時間 129	プロジェクトカレンダー 24, 26
超過単価 53	プロジェクト基本情報入力 35
定期タスク 213	プロジェクトサマリー 99
テーブル 218, 101	プロジェクト情報 30, 102
テキストボックス 238	プロジェクトスコープ 177
できるだけ遅く 79	

プロジェクトファイル（.mpp）............ 38, 60, 177, 255
　　　　　→「Project ファイル」も参照
プロジェクトマネジメント知識体系（PMBOK）......... 11
ページ全体を表示 190
変更箇所の表示 154
保存オプション 33
ボトムアップ方式 64

ま

マイルストーン 66, 67, 124
マスタープロジェクト 282, 287
メモを印刷 204
文字列データ 265

や

ユーザー設定フィールド 214, 218
予算コスト 97
予算リソース 97
読み取りパスワード 33
余裕期間 106

ら

ラグ 111, 128
リード 111, 128
リソース
　　置き換え 90
　　共有 288
　　共有を解除 289
　　コスト 53
　　削除 43
　　作成 42
　　残存余力 91
　　種類を設定 44
　　追加 121, 169
　　定義 35
　　並べ替え 50
　　配分 37
　　フィルター 87
　　平準化 119
　　利用可能期間 47

割り当て 104
　　割り当て状況 92
　　割り当てを解除 89
リソースカレンダー 51
リソース共有元 288, 290
リソースグラフ 96, 291
リソース契約 322
リソース残存作業時間レポート 194
［リソースの概要］レポート 193
［リソース配分状況］ビュー 94
リソース配分調整 37
リソースマネージャー 323
リボンをカスタマイズ 250
リンク 75, 76
レポート 6, 39
［レポート］タブ 192
列 212
ローカルリソース 301

わ

割り当て行 129
割り当て超過 93, 164, 166
割り当て可能単位数 47
割り当て余力 48

●著者紹介

大石 守（おおいし まもる）

株式会社インフィニットコンサルティング コンサルタント。1996年から2007年まで11年間、マイクロソフト日本法人の Microsoft Office 開発グループにて、Project 98 から Project 2007 の日本語版のプログラムマネージャーを務める。特に日本市場向けの機能の実装に注力してきた。現在は、PMO 支援をはじめとした IT コンサルティングを行うほか、Microsoft Project の導入支援やトレーニングなどの活動を行っている。

● 本書についてのお問い合わせ方法、訂正情報、重要なお知らせについては、下記 Web ページをご参照ください。なお、本書の範囲を超えるご質問にはお答えできませんので、あらかじめご了承ください。

　　　http://ec.nikkeibp.co.jp/nsp/

● ソフトウェアの機能や操作方法に関するご質問は、ソフトウェア発売元または提供元の製品サポート窓口へお問い合わせください。

ひと目でわかる Project 2016

2016年7月19日　初版第1刷発行
2019年4月5日　初版第2刷発行

著　　者	大石 守	
発 行 者	村上 広樹	
編　　集	生田目 千恵	
発　　行	日経BP社	
	東京都虎ノ門4-3-12　〒105-8308	
発　　売	日経BPマーケティング	
	東京都虎ノ門4-3-12　〒105-8308	
装　　丁	コミュニケーションアーツ株式会社	
DTP制作	株式会社シンクス	
印刷・製本	図書印刷株式会社	

本書に記載している会社名および製品名は、各社の商標または登録商標です。なお、本文中に ™、® マークは明記しておりません。
本書の例題または画面で使用している会社名、氏名、他のデータは、一部を除いてすべて架空のものです。
本書の無断複写・複製（コピー等）は著作権法上の例外を除き、禁じられています。購入者以外の第三者による電子データ化および電子書籍化は、私的使用を含め一切認められておりません。

© 2016 Mamoru Oishi
ISBN978-4-8222-9869-2　　Printed in Japan